教师教育精品教材·教学设计系列

U0652068

历史教学设计

Instructional Design for History

何成刚　夏辉辉
张汉林　彭　禹　等著

华东师范大学出版社

图书在版编目（CIP）数据

历史教学设计/何成刚等著.—上海：华东师范大学出版社,2009

教师教育精品教材·教学设计系列

ISBN 978 - 7 - 5617 - 7111 - 2

Ⅰ.历… Ⅱ.何… Ⅲ.①历史课－课程设计－中学②历史课－课程设计－师范大学－教材 Ⅳ.G633.512

中国版本图书馆 CIP 数据核字（2009）第 125026 号

教师教育精品教材·教学设计系列

历史教学设计

著　　者　何成刚等
责任编辑　朱建宝
审读编辑　占小红
责任校对　王　卫
封面设计　卢晓红

出版发行　华东师范大学出版社
社　　址　上海市中山北路 3663 号　邮编 200062
电话总机　021－62450163 转各部门　行政传真 021－62572105
客服电话　021－62865537（兼传真）
门市（邮购）电话　021－62869887
门市地址　上海市中山北路 3663 号华东师范大学校内先锋路口
网　　址　www.ecnupress.com.cn

印 刷 者　宜兴市德胜印刷有限公司
开　　本　787×1092　16 开
印　　张　18.25
字　　数　337 千字
版　　次　2009 年 11 月第 1 版
印　　次　2017 年 7 月第 5 次
印　　数　11401－12500
书　　号　ISBN 978 - 7 - 5617 - 7111 - 2/G·4106
定　　价　37.00 元

出版人　王　焰

（如发现本版图书有印订质量问题,请寄回本社客服中心调换或电话 021－62865537 联系）

目　录

1

前言：新课程理念下的历史教学设计
——以"中国民族资本主义的发展"课为例

　　所谓历史教学设计，即是指为了实现一定的教学目标，历史教师依据历史课程内容主题、学生的认知发展和学习特点及相关的客观环境条件，运用教与学的原理，在提供精选的优质历史学习资源基础上，设计一个完整的学生历史学习的过程。不过，作为专业术语的历史教学设计，却是伴随着新课程在全国范围的实施，才开始受到一线教师的强烈关注，而且在理论研究与实践研究方面有显著的突破性创举，这自然对历史教学质量和教师专业素质的提升产生了积极的作用。

　　但是，我们也必须承认，就这一话题而言，无论是理论认识还是实践研究方面，都存在着诸多的问题，尤其是一些在全国颇有影响力和传播力的历史示范课、历史公开课，如果要细究的话，就会很容易发现其中暴露出来的问题非常严重，可以说让我们触目惊心。从这个角度看，非常有必要继续对这一话题作深入、系统的讨论与研究。

　　从本质上说，历史教学设计是一门系统科学，是建立在有机融合历史学、教育学、心理学等学科理论基础之上的一门应用性、实践性和指导性都非常强的教学技术学，其最大的价值在于：可以起到沟通理论与实践之间的桥梁的作用。但是现实情况中未必如此，理论与实践之间形成的"两张皮"现状让我们的历史教育工作者相当尴尬。比如，以皮亚杰、布鲁纳、维果茨基为代表的建构主义理论在我国基础教育课程改革中正发挥着越来越重要的影响。但是，具体到历史学科的教学设计，建构主义理论如何起到指导作用，却需要深究，毕竟，在影响历史教学设计的诸多理论体系当中，建构主义理论只是其中的一个而已。这样的问题还有许多，正因为如此，我们特意编写这本《历史教学设计》，旨在有效解决这一问题。

　　基于此，我们为这本《历史教学设计》确立了一个基调，即不打算在历史教学设计理论的旋涡中过于纠缠，而是选择了一种基于实践或案例研究的教学设计取向。实践证明，这种取向的优点在于一改以往板着面孔教人的不良习惯，强调一种平等协商式的对话,即本书作者与读者朋友的对话。鉴于此,在本书前言部分,我们希望通过问题剖析的方式,展示新课程实施以来一节在全国有影响力的高中历史示范课——"中国民族资本主义的发展"(节选)实录,来帮助我们理解新课程理念下的历史教学设计应把握好的几个问题。

[教学目标]

1. 知识与能力

(1) 写出张謇、周学熙、荣宗敬、荣德生等著名企业家的生平,指出中国民族资本主义发展的四个阶段。

(2) 归纳中国民族资本主义各阶段发展的原因及影响。

(3) 探究影响中国民族资本主义发展的主要因素;探讨民族资本主义在中国近代史上的地位和作用。

2. 过程与方法

通过感受个案,"情境再现",论从史出、史论结合,参与讨论,进行问题探究和合作学习。

3. 情感态度价值观

通过相关史实的学习,体味荣氏兄弟创业之艰辛以及民族资本主义发展之艰难,认识帝国主义的侵略是阻碍近代民族工业发展的最根本的因素,自强不息的爱国精神是民族工业发展的不竭动力,形成不畏艰难、诚实守信的良好作风。

[教学过程]

导入新课:同学们,在上课之前我想问大家一个很简单的问题:将来你希望自己成为一个什么样的人?……很好,每个人都有自己的梦想! 只是选择不同,但你无论做哪项工作,都要在这个领域里是最棒最杰出的!

好! 今天我将从中国近百年历史长河中选取三位杰出代表!

第一位出场的是中信泰富集团董事长荣智健。第二位隆重出场的是"红色资本家"荣毅仁,从上海市副市长到国家副主席。第三位隆重出场的是荣德生,荣氏兄弟为中国民族面粉工业、棉纺织业的发展立下了汗马功劳,成为旧中国有名的"面粉大王"、"棉纱大王"。从而引出探讨的问题。

(一)情境呈现

情境一:中国在甲午战争中吃了败仗,经济发展也受到严重影响。这时的上海,已经是中国商业经济的中心。进出口贸易的繁忙,以及民族工业的崛起,使得金融流通量与日俱增。

1896年,荣氏兄弟开设广生钱庄,鉴于大量免税外国面粉进口,销路甚广,且投资小、见效快,遂决定筹办面粉厂。在办厂审批时因为没有送礼遭到当地士绅的反对。两江总督刘坤一,是倡导办实业的官,一连下了七道批示要求地方官支持实业。在第八次批示中,干脆强硬地宣布:知县办事无方,革职留用。1900年10月,荣氏兄弟以6000元钱庄盈利作资本,与人合伙创办了第一个面粉厂——保兴面粉厂,产品极受欢迎。1903年独资经营,1905年又开设振新纱厂,随后陆续在上海、无锡、汉口开设申新纺织厂、福新面粉厂、茂新面粉厂。

思考:荣氏兄弟在1896年创办企业有哪些有利因素?

(1)甲午战争后西方列强加紧向中国输出资本,进一步破坏中国自然经济——客观条件;(2)清政府放宽对民间设厂的限制——直接原因。

情境二:1911年辛亥革命的爆发,着实让荣氏兄弟欢欣鼓舞了一阵子,政府也大力倡导实业。不久,第一次世界大战在欧洲爆发了,西方列强忙于战争无暇东顾,还纷纷向中国大量订购面粉,中国市场进口棉纱锐减。荣氏看准了面粉、棉纱工业大发展的苗头,不失时机地大力扩充,同时抓质量、创名牌,强化企业管理,不遗余力。他们还独出心裁使用促销手段。

在部分袋装面粉中,他塞入一个铜板。一袋面粉还没吃完,有的顾客发现突然冒出一个光灿灿的铜元!这真是一个好彩头,迷信的人们喜出望外。机制面粉价廉物美,不仅毫无毒素,而且还能中彩头,荣德生的销售创意,很快使它在无锡面粉市场中占有一席之地。1915年政府签订"二十一条"后国内兴起的"抵制日货,爱用国货"运动更是推动了荣氏企业产品迅速占领市场。

1914—1922年八年间,面粉系统发展为12个厂,日产面粉8.6万余包,占当时全国面粉总产量的29%,申新纺织系统陆续增加了五个纱厂。荣氏企业已稳操"面粉大王"、"棉纱大王"的桂冠。

可是,好景不长。1922年,西方列强在医治好战争创伤后,带着他们的商品和资本卷土重来。申新各厂自1923至1924年两年中就亏损百余万元,福新厂的产销也在下降,从盈余转为亏损。

思考:20世纪初的20年间可谓是荣氏企业成长的"春天",你认为20世纪初的20年里促进企业迅速发展的原因有哪些?20年代后,发展势头迅猛的荣氏企业怎么会走下坡路呢?

(1)辛亥革命推翻了君主专制统治,为资本主义的发展扫除了一些障碍;(2)辛亥革命后,群众性的反帝爱国运动此起彼伏,为民族资本主义发展拓展了空间;(3)北洋政府较为宽松的经济政策,使资本主义工商业得以继续发展;(4)一战爆发,欧洲列强忙于战争,暂时放松了对中国的经济侵略。

情境三:随着南京国民政府的建立及其一系列鼓励发展经济的措施,荣氏面粉和纺织再一次大放异彩。1932年,荣氏兄弟控制下的面粉、纺织系统在全国民族资本的面粉厂、纺织厂中的比重,分别占30.7%和29.4%,"面粉大王"和"棉纱大王"两项光彩夺目的桂冠,又重新落在兄弟俩的头上。

就在荣氏企业王国全力扩张时,1937年,日本法西斯大举进犯中国,各地荣氏工厂横遭洗劫。八年抗战中,约有1/3的纱锭、一半以上的布机及1/5的粉磨被损毁,幸存下来的机器和设备,也大都被"军管"劫夺。

思考:南京国民政府建立后,荣氏企业发展状况如何?出现这种状况的主要原因是什么?

(1)国民政府前十年,发展较快——国民政府推行有利的经济政策;(2)抗战时期,遭受沉重打击——日本野蛮的经济掠夺、官僚资本压榨和国民政府实施的统制经济。

情境四:抗战后,奄奄一息的荣氏集团劫后余生,试图东山再起。但继之而来的是同根相煎,中国卷入全面内战之中,再加上美国产品的大量涌入,以及通货膨胀,荣氏企业终难恢复战前辉煌。1946年,荣德生遭到绑架。荣家为了救他,竟被上海国民党当局敲诈了60多万美元。荣德生对国民党政府的幻想完全破灭了。

思考:抗战胜利后荣氏企业发展状况如何?导致这种状况的主要原因又是什么?

荣氏企业日趋萎缩。美国的经济掠夺;官僚资本残酷挤压民族工业;国民政府苛捐杂税不断增加,通货膨胀。

(二)活动探究

1. 阅读完上述材料后,请绘制荣氏家族企业(1896—1949)的兴衰发展史坐标曲线图。(略)

2. 你认为影响中国民族资本主义发展的主要因素有哪些?

帝国主义、封建主义和官僚资本主义的压制,社会安定与否、国家的政策、资本主义自身资本的原始积累、技术的革新、企业管理等因素也影响其发展。

3. 你认为中国民族资本主义在中国近代史上的地位和作用怎样?

(1) 地位:民族资本主义是一种新的经济因素,其产生和发展有利于社会进步;是维新变法运动和民主革命运动的重要经济前提,也是无产阶级队伍壮大的前提。但是由于资金少、规模小、技术力量薄弱,在一定程度上依赖外国资本主义、本国封建势力和官僚资本主义。

(2) 作用:经济上,作为一种先进的经济因素,产生了资本主义生产方式,促进自然经济解体和商品经济的发展,促进中国经济近代化;政治上,促进中国民族资产阶级的产生和发展,资产阶级运动风起云涌;促进中国无产阶级的壮大,为新民主主义革命和中国共产党的建立奠定了阶级基础;思想上,冲击和动摇了封建思想的统治地位,为西方资产阶级思想文化的传播创造了有利条件。

这一教学设计的优点是很明显的,但问题更突出。对这一教学内容,高中历史课程标准是这样描述的："了解民国时期民族工业曲折发展的主要史实,探讨影响中国资本主义发展的主要因素;探讨在半殖民地半封建社会条件下,资本主义在中国近代历史发展进程中的地位和作用。"解读课标时,我们应首先从史学的角度来思考,确认"民国时期民族工业曲折发展"中的主要史实,这是历史教学设计的第一步,唯有如此,才有创造性驾驭历史教科书的能力,而不会沦落为历史教科书的"仆人"。民族工业曲折发展的主要史实包括:

1. 中国民族资本主义在20世纪上半期由小到大、由亏转盈、由盛转衰,在动荡不定的社会环境中惨淡经营的曲折发展经历。

2. 中国民族资本主义发展的基本特点。比如,经济结构不平衡,地域分布不平衡,在国民经济中所占比重并不大,等等。

3. 民族企业组织制度和经营管理对中国民族资本主义的发展有重要影响。

4. 民族企业在同外国及本国官僚资本的积极斗争中,促进了中国民族资本主义经济的发展,这是其"革命性"的一面,同时也具有"妥协"的特点。

5. 在半殖民地半封建条件下,中国民族资本主义的发展前途和整个中华民族的命运紧密联系在了一起。

由此出发,上述历史教学设计中有以下四个方面的问题是值得我们注意的:

第一,教学内容应聚焦"民族资本主义自身的发展",选取有说服力的个案史实来阐明这一主题。"民族资本主义受外部环境因素的影响"只能成为这一主题的辅助资源。

目前,历史教学中的近代史体系,基本上遵循"冲击—反应"的史学理论,即近代中国社会是在外来因素的不断冲击、推动下发展的。无论是目前比较流行的近代化研究范式,还是反帝反封建的革命史范式,都与这种史学理论有着内在联系。这种理论有其合理性,但我们也要注意到,过于强调事物发展的外在因素而忽略了事物发展的内因或内在动力,不利于阐述事物本身的发展历程。

这节历史课的教学设计反映了长期以来我们在这一问题上一种普遍的思维倾向,就近代中国民族资本主义的发展而言,过于强调影响民族资本主义发展的外部环境,无形中就会凸显中国民族资本主义在"半殖民地半封建"的社会环境下"被动性"的一面,不能彰显其"主动性"的一面,这显然是不符合历史实际的。

实际上,中国民族资本主义在"半殖民地半封建"社会环境下积极竞争、顽强生存、艰苦创业、善于经营、勇创品牌的个案可以说是信手拈来。比如荣氏企业的"兵船"牌面粉,宋棐卿东亚毛纺厂的"抵羊"牌毛线,简照南、简玉阶兄弟企业的"双喜"、"飞马"牌香烟,张謇大土毛纺厂的"魁星"、"红魁"、"绿魁"棉纱等,在与洋货的竞争中,这些产品都得到了社会的广泛信任和赞誉。这样的文献资料其实有很多。比如可以阅读方之雄等编纂的《爱国实业家方液仙》(江西人民出版社 1992 年版）。

可见，一个合格的历史教学设计方案，最基础的要素就是设计者本人具有丰富广博的史学知识，或者善于查阅与教学主题密切有关的有价值的史学资料。没有这些知识和资料的支撑，"知识与能力"、"过程与方法"、"情感、态度与价值观"就不能很好地得到落实。

第二，课堂教学活动应该尽可能地落实历史三维目标。

新课程强调课堂教学要落实三维目标，尤其是"情感、态度和价值观"目标。但纵观这一案例的四个情境，并没有很好地反映出荣氏兄弟是如何"自强不息"、"不畏艰难"的，也没有看到荣氏兄弟如何通过"诚实守信"而发展了企业，最终使得这一情感目标实际上并没有得到很好落实。其实，在这一时期，以强烈的爱国情怀发展民族企业并成功的例子非常多。总之，教学目标与教学过程应该是紧密联系的，教学目标指导教学过程的展开，教学过程必须以教学目标为中心，不能出现脱节的现象。

第三，在材料选择与运用中应该做到"论从史出"。

"情境呈现"展示了四条史料，以期通过史料的研读，带领学生得出结论，实现"论从史出"。但细看答案，却有一些失望，不但因为结论陈旧，更重要的是结论与史料并不一致。四则情境都存在这样的问题。

比如"情境一"，很显然，教师所给出的答案并不是从材料中得出来的，而是从书中得出来的，所谓"论从史出"自然就无从谈起。如果我们确认教师提供的材料是历史的真实，那么，认真研读材料，可以提取以下信息来回答"有利因素"：

1. 甲午战争后，列强加紧经济侵略，民族资本主义有所发展，商业、贸易繁荣，为荣氏兄弟创办企业提供了客观条件；

2. 面粉业投资小、见效快、销路广，所以投资面粉业这一行业；

3. 封建势力阻力仍然很大，但清政府已开始放松办厂限制。

又如，在目标中提出，要"通过相关史实的学习，体味荣氏兄弟创业之艰辛以及民族资本主义发展之艰难"，但在整个材料中并没有这样的史实。仅就荣氏企业艰难创业一段，就有很好的材料，可以参考杨旭著《荣氏兄弟》。

比如"情境二"，提供的答案都是"大历史"中的普遍结论（类似于数学中的公式公理），用普遍结论解释具体的历史现象并让人信服，是有难度的。

当前历史教学非常强调培养学生解读史料的能力，那么，恰当选用史料和真正做到"论从史出、史由证来"无疑是对历史教师的一大考验，考验我们要有良好的史学意识。选好材料来说明观点非常重要，选用了精彩的材料也要讲究技巧和用法，如果学生只是读了材料然后在课本上勉强地找答案，那史实与观点则是"两张皮"、"水和油"，无法融合。

第四，教学内容的处理应该遵循科学性原则。细究该《实录》，就很容易发现其中存在的知识性错误。比如：

1.《实录》认为，创办广生钱庄的是荣氏兄弟两人，其实史实明确记载，广生钱庄的创办人应该是荣家父子三人。

2.《实录》认为，甲午战争与创办广生钱庄有因果关系。显然，设计者犯了两个明显错误：一是将"钱庄"与"厂"相混淆了；二是误以为甲午战争前政府不允许办钱庄，这是不符合史实的。其实，上海商业的繁荣才是荣家父子创办钱庄的直接原因，与甲午战争无关，这是一个典型的"以论带史"的错误。

3.《实录》错误地解读刘坤一的"八次批示"，认为其说明了"清政府放宽对民间设厂的限制"。实际上，刘坤一"八次批示"说明：一、封建势力阻挠实业，民族工业起步艰难；二、荣氏兄弟不屈抗争，屡挫屡争；三、开明官员鼓励实业，排除干扰。

4.《实录》错误地认为荣氏兄弟办厂因为没有给士绅送礼所以遭到反对。那么士绅为什么要反对办厂呢？其实士绅反对的理由并不是没有送礼，而是担心办厂会"破坏风水，有伤文风"。可见，士绅们反对办厂的主要原因是观念陈旧、思想保守，而非没有送礼。

5.《实录》错误地认为，保兴面粉厂建成之初产品极受欢迎，这也是没有历史根据的。实际上，保兴面粉厂在创办之初，惨淡经营，甚至被迫停机。造成这种状况的原因有二：一是当地人的观念陈旧，思想保守；二是工厂设备落后，产品质量较差。这一状况直到1904年才有根本好转。改观的主要原因是：改进营销策略，聘用有才之人，抓住战争机遇，更新生产设备，保证产品质量。

通过如上分析，我们认为，新课程理念下的历史教学设计，应该关注以下四点：

第一，准确性。设计者必须准确理解和领会历史课程标准的精神，包括课程目标与内容标准，课程目标宏观地阐述了中学历史课程学习的目标，内容标准则为实现目标提供了抓手。教师在进行教学设计时，应以此为标杆，在此基础上钻研历史教科书，确定学习内容，制定课时目标。同时，要准确地把握好内容标准，还应该阅读与教学主题有关的史学论著，一来有助于加深设计者对于教学主题的史学认识水平，从而跳出历史教科书和历史教学参考书的束缚来设计教学；二来可以从中精选有价值、学生感兴趣的史料，丰富教学内涵；三来可以参考研究者的史料分析策略和技巧，并将之运用到历史教学过程中，这样就很容易杜绝设计者在教学过程中出现史实叙述错误和史实分析错误。

第二，科学性。设计者提供给学生的历史学习资源必须确保旨趣的完整性，不能断章取义，不能随意拼凑与组装，更不能篡改史实。这里的完整性主要指观点的完整性。设计者在没有充分、全面地把握学习材料的内涵的基础上,不能草率地提供给学生分析,否则的话,设计者不但不能对学生的史料分析给予很好的驾驭与指导,而且有可能误导学生。当下的历史教学中非常注重史料教学,这是一个事实,但我们应该思考的是,在纷繁复杂的史料中提取哪些史料才是科学的、典型的、最能揭示教学问题的本质的,这是一个值得我们每一个历史教师深思的问题。广泛阅读并有意识地积累史料,在教学需要时谨慎地选择史料、合理地运用史料、完整地解读史料,这才是一个历史课堂教学设计者严谨而科学的态度。

第三,前沿性。柯林伍德在他的《历史的观念》一书中谈到:"通过普通的教育渠道学习得来的关于任何事物的经验,是以教科书为模子的,而教科书所讲授的,不是现在还活着的历史学家的想法,而是过去某个时间活着的历史学家的想法,当时的原材料正在被加工创造,教科书就是这样堆砌而来的。那时他们放进教科书的,不仅仅是过时的历史思维的结果,还有过时的历史思维的原则。"虽然柯氏对教科书的批评有些过激,但也应引起我们的极大注意,即教科书里的知识与时代并不是亦步亦趋的。"一切历史都是思想史","一切历史都是当代史",历史作为一门活的、被解释的学科,要求我们历史教师勿要用陈旧、滞后的史学理念与教育理念指导历史教学设计,教师应关注史学研究前沿,了解史学研究动态。

第四,生成性。课堂是学生学习的场所,它的主体是"人",所以,设计者要清醒地认识到自己的工作任务并不在于忠诚地执行预设的教学目标,而是充分考虑"学情",即学生的认知发展和学习特点,并对教学过程中可能会出现的问题提出富有机智性的应对策略。同时,我们历史教师还要善于搜集、整理和积累同行们在相同内容教学过程中生成的具有显著教育价值的问题,在自己的教学设计过程中给予关注和重视。

当然,需要说明的是,这里只是粗线条地就如何做好历史教学设计提出了四条建议,但是仅仅依靠这四条建议还不足以应付复杂的历史教学设计。更为具体、更具有实践性和可操作性的历史教学设计的方法与策略,我们将在本书后续内容中作详细探讨。

本书共分四篇,简介如下:

第一篇重在探讨教学设计的基本理论与分类以及历史教学设计的原则、要素、流程。

第二篇采取"解剖麻雀"的方式,对影响历史教学设计的各种环节要素,诸如"课程标准"、"教学目标"、"学情分析"、"教学策略"、"史学理论"、"课程资源"、"学业评价"、"史料教学"等等,进行了详细的研究。可以说,一个符合新课程理念的历史教学设计,不得不考虑这八种环节要素。其实,目前国外教学设计的研究趋势也多倾向于从多个研究角度,运用已有的理论成果,应用多种研究方法,尤其是系统方法来研究教学设计。此外,考虑到初中、高中历史课程标准在构建历史知识体系方面的差异,我们还进一步探讨了初中、高中历史教学如何做好教学设计,具有极强的针对性。

第三篇重在探讨基于丰富多彩的价值取向指引下,不同历史教学设计的共性与个性,诸如:以教学目标为分类标准的"以情感目标的实现为中心的教学设计"、"以方法训练为中心的教学设计"、"以知识整合为主要策略的教学设计"、"以历史反思为中心的教学设计"、"以人格养成为中心的教学设计";以指导思想为分类标准的"以建构主义为指导的教学设计"、"以多元智能理论为指导的教学设计";以教学方法为分类标准的"采用虚拟情境教学法的教学设计"、"采用历史神入教学法的教学设计"、"采用讨论式教学法的教学设计"等等。当然这里只是我们的一种尝试,因为篇幅所限,难以涵盖更多有价值的内容。

第四篇重在归纳与述评澳大利亚中学历史教学设计在理念与实践方面的积极探索,主要包括两个方面:一是详细探讨基于不同史料类型基础之上的历史教学设计(诸如历史文献、网络资源、电影资源等),强调在史料探究的过程中培养学生的历史思维能力。二是如何搜集、组织历史资料来开展以公民教育为核心的教学设计活动。

本书最大的特色,在我们看来,即在很大程度上实现了理论研究与案例分析的最佳结合,具有极强的指导性和操作性。通常同类的书籍,要么以理论分析见长,案例呈现是为说明理论问题服务的;要么是案例的集合,案例的点评中也间或有一些理论的指导,但读起来终觉得不过瘾,无助于使读者对历史教学设计有一个完整的认识。本书编者从理论研究与案例分析两条线组构了本书的篇章,力图从理论与实践两个层面解决我们一线历史教师的困惑。在理论方面,较少议论理论的意义与价值,着重于理论概念的内涵与外延;教学案例不只是单独呈现案例本身,而是将案例放到一定的理论框架中去解释、叙述。在本书中,大量以叙事手法呈现的教学案例,希望能帮助一线历史教师在阅读中学会写作,为老师们写下自己的教学案例、教学叙事提供一些范本。同时,书中所举案例是新课程改革以来一线历史教师的案头佳作,具有一定典型性,可读性强。可以说,本书不是一本历史教学设计研究的纯粹理论著作,更有别于历史教学设计的案例分析集,我们期待读者朋友们以游园的心态来阅读本书,可以随意翻阅,不必讲究阅读的章法——从头读到尾,只要你翻开喜欢的章节,打开亮眼的案例,即可欣赏无限的风景,收获无数惊喜。

第一篇

理 论 篇

　　教学设计是一座桥梁，这头牵着教育理论，那头连着教育实践；它既考验教师的理论功底，又锤炼教师的实践智慧。因此，教学设计越来越受到广大教育工作者的重视。本篇主要介绍教学设计的内涵、特点和分类，历史教学设计的原则、要素与流程，以期教师对教学设计有较为全面的了解。

第一章 教学设计的基本理论与分类

第一节 教学设计的概念及分类

◆ 什么是教学设计？

教学设计是指以传播理论、学习理论和教学理论为基础，运用系统论的观点和方法，分析学习需要、学习者特征、学习任务、教学材料、教学活动和教学评价等诸多教学因素，以达到优化教学效果、促进学生发展的目的。

◆ 为什么要进行教学设计？

教学是一个有机的系统，影响教学效果的因素有很多，如学习者是否有强烈的学习欲望、教学环境是否和谐民主、教学目标是否具体明确、教学策略是否灵活恰当、教学媒体是否经济实用。这些因素互相影响，错综复杂地联系在一起，无论哪一个环节出了问题，都会影响到最终的效果。因此，要使教学有效，则它必须有计划。通过对教学的规划，使每个因素都各得其所，共同作用于学生的学习和发展。

教学设计的目的是帮助学生的学习。如果缺乏事先精心的设计与规划，即使教师再有水平，出口成章，声情并茂，滔滔不绝，那也只是教师个人的表演；虽然可能会对一些学生的发展产生影响，但这种影响毕竟有限。只有精心设计，避免随心所欲，才能帮助每一个学生在更接近于自己才能与特点的地方，按照自己的方向获得尽可能充分的发展。

◆ 教学设计与传统备课有何区别？

在传统教学中，教师也要进行一定的设计，即"三备"和"三写"。"三备"是指备教科书、备学生、备教法。"三写"是写学期教学进度、单元教学计划、课时计划（即教案）。那么，教学设计与传统备课有什么区别呢？

教学设计是把学习者作为它的研究对象,既要设计教,更要设计学;传统备课强调的是教师的"教法",备也是为了"教"得流畅。

教学设计的基础是学生的学习起点、学习风格和学习需要,在学生的最近发展区促进学生的学习;传统备课则往往从教学大纲和教科书出发,以完成大纲相关内容为目标。

教学设计以系统论、传播理论、学习理论和教学理论为依据,为有效促进学生学习而进行系统规划;传统备课往往凭借教师的教学经验和主观愿望进行安排,其科学性、合理性和有效性较低。

◆ 教学设计模式如何分类?

● 以教学设计的出发点为标准分类

以教学设计的出发点为标准,可分为以"教"为中心的教学设计和以"学"为中心的教学设计。以"教"为中心的教学设计,其基本内容是研究如何帮助教师把课备好、教好,而很少考虑学生"如何学"的问题。其优点是有利于教师主导作用的发挥,有利于按教学目标的要求来组织教学;不足之处是,按这种理论设计的教学系统中学生的主动性、积极性往往受到一定的限制,难以充分体现学生的认知主体作用。以"学"为中心的教学设计一般以建构主义为基础,不仅要求学生由外部刺激的被动接受者和知识的灌输对象转变为信息加工的主体、知识意义的主动建构者,而且要求教师要由知识的传授者、灌输者转变为学生主动建构意义的帮助者、促进者。目前,以"教"为中心的教学设计模式正逐渐被淘汰,占主导地位的是以"学"为中心的教学设计。我们这本书倡导的是以"学"为中心的教学设计。

● 以教学设计的理论基础为标准分类

以教学设计的理论基础为标准,可分为行为取向的教学设计、认知取向的教学设计和人格取向的教学设计。行为取向的教学设计是指在行为主义心理学基础上发展起来的,从行为角度关照人的心理,基于行为控制而设计教学,其根本宗旨在于完善人的行为。认知取向的教学设计建立在认知心理学的基础之上,基于学生认知发展进行教学设计,其要旨在于发展学生的认知能力和水平。人格取向的教学设计是以人本主义心理学为理论基础,关心人的潜能与价值,探究解决人类问题与困境的出路,可以说,"基于完美人格,为了完美人格,在完美人格之中"是人格取向的教学设计模式的基本特征。

第二节　教学设计的特点

◆ **教学设计有何特点**？

教学设计具有以下特点：教学设计是一个系统过程；教学设计既需理论指引，又需经验支持；教学设计以学习和学习者为中心；教学设计秉持目标、教学和评价之间的一致性。

◆ **为什么说教学设计是一个系统过程**？

教学设计是一个系统过程。教学设计必须用系统论的思维和方法，对影响教学的诸多因素进行统筹安排。系统论认为，世界上一切事物都是作为各种各样的系统而存在的。任何事物、现象和过程都自成系统，又互成系统。教学就是一个系统。在这个系统中，有学习者、学习任务、教师、教学媒体、教学资源、教学策略等诸多要素。教学系统的功能在于促进学生的学习。

● **任何一个要素都有可能影响到教学设计的实现**

案例：高中历史《太平天国运动》的教学设计

初中历史课程标准只要求学生掌握太平军抗击洋枪队的事迹，因此高一学生很有可能不知道洪秀全是谁，更遑论"天朝田亩制度"是什么，这就是学习者的一般起点。如果教师对此一无所知，即使他对太平天国的认识深刻犀利、教学材料生动有趣、教学策略创意十足，也难以使教学有效。

同理，如果教师对学习者特征作了详细分析，教学策略也很恰当，但是教学媒体选择失误，也会导致教学效果不理想。

● **教学设计过程自身也是一个系统**

教学设计以教学系统为研究对象，教学设计自身也是一个系统。在不同的理论指导下，教学设计分许多不同的流派，不同的流派有不同的教学设计流程图。下面提供一个简便实用的教学设计流程图：

在图1-1中，教学设计从分析学习需要、学习者和学习内容开始，到设计教学目标、教学策略、教学媒体、教学过程，再到设计形成性评价和总结性评价，综合考虑了各个要素及其关系，使之相辅相成，构成了一个完整的整体；而且，在设计的过程中，随着认识的不断深入，设计者还要对前面的设计进行不断的反馈修正，从而达到最优化的结构和效果。

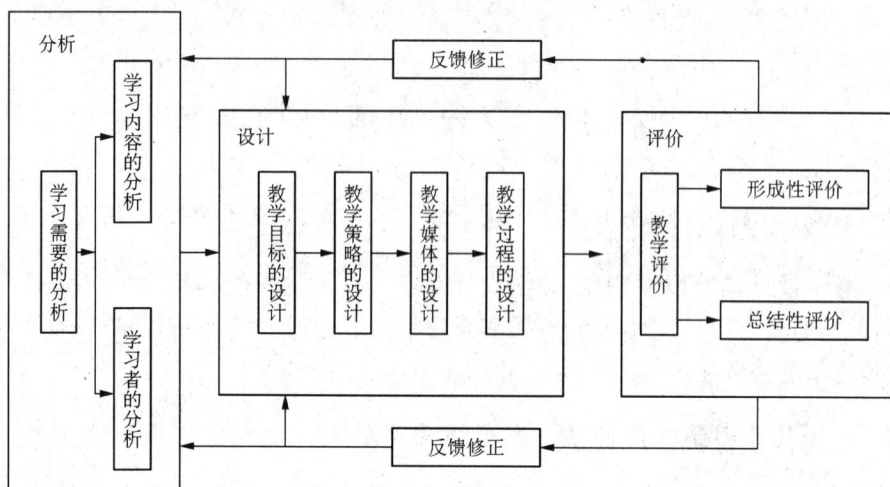

图 1-1 教学设计流程图

● **系统论指导下的教学流程图**

设计者要设计出教学流程图。教学流程图的功能在于将复杂的教学过程分解成简明扼要的几个环节,直观地呈现出课堂教学各个因素之间的关系,有利于教学过程的优化。教学流程图要用约定俗成的符号表示,如表 1-1,北京市月坛中学贾海燕老师根据这一要求设计了《辛亥革命》一课的教学流程图,如图 1-2。

表 1-1 教学流程图中的符号

符　号	表示的意义	符　号	表示的意义
▭	教师的活动	◇	教师进行逻辑判断
⬭	媒体的应用	→	过程进行的方向
▱	学生的活动		

在教学实践中,有时出于时间的限制,教师也可不制作正规的教学流程图,但教学流程必不可少。这种教学流程,可用图示法,也可用条目法。教学流程的主要内容应该包括:本课有几个教学环节;每个环节有什么教学活动,解决什么教学任务,达到何种教学意图;教学环节间有何内在联系。

◆ **教学设计为什么需要理论指引?**

撰写教案凭借教学经验即可完成,但教学设计需要教育理论、传播理论作为指导。所谓理论,是指一套有组织的陈述,它让我们能够解释、预测或控制事件。教学设计的许多准则是从理论中得来的。如果设计者加深了对相关教育理论的

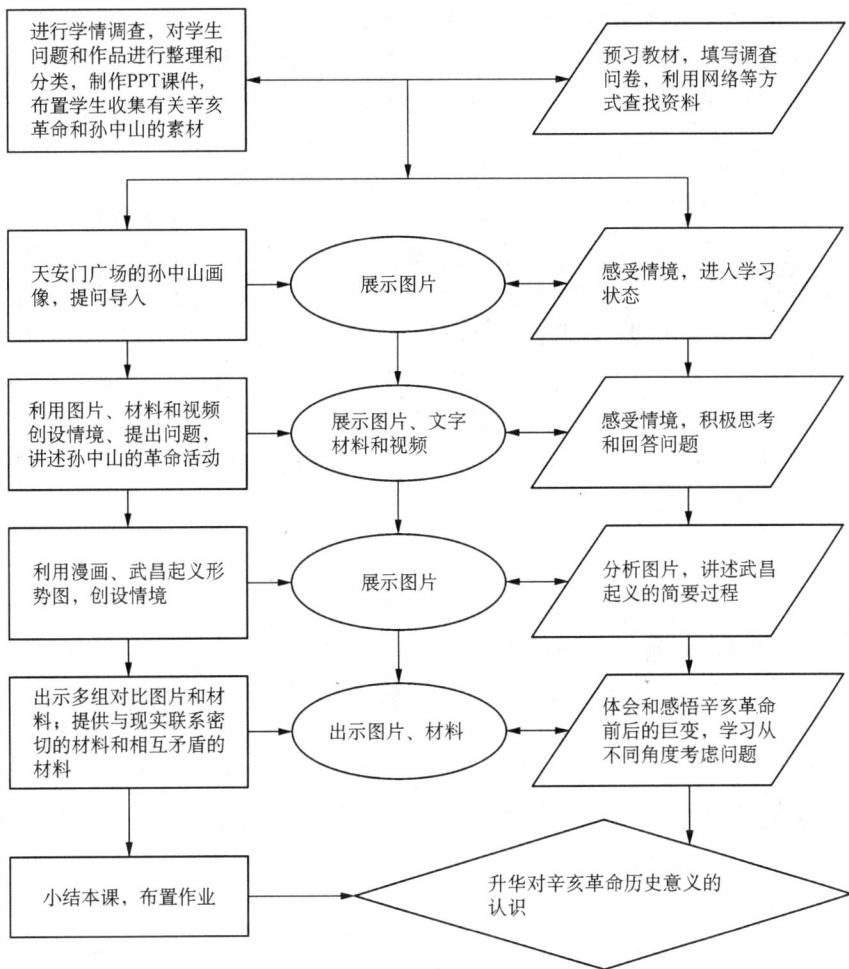

图 1-2 《辛亥革命》教学流程图

理解,也就能增强教学设计的实践操作能力。而且,古语说得好,不仅知其然,更要知其所以然。只有如此,设计者才能科学地解释其设计的依据,更理性、更明智地设计教学。

对教学设计影响较大的理论有建构主义、学习理论、教学理论和传播理论。下面主要介绍建构主义和传播理论对教学设计的影响。

● **建构主义对教学设计的指导**

建构主义认为,知识的获得不是通过传递,而是通过建构;学习是基于经验形成意义的主动过程。建构主义有几个关键词:同化、顺应、失衡、平衡。"同化"是指将新信息纳入到现有认知结构的过程。"顺应"是指基于不能纳入现有认知结构的信息,而对现有认知结构进行修改的过程。"失衡"是指由于新信息不能被整合进现有的认识结构而产生的混乱、失调或不适的状态。"平衡"是指对知识进行重组以顺应或同化导致失衡的信息的认知过程。

> **案例:同化与顺应**
>
> 学生从小就从媒体上接触到"民主"这个词。但是,学生了解到的民主,主要是间接民主,如中国的人民代表大会制度和西方的代议制。而他们将要在高中教科书上学习的雅典民主制度,是直接民主,这是超越他们经验的新信息。所谓同化,是指学生修正自己的原有经验,将直接民主也纳入到民主的范畴。再比如说,在学生原有经验中,"民主"和"自由"可能混为一谈。但是在高中历史学习中,学生有可能从课堂中了解到,民主有时也会导致"大多数暴政",妨碍个体自由。那么,这时学生需要对现有认知结构进行修改,即顺应。如果学生难以顺应,就会导致困惑,产生失衡;如果学生能够顺应,这就是平衡。

建构主义对于教学设计的作用在于:必须考虑学习者的原有经验(即学习起点)、学习风格、态度和认知特点,并且为学生的主动建构提供情境和支架。

● **传播理论对教学设计的指导**

传播理论研究的是信息的传播过程、信息的结构和形式、信息的效果和功能等。信息发送者借助各种媒体,使用语言,借助手势、表情、语调等方式发送信息,但并不是所有的信息都会被信息接收者所接受。教学过程实际上是一个信息的传播过程,学习者是信息接受者,教师是传播者。尤其是在中学,教师首先不是一个研究者,而是一个传播者。在设计时,教师要考虑:是不是所有的信息都传递到信息接收者了?不同的媒体将产生不同的传播效果,如何根据信息的特点来选择不同的传播媒体?信息接收者必须对信息的细节有足够的感知和注意,这取决于信息接收者的经验背景、个性特征和价值观。有序的、联系密切的信息易于被接受,无序的信息由于缺乏结构而容易被遗忘。心理学研究表明,人的记忆分短时记忆和长时记忆。人的短时记忆通常只能维持 0.5 至几秒,几秒以上便转化为长时记忆。人的短时记忆通常只能记住 5 个或 5 个以下的组块所组成的信息,组块划分的多少是因人而异的。

> **案例:什么是组块**
>
> brainstorming 这个英语单词,在我们刚刚接触英语的时候,肯定很难记住,但是现在一下子就能记住。为什么?在我们刚刚学习英语的时候,大家将它分成 b、r、a、i、n、s、t、o、r、m、i、n、g 十三个组块,但是,在我们有了一定的英语知识后,大家会将它分成 brain、storm 和 ing 三个组块。再比如"玉栏杆外清江浦"这句词,我们一看就能记住,但是刚学汉语的老外可能就十分吃力,因

为在他眼中,这句词要分为"玉、栏、杆、外、清、江、浦"七个组块来记忆。实际上,人类早就自觉不自觉地运用这个规律。比如说,近代西方国家曾经十分流行十四行诗,十四行诗的段数、每段的行数、每行的音部数、每音部的音节数,都小于或等于5。再比如中国的古诗,最多的是五言诗和七言诗,分起组块来一般在两三个,所以读起来朗朗上口,容易被记住。

下面我们提供的案例就是一个将这个规律运用到教学设计中的示范。

案例:三省六部制

隋唐时期的三省六部制扩大了议政人员的名额,有利于集思广益,减少决策的失误;将宰相权力一分为三,减少了相权对皇权的威胁,有利于统治秩序的巩固;是我国古代政治制度的重大创新,标志着封建政治制度的成熟,历朝基本上沿用这种制度。如果直接把这些全都呈现给学生,对于学生而言,这些信息杂乱无序,难以把握重点。如果教师将这些信息条理化、结构化,概括为"集思广益,利于决策;分割相权,巩固皇权;重大创新,后世继承",将有利于学生对信息的接收以及储存。

◆ 教学设计怎样才能以学习和学习者为中心?

教学设计要以学习和学习者为中心,这已成为教育界的共识。在教学设计中,设计者要对学习者特征进行分析,要考虑学习者的个体差异,以此作为起点,确定教学目标,选择教学策略,确定教学媒体,描述教学过程。

● 以学生的学习问题为教学的出发点

案例:古代商业的发展

北师大附属实验中学李军老师在开始高中人教版必修二《古代商业的发展》教学之前,对学生作了一个简单的问卷调查,其中有道题目是:"提到中国古代农民、手工业者和商人,你有什么直接感受和想法,联想到哪些? 请用一句话或一个词描述一下。"调查结果是,学生对商人的认识有褒有贬。褒的是:吃苦耐劳(2人),精明智慧(4人)、爱国(3人)、走在时代前列(7人)等。贬的是:无商不奸(3人)、唯利是图(6人),官商勾结(4人)等。由此可以看出,学生对商人形象的认识存在困惑,这必然会导致学生对中国古代商业文化的质疑甚至否定。为此,李老师将"认识和传承中国古代的商业文化"作为《古代商业的发展》的教学目标之一。这个目标,因其出于学生的真实困惑,必然会激发学生学习的动机,成为有效的教学目标。在教学过程中,他发动学生创作小品和漫画,以表达自己对古代商业的理解;并特意设计"中国古代商人的真实形象"这一教学环节,与学生共同还原中国古代商人的真实形象。最后,李老师又引导学生回到这个问题,要求学生用文字或漫画等方式再一次表达自己对中国古代商业和商人的认识。

案例评析:纵观整个教学设计,以学生的学习问题为教学的出发点,以学生的学习问题为教学的归宿,真正实现了以学习和学习者为中心。

在教学过程的设计中,常见的偏颇是:精心设计教师的活动,尤其是雕琢教师该说什么,说到什么程度;学生则被教师牵着鼻子走,学生活动成为教师活动的附属品。这种设计的指导思想是行为主义,以为教师说了学生就会。理想的教学设计是:学生活动为主导,教师为学生活动提供策略支持。这种设计的指导思想是建构主义,教师为学生提供脚手架,学生通过学习活动自主建构。

● **学生活动为主导,教师为学生活动提供策略支持**

案例:罗斯福新政

北京市 161 中学胡京昌老师虚拟了一个教学情境:全班同学模拟罗斯福"新政"智囊团,参与"新政"政策的制定和措施实施。智囊团设一总团长,下设六个分团,分团长由六个小组的小组长担任。这六个分团是:金融监管团、复兴工业团、振兴农业团、启动需求团、社会保障团和环境保护团。各分团在课下搜集研读资料,课上结合自己搜集到的资料,展示他们采取的措施及效果,最后再由总团长来统筹大家的意见,进行简短的总结。角色扮演拉近了学生与历史的距离,激发了学生学习的热情,学习效果非常好。

那么,在这个过程中,教师的作用体现在哪呢?为保证学生活动的质量,胡老师将自己定位在提供"理论脚手架",帮助学生主动完成对知识意义的建构。胡老师以"凯恩斯主义"原理(见图 1-3"凯恩斯主义")为范本,用图示来搭建认识"新政"措施的理论平台(见图 1-4"对症下药")。在"脚手架"的基

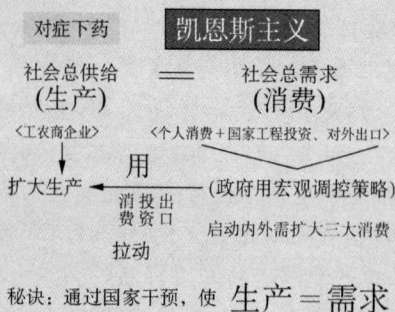

图 1-3 凯恩斯主义

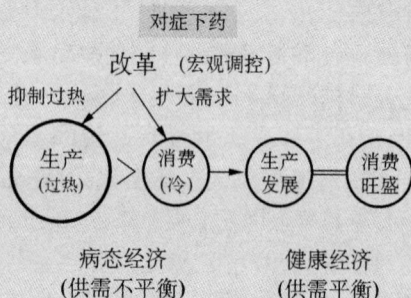

图 1-4 对症下药

础之上，学生模拟智囊团，分组活动，就能够对搜集到的材料和教科书知识进行有效的选择、加工和处理。如在教学实录中，启动需求团团长的发言是这样的：

学生（分团长）：通过凯恩斯的理论，我们知道总需求是由个人消费、国内建设投资和对外出口三部分构成的。首先，采用让美元贬值的办法来大力刺激出口，从而带动生产领域的活跃，相关理论我们在政治课"经济与生活"模块中接触过；其次，政府通过大量投资兴办公共工程来拉动相关产业的大发展，从而有效地解决了需求不旺的问题；其三，解决个人消费不旺的关键在于充分就业，不能单纯靠输血救济，而通过"以工代赈"这个充满智慧的政策，收到了解决就业、扩大需求、稳定社会和完善设施一举四得的良好效果。

案例评析：在这个案例中，胡老师以当今中国经济运行的相关现象导入，选择了激发学生学习兴趣的活动形式（角色扮演），预设了学生学习活动中的困难（欠缺理论深度），制定了相应的教学策略（脚手架）。由此可见，教师的职责就在于为学生活动提供支持。具体来讲，包括：在适当的时机引入学生活动；选择适宜的学习活动的形式；预设学生活动中可能出现的问题，制定相应的教学策略，使学生活动得以顺利进行；学生活动结束时予以画龙点睛式的点评，使学生活动发挥最大的效益。

案例：北京 161 中学张明明老师的案例《工业革命》

工业革命中，工厂机器生产取代作坊手工生产，极大地提高了社会生产力。张老师为帮助学生理解这一点，想起班里的一个学生在博客上推销爸爸手工制作的葫芦，但是网友的反应几乎都是"太贵了！""不值呀！"于是张老师设计了一个对比手工生产和机器生产的活动：出示学生家长制作的葫芦的照片，请学生介绍这些葫芦的特点和价格，询问其他同学是否有兴趣购买这些葫芦。有同学这样回答："这种葫芦挂件如果我买只是作为装饰品，比如随便挂在书包上，那么这样的话 300 元一个就太贵了，现在我随便去批发市场 5 到 10 元就可以买到一个，很便宜的，用久了不喜欢了我可以再换。"教师顺势问："为什么市场上买的葫芦可以便宜到 5 元至 10 元呢？"学生异口同声回答是因为机器生产。于是教师抛出了下一个问题："机器生产和手工生产相比具有哪些优势？"学生很容易地就说出机器生产成本低、批量生产价格具有很大的优势。然后教师对工厂机器生产的优势进行总结。

案例评析：在这个教学活动设计中，学生参与面广，教学气氛活跃，对知识的理解十分到位。但是，它有一个缺陷，那就是学生及其家长仅仅被当作教学的手段来使用，家长手工生产的艺术价值被否认，学生渴望得到尊重的情感被忽略。

事后,张老师这样反省:"我应用这个例子完全是从如何可以更好地驾驭课堂、驾驭这节课的内容出发,忽略了案例中当事人的感受。"也就是说,教师设计学生活动时,考虑到了教学但没有考虑到教育。值得称赞的是,张老师勤于反思、勇于改进,在其他班级的教学设计中,她补充了"机器生产虽然具有这么多的优势,为什么并不能完全取代手工生产"这一问题;而在原先这个班级,为了弥补之前教学的缺憾,她特意安排了一节班会,由学生详细介绍爸爸手工作品的制作方法和工艺,由此提升学生对美的欣赏能力和对传统手工业的认识,同时也就巧妙地满足了学生正当的情感需求。

◆ 教学设计为什么要秉持目标、教学和评价的一致性?

之所以要进行教学设计,是为了提高教学的有效性。教学有效性的重要前提就是目标要明确、具体、具有可操作性;其次,教学要围绕目标来层层铺开,每个教学环节都从某个角度、某个部分或某个层次来烘托目标;最后,目标是否达成,要通过评价来检测。只有实现了目标、教学和评价的一致性,才能说目标有导向,教学有效果,评价有指向。下面以案例来说明秉持目标、教学和评价一致性的重要性。

> **案例:辛亥革命**
>
> 北京市月坛中学贾海燕老师对《辛亥革命》一课的教学目标定位如下:了解孙中山的主要革命活动、武昌起义和中华民国建立的情况,培养阅读、理解历史资料和获取与处理历史信息的能力,感悟革命志士的献身精神和爱国情怀;比较民国成立前后社会习俗的变化,体会辛亥革命前后中国发生的巨变,初步掌握"比较"的历史学习方法;探讨辛亥革命的历史意义,认识辛亥革命符合历史发展的潮流,是中国近代化的重要里程碑。其中,辛亥革命的历史意义既是重点,也是难点,因为学生难以从横向(即政治、经济、思想和社会生活等方面)和纵向("民主共和深入人心"是一个渐进的过程)两个维度去评价辛亥革命。
>
> 为突出重点、突破难点,贾老师在课前作了问卷调查。她设计了这样的问题:"你知道辛亥革命吗?对于辛亥革命,你有怎样的理解?你可以把你的理解用各种适合你的方式表达出来吗?如:一两句话、漫画、纪念章等。"学生们的表现形式很丰富,有的同学甚至设计出很不错的漫画和纪念章(如图1-5)。贾老师让设计者在课上给同学们讲述他们的设计思路。学生设计得很精彩,说得也很漂亮:"同盟会在三民主义的指导下开展了摧枯拉朽的武装起义,它

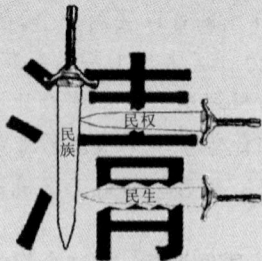

图1-5　纪念章

像三把利剑插入了清朝统治的心脏,使清朝从此分崩离析,以它为代表的帝制也从此消亡了。"

但是,分析这些作品,教师发现,学生对辛亥革命意义的理解仅仅停留在"结束帝制"上。针对这一情况,教师把教材的内容进行了整合,适当补充中华民国临时政府在政治、经济、文化方面采取的措施,以丰富学生对辛亥革命的认识。

为突出辛亥革命的历史意义是一个纵向发展的过程,贾老师作了如下设计:

材料一　"辛亥革命后,以'民主'、'民权'、'民国'和'国民'等命名的报刊,据不完全统计达 500 余家。1913 年 7 月,全国报纸发行总数达 4200 万份,读报者虽限于少数人,但报纸发表之意见,有公众的或私人议论,几乎下等之苦力,亦受其宣传。"

材料二　民国三年,戴季陶在旅途中遇一老农,因戴氏身着日本服装,老农遂问其国籍。戴称"予中华民国人也"。老农"忽作惊状,似绝不解中华民国为何物者"。当戴氏告诉老农"你也是中华民国人也"时,老农"茫然惶然,连声曰'我非革命党,我非中华民国人'。"

课堂上,教师提出问题:"两则材料反映的变化是否矛盾?你能解释为什么出现这种不同吗?"学生惊讶了,思索着,很快他们就说开了。

生 1:不矛盾。因为这是个"老农",这个材料只能反映出民国初年农村的情况。我认为,这两个材料恰恰反映出辛亥革命对于城市和农村的影响力是不同的。

生 2:我同意他的观点。我读过鲁迅的小说《阿Q正传》,未庄的人们对辛亥革命也不理解,认为是反清复明,革命后的未庄又恢复了平静,没有什么改变。

生 3:我有一个问题,教材中说辛亥革命"使民主共和观念深入人心",是不是有点太绝对了!

最后,围绕教学目标,教师布置了如下作业:

今天作业的题目叫"自主择'业'",可任选其一。

1. 编写课本剧。要求:能体现辛亥革命后的社会巨变,表演时间约 5 分钟。

2. 请你开动脑筋,为辛亥革命设计一个纪念章,并为你的设计附上一个简单的说明。

3. 喜欢调查研究的你,又可以大显身手了。请你做一个关于中山装的调查。你可以当一个小记者去做访谈,也可以在网上查找相关资料。试试吧,一定会有收获!

4. 文字功夫了得的你一定按捺不住了吧？学习完《辛亥革命》这一课，你一定有很多感想吧？把你的智慧凝聚成文字，让大家一起分享吧！

同学们还可以根据自己的情况，选择合作伙伴，如：善于创意的可以和善于绘画的同学组合。

由于目标贴近学生实际，教学策略合理，教学材料生动有趣，学生做作业的激情高涨。学生何知恒创作了如图1-6的漫画。学生黄夕子就中山装问题对姥爷作了调查，并撰写了名为《民族精神岂能流逝》的感想。学生写道："每一种服装都反映了历史背景和文化精神，可我们是否明白这种精神，而不是随着所谓的时尚潮流而改变自己的衣冠外貌呢？我深信，没有精神

图1-6 漫画作业

支持的服饰文化是站不住脚的，很快便会被新的服饰潮流所抛弃，为人们所淡忘。""服装的潮流总是在改变，若我们能明白衣服中的精神，我相信，就算这种服装不再流行，也会被我们牢牢地记在心中，不会忘却。"某学生编写了一段剧本：

（民国二年，南京街头）

卖报人："看报，看报！大总统颁布最新法案。"

一个乘坐黄包车的商业人士买了一份，喃喃自语道："看来这政府很重视商业啊，我们商人的前景有望啦！"

报童穿过几个工人和拉黄包车的人身边，他们其中一个人买了一份报纸。

工人摊开报纸念道："《社会改良会章程》，啊！公民要养成良好的卫生习惯，不要随地吐痰……"

拉黄包车的人随口吐了一口痰，说道："这是什么怪规定！这种事也要管？"

工人接着念道："要勤洗澡，不要吸烟、吸毒。公共场合注意不要喧哗打闹。"

另一个工人说道："这谁做得到啊？像我们这样的，几个星期还洗不上一次澡呢！"

几个人附和道："是啊！是啊！工人这么多，哪儿改得了？"

这时一个从乡下来的老人走过大街，他依然留着长辫子，在街上走了一阵，在人群熙攘的公告栏处停了下来。

老人向里探了一探，看见几个穿着藏青色校服的学生在前面向民众宣传着什么。他往前凑了凑，听到学生们说道："孙中山大总统颁布了《中华民国临时约法》，规定中华民国的权利属于我们全体国民。我们既为'新国民'，就得有'新'的样子。过去的一些不好的习惯也得改掉。国民强，国家才能强！请大家为了我们自己国家的强大，努力成为合格的新国民！……"

老人扯了一下旁边的人，"这个……中华民国是什么啊！"

在场的人先是愣了一下，随后大笑出声。学生问道："大爷，您不是本地人吧？现在的中国就是中华民国，以前的大清朝已经没有了。我们都是中华民国的国民啦！"

老人仔细一看，才发现学生们清一色地留着短发，问道："你们的辫子呢？"

学生摸了一下后脑勺，道："剪了！咱要和专制的清政府彻底决裂！"

老人摆手，叹道："哎！这可使不得，正所谓'身体发肤，受之父母'，怎么能说剪就剪呢？"

身旁一个中年人插话道："可不是？我也是逼不得已才剪的发。那天，我去庙会，叫几个兵拉去硬给剪了。他倒是叫我喝粥来着，但是，我那辫子到底是没了。唉！"

老人惊道："能有这样的事？哎，哎，还是不行。我得赶紧回乡下！"

学生劝道："您这是老观念啦，过去的大清国统治得那么腐败，要不是有孙大总统和那些个革命家，百姓们不知道还得受多少苦呢！"

突然一对青年男女看了告示栏，惊喜地叫出声来："哈哈，政府允许自由恋爱啦！"

一个中年妇女听见了撇了撇嘴："什么自由恋爱？儿女的事就该是父母之命，媒妁之言，哪能由着自己作主？"

学生扫视着围观的群众，大声说道："现在不是封建社会了，我们的思想应该先进一点儿。像外国，早就是自由恋爱、自由婚姻啦，咱们也应该要适应时代潮流才对。"

老人摇摇头道："唉！我也听不懂你们在说什么。我得赶紧回乡下了，这城里真是让人不安！"

老人沿着大街向远处走去，看见几十名学生举着横幅游行宣传的长队，走着走着也被挤入了人群，转眼便消失不见了。

案例评析：从以上作业可以看得出来，学生对辛亥革命的历史意义有着独特的领悟。据此判断，教学是有效的。目标、教学、评价三位一体，成就了一堂好课。

◆ **一些尝试**

1. 以系统论的观点为基础，为人教版高中新教材必修一《抗日战争》一课设计教学流程图。

2. 对人教版初中新教材《美国的诞生》一课进行教学设计，体现目标、教学和评价的一致性。

第二章　历史教学设计的原则、要素与流程

第一节　历史教学设计应遵循的原则

历史教学设计应该遵循整体设计的原则、以学生为主的原则、意义建构的原则和过程开放的原则。

◆ 什么是整体设计的原则？

教学设计是一项系统工程，它是由教学目标和教学对象的分析、教学内容和方法的选择以及教学评价等子系统所组成的，各子系统既相对独立，又相互依存、相互制约，组成一个有机的整体。教学过程中教学目标要通过教学内容、教学媒体、教学策略来实现，教学内容、教学媒体、教学策略要受教学目标的支配，即教学目标、教学内容、教学媒体、教学策略要达到相互匹配、和谐一致。教学设计遵循这项原则，对实现教学设计的科学性、艺术性、整体性和可行性具有重要意义。

要遵循这一原则，必须注意以下几个问题：

第一，教学目标对教学内容、媒体、策略起着控制作用。教学目标是教学活动的方向。

第二，教学内容的确立，教学媒体的选用，教学策略的制定，是要为达到教学目标而服务的。脱离这些教学要素，教学目标就无以达成，而离开教学目标去追求教学内容的精、教学媒体的新、教学方法的活，不仅无益于提高教学质量，而且浪费时间。比如在新课程下历史教学非常流行创设历史情景、角色扮演等教学方式，但有的只是流于热闹的形式、华丽的外表，却没有深刻的思想内涵，失去教学目标指引的各种教学活动可能会使历史教学出现"稚化"。

第三，教学过程是选用媒体、采用策略、完成教学任务、实现教学目标的进程。只有教学目标的导向正确，教学内容精要，所选媒体有利于信息传递，教学策略合乎学生的认知规律，才能使教学过程得以有效推进。历史教学设计中特

别要强调学生认知规律与历史逻辑的有机统一，如果为了突出某一特定的历史场景而脱离了学生认知规律或违背历史本身的发展逻辑则无益于教学。

> **案例：南京宁海中学陈红老师在《罗马法的起源与发展》一课中的设计①**
> 　一、基础探究：罗马法是什么？
> 　二、深度探究：罗马法还是什么？
> 　三、多元探究：罗马法又是什么？

案例评析： 陈老师设计的"一、基础探究：罗马法是什么？"解决了这一重要政治制度的内容和发展过程的问题。"二、深度探究：罗马法还是什么？"解决了该法在当时，以及对后世的影响问题。"三、多元探究：罗马法又是什么？"给学生提供了多元思维的平台。这一设计体现了教与学逻辑的层层推进，有助于学生思维的纵深发展。

◆ **什么是以学生为主的原则**？

新课程是从尊重生命、珍爱生命、体验生命历程的角度来设置的，它是杜威"教育即生活"的进一步延伸，它是以建构主义教学观为基础的。建构主义认为，教学活动的本质是学生根据自己的已有经验去理解对象信息和知识内涵的个性化过程。新课程改革中所有的变化都与"人"有关，比如，历史课程的设置体现了多样性、多视角、多层次、多类型、多形式地为学生学习历史提供更多的选择空间，以助于学生个性健康发展。人的个性的多样性在课程设置的高度得到重视，说明新的课程观重视的是人，人的个性、自信、勇敢、尊严比任何知识来得真实、重要，这是教育的返璞归真。因此，教学设计要善于不断地创造具有激发性的教学情境，诱导学生主体性发挥，创设宽松的、和谐的教学环境与课堂气氛，让学生的个性得以充分展现。

要遵循这一原则，必须注意以下几个问题：

第一，在教学设计中要充分体现学生的主体性，要体现学生的首创精神。

> **案例：《新文化运动》情感、态度与价值观目标**
> 　通过对新文化运动所发扬的精神的学习，使学生明确，作为中国未来存在和发展的重要途径，对民主和科学的追求也是个人健全人格、正确道德观、人生观和价值观的主要体现，以此培养学生的科学精神与人文素养。

案例评析： 该教学目标的问题在于主体定为教师而不是学生，情感目标过于

---

① 陈红：《新课程"罗马法的起源与发展"教学案例》，《历史教学》2006年第12期。

宏大而空洞。可以修改为:"学生感受新文化运动所弘扬的民主科学的精神,认识民主与科学是社会进步的两大车轮。"

第二,教学设计要关注学生的兴趣与经验。

激发学生学习的兴趣是教师解决"要我学"到"我要学"的重要步骤,教师备课的过程就是精选材料以激发学生学习兴趣的过程。没有快乐的教育谈不上生命教育,所以教师要非常注重从学生的经验与兴趣出发,开始课堂快乐的旅程。

案例:《张居正改革》

在诸多历史现象中,学生对历史人物及其命运最感兴趣。在学习张居正改革之前,教师首先介绍了张居正其人(如图2-1),虽然材料简单,却是用心良苦,不但关注了学生的学习兴趣,而且为后面的教学作了铺垫。通过对张居正外貌及生平的介绍,使学生对张居正的第一印象有足够的好感,对他的事业有足够的信心,然后才能使张居正改革的最后失败产生足够的震撼力,学生才会有认知冲突,而有了认知冲突,"我要学"就自然而然了。在起落之间悬念自生,有了悬念,历史课就不会是枯燥无味的,老师不必发一言,而学生已入彀中矣。

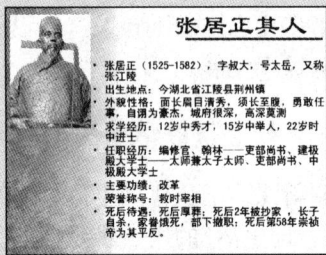

图2-1 张居正其人

其三,要让学生有多种机会在不同情况下去应用他们所学的知识,要让学生能够根据自身行动的反馈信息来完成对客观事实的认识和解决实际问题的方案。

◆ 什么是意义建构的原则?

建构主义认为,学习总是与一定的社会文化背景,即与"情境"相联系的,在实际情境下进行学习,可以使学习者能够利用自己原有认知结构中的有关经验去"同化"或"顺应"当前学习到的新知识,从而达到对新知识的意义建构。

按照建构主义的指引,创设真实的问题情境成为教学设计的首要任务,它是一种支持学生进行意义学习的各种真实问题的组合。高中历史课程标准指出:"历史学习是一个从感知历史到积累历史知识,从积累历史知识到理解历史的过程。历史课程改革应有利于建立促进学生全面发展……注重学生学习过程。"这说明,历史教学不仅仅是为了掌握现成的历史结论,更重要的目的是将学习的知识迁移到新情况中,让学生理解历史的复杂性,创造性地解决问题。

要遵循这一原则,必须注意以下几个问题:

第一,教师要能发现一些对学生来说是真实的同时又与教学活动相关的问题。

案例: 在"为黑奴贸易道歉"的讨论中反思文明

《读者》2006年第24期《为祖先道歉的文明史意义》一文中谈到:奴隶贩子霍金斯的后代为祖先的行径感到羞耻,为此,他们来到非洲冈比亚,象征性地带上镣铐,在一个纪念活动中向二万五千非洲人民下跪,以示为祖先赎罪。当白人的后代为祖先下跪道歉时,有些生活在美国的黑人后代却说:"我们感谢白人对祖先的贩卖,否则,我们现在还在非洲受苦呢!"

教师设问:亲爱的同学们,你怎样看待这一问题?

第二,教师要切实激发学生的学习动机,引导学生挑战各种复杂的问题情境。

案例: 样板戏《红灯记》带来的思索①

谈到台海关系时,同学们最关心的是台湾能不能和平统一,台海会不会发生战争。为此教师节选了我国台湾作家龙应台的《你可能不知道的台湾》给同学们阅读:

几经波折,不具国共斗争意识形态的革命样板戏《红灯记》,终于跨越台海,2月8日在国父纪念馆舞台点燃红灯。这出称为"样板中的样板"的现代京剧,给了台湾戏迷仔细体会样板神髓的机会。当天晚上,我邀了三个八十岁的长辈一起去看戏:在大陆当过国民党宪兵连长的父亲,浙江淳安县绸缎庄出身的母亲,还有做了一辈子"老总统"的贴身侍卫的方伯伯。我偷偷用眼角看身边三个老人家,觉得很奇怪:父亲特别入戏,悲惨时老泪纵横,不断用手帕擦眼角;日本坏蛋鸠山被袭时,他忘情地拍手欢呼。方伯伯一脸凝重,神情黯然。母亲,不鼓掌,不喝彩,环抱双手在胸前,一脸怒容,从头到尾,一言不发……

同学们阅读得很认真,仿佛亲眼看到了这三位表情不一的老人,随着他们的话语,从现实生活中走入历史,思考老人们所经历过的时代及时代对他们所产生的影响。随后教师请同学思考:三位老人听戏后不同的情绪反映了他们怎样的人生经历和心情?个人命运与国家命运有着怎样的联系?如果看戏的是年轻人,会有怎样的情绪?我们怎样才能争取老一代和新一代的台湾人?

---

① 夏辉辉:《历史教育:寻找历史与现实的契合点》,《中学历史教学参考》2007年第7期。

第三,让学生进行角色扮演,模拟在真实问题情境下的各种角色的行为,以便将来在真正的问题情境中得心应手。

案例:深圳红岭中学吴磊老师的"五四运动"设计

请以当时外国记者的身份写一篇有关五四运动的新闻报道。

要求:注意自己的角色定位;所写的新闻报道要包括运动的口号、中心、主力、结果等基本内容,字数在 200 字左右。

案例评析:这是一个角色扮演的学习方式,让学生写新闻报道,这要求学生对五四运动的经过不只是对书本知识的了解,还应该在理解的基础上对历史情景进行合理想象,从而再现这一伟大的历史事件。这样的设计让学生对知识不再是死记硬背,而是形成了意义建构。

◆ **什么是过程开放的原则**?

学生的学习是一种在教师帮助下的自我激发、自我促进、自我评价的过程。在这种学习过程中,学生不仅获得了知识,形成了学习方法,而且培养了健全的人格。因此,基于人本主义学习理论的学习过程是自由开放的,是依靠学生根据自己的个性来选择学习路径的。

在当今信息化时代,先进的教育观念和先进的科技成果相结合的学习资源日益增多;改善学习人文环境,给学生以充分的学习自由的口号日益增多;竞争日益激烈的社会对复合型人才的要求越来越高等等。这些现象的产生促使教师在进行教学设计时,必须考虑到要给学生充分自由的发展空间,必须开放所有的学习过程,使学生能顺应当代学习生活的变化,最终得以自我实现。对于新世纪的教师来说,他的角色由知识的传播者转变为学生学习的促进者和帮助者,这是学习过程开放的一个重要前提条件。

要遵循这一原则,必须注意以下几个问题:

第一,教师要使学生发现历史学习的内容,能够透过岁月看清现实,可以保持和发展自我,进而激发他们的学习热情和动机。

案例:深圳红岭中学吴磊老师让学生进行"王安石变法标语创作大赛"

宋神宗时,宰相王安石为解决政府危机,推出一系列改革措施,假如你是王安石,试设计一些宣传标语,向百姓推广你的改革方案,以寻求他们的支持。分富国之法、强兵之法、取士之法三个角度进行创作。

案例评析:"标语"本是一种近代文化现象,吴老师在课堂上让学生进行"王安石变法标语创作大赛",需要学生在准确理解王安石变法内容的基础上,认识其目的、意义和影响。这样的创作形式是学生所熟悉、喜爱的,而且这一跨时空的文化创作活动具有一定的喜剧性,可以激发学生学习的热情,可以促进学生理解历史的能力、文字概括能力等多方面能力的发展。

第二,采用多种形式组织学习过程,让学生有多元表达的途径,促使学生投入到对历史知识奥秘的探究中去。

案例:深圳红岭中学吴磊老师让学生表达对"英国资产阶级革命历程"的理解

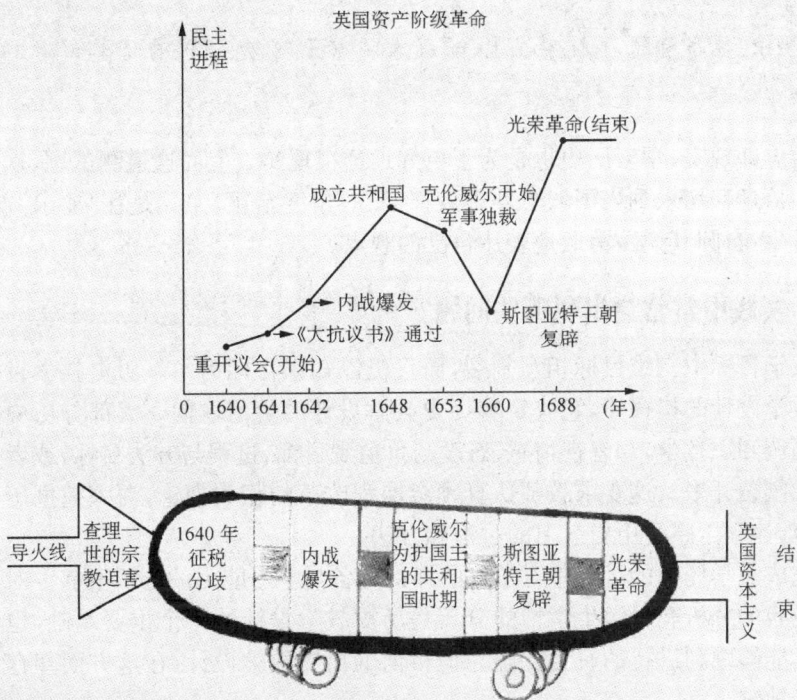

图2-2　学生对"英国资产阶级革命历程"的图示表达

案例评析:吴老师的这一案例,让学生运用自己所喜爱的方式来表达对所学的"英国资产阶级革命历程"的理解。从学生的作业可以看出,学生对同一历史事物所产生的认识是有差别的,而这一差别正是学生认识多元化的表现,也正符合新课程理念。

第三,对学生学习结果的评价也要采取开放的态度,开放性试题评价在各地测评中越来越受到重视。

> **案例：广东省东莞市初二期末自查卷中关于"人口迁移"的试题**
>
> 中国历史上有几次大规模的人口迁移：东汉末年至三国两晋南北朝，北方人为躲避战乱大举南迁；唐末至五代十国，北方人为躲避战乱大举南迁；南宋时期，北方人为躲避战乱大举南迁；改革开放后，大量农民工涌进城市，流向东南沿海。2007年4月，东莞市政府将在东莞工作的外来人员统一更名为"新莞人"。
>
> 以上短文有两个主题：人口迁移和"新莞人"，请同学们以其中任意一个主题谈谈自己的看法。
>
> 要求：要写标题，100字以上；不强求观点正确与否，能自圆其说者，同等记分。

历史即现实，学习历史也是为了更好地透视现实。上面这道测试题，从历史上的人口迁移切入到当下城市外来人口问题，角度新颖，尤其是在"要求"部分，鼓励学生"自圆其说"，勇敢地表达自己的观点。

◆ 实践中常常会出现哪些问题？

教学目标中三维目标相互割裂，而且仍以知识目标为主。历史教学目标是历史教学设计的指挥棒，它决定着历史教学设计的价值取向。大部分历史教学设计强调知识教学，却忽视情感、态度与价值观目标、过程与方法目标，或者把三维目标割裂开来。这要求教师认真领会课程改革的相关理论，深入挖掘历史教学内容，让学生感受历史学习的过程和方法。

完成教学任务的过程中对学生的知识储备与学习能力的分析不够。对历史教材内容的分析和对学生学情的分析是历史教学设计的一个重要基础，也是历史教学能够顺利进行的有力保障。但目前的历史教学设计，在这方面却存在着很大的缺陷。

教学过程中"学生主体"体现不够明显。大多数的教学设计仍是以教师讲授为主，没有为学生创设主动探索的学习情境，更谈不上促进学生学习方式的变革；许多教学设计停留在历史教案的描述阶段，没有很好地体现历史教学设计的创造性、艺术性、活动性和人文性，没有能够很好地把教学方法、教学手段与教学过程进行有机的融合。

学习评价手段比较单一。历史学习评价是历史课程改革的薄弱环节，也是历史教学设计操作较差的一个环节。总的来说，在目前的历史教学设计中：历史教师仍然是历史学习评价的单主体；历史学习评价仍然以知识评价为主，对情感、态度与价值观的评价还没有体现；历史学习评价仍然以结果评价为主，对学习过程和学习方法的评价很少。

第二节 历史教学设计的基本要素与流程

◆ 历史教学设计包含哪些基本要素？

不论哪一种教学设计模式,都包含有教学对象、教学目标、教学策略、教学评价等四个基本要素。

教学系统的服务对象是学习者。为了做好教学工作,必须认真分析、了解学习者的情况,掌握他们的一般特征和初始能力,这是做好教学设计的基础。在教学过程中,学生处于学习的主体地位,教学目标的完成情况通过学生的学习效果及其行为和情感变化反映出来,学习最终是由学生自己完成的。因此教学设计特别重视对学生的分析,在分析学习者一般学习规律的基础上,了解学生需求、初始能力、接受能力、个别差异等,对学习的外部环境与刺激及其内部学习过程发生和进行的智力与非智力因素加以统筹分析,以便更有针对性地对学生进行因材施教,促进学生更好地学习。

设计的目的是为了优化实现预期的目标,因此教师在具体实施教学前必须明确"要到哪里去"的问题。通过教学活动,学习者应该掌握哪些知识和技能,培养何种态度和情感,用可观察、可测定的行为术语精确表达出来。同时,也要尽可能地表明学习者内部心理的变化。在教学设计理论与方法中,师生的活动、教学资源和媒体的设计与选择、教学策略的确定及其应用,均要围绕实现教学目标来进行,又都要受到教学目标的制约。

教学策略是指在具体条件下,为实现预期目标所采用的途径和方法,也就是在明确"要到哪里去"后,解决"怎么到那里去"的问题。为了完成特定的教学目标,所采用的教学模式、程序、方法、组织形式和对教学媒体的选择与使用的总体考虑。教学策略包括教学组织策略、教学内容传递策略和教学资源管理策略三类。教学组织形式、教学结构程序策划、教学媒体材料设计与开发等,均属于教学策略的范畴。在教学设计视野中,教学策略是教学过程的综合解决方案,是保证教学目标实现的有效途径和方法,必须作为教学设计的重点。

教学评价就是根据教学目的和教学原则,利用所有可行的评价方法及技术对教学过程及预期的一切效果给予价值上的判断,以提供信息改进教学和对被评价对象做出某种资格证明。了解教学目标是否达到,看看"有没有到那里去",从而作为修正设计的依据。它通过确立评价指标体系,利用科学方法对收集到的教学反馈信息进行分析与处理,从而获得对教学设计方案和实施过程进行修改的信息,以使教学更加趋于完善。教学评价包括诊断性评价、形成性评价、总结性评价三部分。

需要注意的是,将一个完整的教学设计过程分解为诸多要素是为了便于深入地分析、理解和掌握教学设计本身。在实际工作中,应从教学系统的整体功能出发,保证"目标、学生、策略、评价"教学设计的四大基本要素的一致性,使其相辅相成,产生"1+1>2"的整体效应。同时也需注意到教学系统是开放的,教学过程是动态的,涉及的许多因素是变化的,教学设计工作应在科学的基础上灵活、创造性地进行。

◆ 历史教学设计的基本流程是什么?

如图2-3所示,教学设计的流程包括:

◆ 学习需要分析:了解教学中存在的问题,分析学生的实际情况与期望水平之间的差距,确定总的教学目标。解决"为什么教"的问题。

◆ 学习内容分析:根据总的教学目标,具体考虑如何选择和安排教学内容。解决"教什么"的问题。

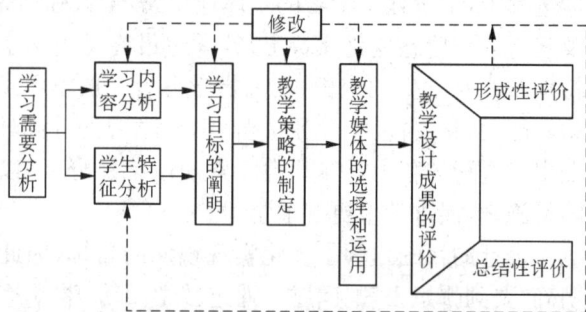

图2-3 历史教学设计的基本流程

◆ 学生特征分析:确定初始能力,了解一般特征,分析学习风格;阐明学习目标,把学习内容分解成很多具体的目标;用一种非常明确、具体的,可以观察和测定的行为术语,准确地表达出来,形成一个目标体系。

◆ 制定教学策略:确定教学顺序,建立教学活动程序,选择教学组织形式。解决"怎么教"的问题。

◆ 选择和运用教学媒体:依据选择和运用教学媒体的原则,描述教学过程中所需的教学媒体,利用选择教学媒体的模型进行选择,做出最佳选择,阐述运用教学媒体的设想。解决"怎么教"的问题。

◆ 教学设计成果的评价:评价标准是学习目标,评价对象包括教师"教"的行为和学生"学"的行为,评价类型可分为诊断性评价、形成性评价、总结性评价,评价目的是了解是否达到学习目标,确定"效果如何"。

◆ 修改:根据评价提供的反馈信息,对模式中的各个步骤进行重新审查和修改。要特别注意检验"阐明学习目标"和"制定教学策略"这两个步骤。

根据以上流程,可以形成以下教学设计过程中的基本思路,如图2-4、图2-5所示。

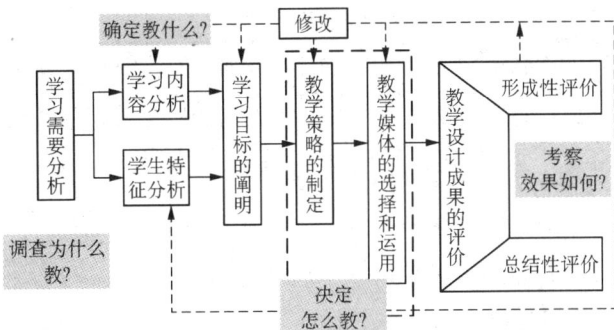

图 2-4 教学设计基本思路一

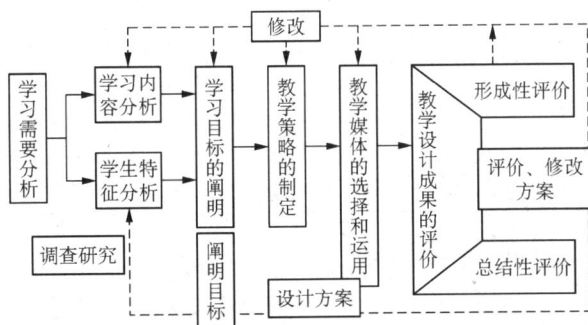

图 2-5 教学设计基本思路二

案例：授导型教学设计案例（表格式）

教学设计表 学科历史 授课年级高一 学校东华高级中学 教师姓名夏辉辉			
章节名称	导言课：认识历史课程	计划学时	1课时
学习内容分析	这是一个初高中衔接课，旨在帮助学生认识高中历史课程的特点和学习方法。		
学习者分析	高一新生对高中历史课程有一定兴趣，初步具有探索人类历史发展中出现的问题的意识。但学生在初中的通史基础较为薄弱，对高中历史专题史编写方式比较陌生，同时历史学习的方法还停留在死记硬背和听故事的层面。		

教学目标	课程标准:帮助学生认识历史学习的价值,了解高中历史新课程,掌握相应的历史学习方法,做好高中历史学习的心理准备。
	知识与技能:能区分历史史实与历史解释;知道通史与专题史都是历史阐释方式;了解必修一主要章节。
	过程与方法:感受历史的智慧和历史思维的巨大魅力。
	情感、态度与价值观:明白历史学习的价值,感受读史使人明智,学会明智地读史。
教学重点及解决措施	重点:历史学习的价值 解决措施:从学生熟悉的事物着手,采取学生自由讨论的方式,引起学生的思考,认识生活之中处处皆有历史,历史的教育价值在于培养有自信力的现代社会公民。
教学难点及解决措施	难点:历史事实与历史解释、专题史学习方法的探索 解决措施:从学生熟悉的历史事件入手分析,由于阶级立场、时代和价值观的不同对同一客观事物产生的不同评价;梳理必修一的知识纲目,初步认识专题史的编排体例。
教学设计思路	本课主要分为以下几个部分: 1. 让学生说说生活中的历史,从学生熟悉的知识着手,说明生活之中处处皆有历史。对这些历史信息进行科学分类,既包括历史史实也包括历史解释。 2. 深入思考为什么要学习历史。从案例分析中得出以史为鉴的重要作用,以史为鉴是人类解决未来各种问题的依据,是培养现代公民的必备因素。 3. 了解高中历史课程和历史学习的基本方法。学生分组讨论高中历史必修一(岳麓版)教材目录中所反映出来的编排顺序,探索其特点,从这些特点中感悟出学习的要求与方法。 4. 课堂小结,教师提出学习的基本要求和目标。
依据的理论	建构主义;历史主义

信息技术应用分析

知识点	学习水平	媒体内容与形式	使用方式	使用效果
生活中的历史	能举出生活中的历史,并有效地进行分类	计算机、投影机显示内容(邮票、歌曲、电影、文物、遗址等)	多媒体教学	引起学生兴趣,鲜活的实物形象使学生投入到历史学习中来
学习历史的价值	感悟"读史使人明智"和"明智地读史"	计算机、投影机显示案例	计算机、投影机显示案例	引导学生分析案例,进行深入思考

| 高中历史课程特点及学习方法 | 认识高中历史课程,探索学习方法 | 用计算机、投影机显示示意图,勾画高中历史课程的结构 | 用计算机、投影机显示示意图,勾画高中历史课程的结构 | 形象直观地了解高中历史课程结构 |

教学过程

教学环节	教学内容	所用时间	教师活动	学生活动	设计意图
从学生身边熟悉的事物着手,寻找身边的历史	以邮票、歌曲、电影、文物、遗址等为例,理解生活之中处处皆历史	10分钟	1. 设问:同学们知道生活中哪些是"历史"吗? 2. 教师打出幻灯片,根据学生所列指出生活之中无处不存在历史的影子。 3. 教师设问:这些历史现象里面,哪些是具体的史实?哪些是后人的评价?	1. 学生举例回答。 2. 学生观看幻灯片或影灯,或欣赏歌曲。 3. 学生讨论、回答教师问题。	从学生熟悉的事物着手,引发学习兴趣,同时提出新问题,引发深入思考,进行历史科学思维。
案例分析	思考历史学习的价值	20分钟	1. 案例一:谁更接近历史的真实?(两顶不同的八路军帽)引导学生根据历史知识进行判断,从而感悟"读史使人明智"。 2. 案例二:为什么不同的人对义和团会有不同的评价?从而引导学生要"明智地读史"。	学生观察、讨论、发言。	通过历史案例引发学生进行思考、辨析,发展历史思维。
了解高中历史课程和学习方法	以必修一目录为依托了解高中专题史特点,并提出相应的学习方法	10分钟	引导学生阅读课本,组织学生分组讨论,提出具体的学习要求。	学生阅读,讨论并派代表发言。	具体落实学习任务,掌握一定的学习方法。

课堂教学流程图

```
        ┌─────────────────┐
        │   设问导入新课    │
        └────────┬────────┘
         ╱学生讨论并回答问题╱
        └────────┬────────┘
   ◁─────────┐        ┌─────────╱
   展示图片、播放歌曲、影片  学生欣赏 ╱
   └─────────┘        └─────────┘
        ┌──────────────────────────┐
        │ 教师设问，区分历史史实与历史解释 │◁──┐
        └────────────┬─────────────┘   │
          ╱学生讨论发言，解决问题╱          │
        └────────────┬────────┘          │
                  ◇完成◇──────── 否 ───────┤
                     │是                    │
              ◁────────┐      ┌───────────╱
              展示案例       学生讨论、辨  ◁──┐
              └────────┘      析、感悟  ╱     │
                     │                        │
                  ◇完成◇──────── 否 ──────────┤
                     │是
        ┌──────────────┐    ┌─────────────╱
        │ 教师分析教材结构 │    学生阅读教材 ╱
        └───────┬──────┘    └─────────────┘
             ╱课堂小结╱
            └────────┘
```

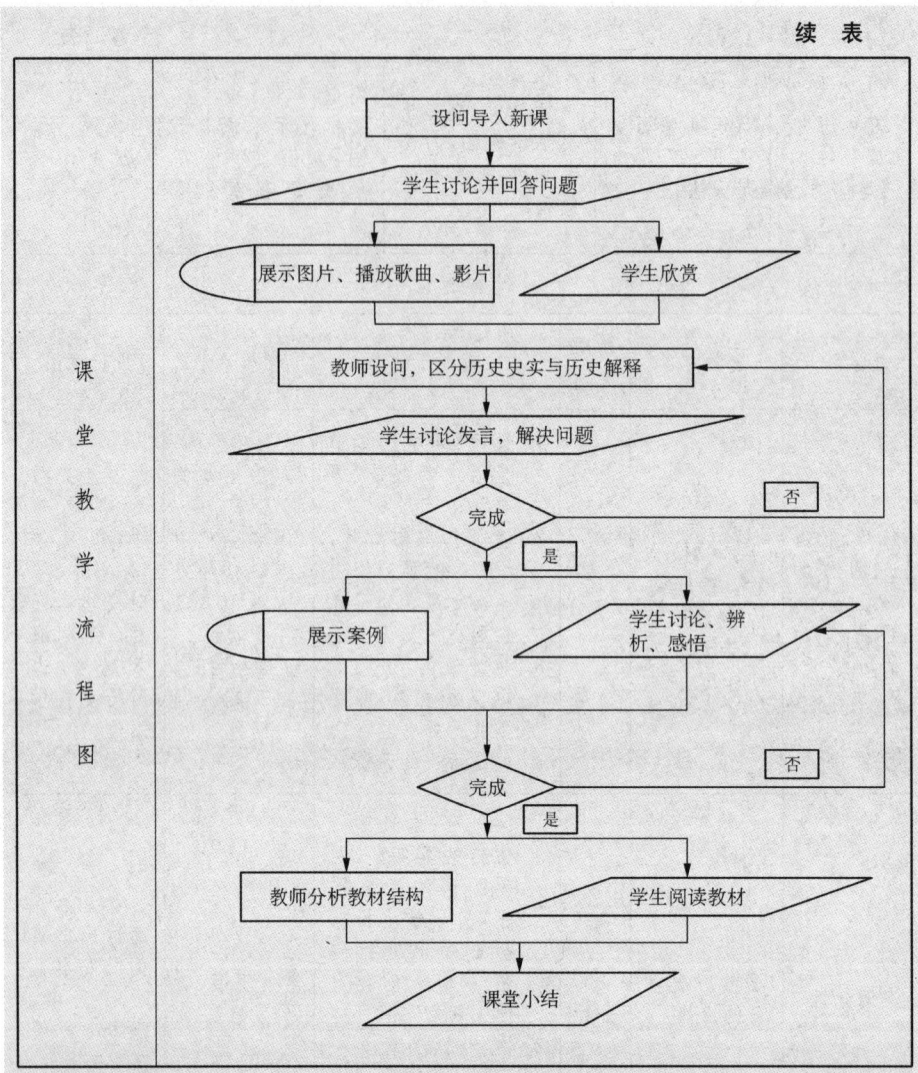

　　案例评析：表格式教学设计的优点在于简洁明了，上面这一授导型教学设计，要素完整，流程设计规范，是一个很好的表格式教学设计范例。作为高一历史导言课，没有具体的教学内容，以前一般是作为师生见面课来处理，而上面这个案例将导言课设计成为初高中衔接课，立意高，从学情分析到教学内容的设计，都很有特色。从学生身边熟悉的事物着手，让学生寻找身边的历史，有利于拉近师生关系，有助于增强学生对历史的兴趣，进而就学习历史的价值与功能进行了较深入的探讨，使得导言课有了层次，最后联系即将学习的内容，让课堂很好地回归了教材。在课堂教学的流程图里，最值得注意的是有"反馈"这一环节，它运用了系统论原则,即当学生不能较好地解决某一问题时,教学流程就会又回到原来的问题直到问题解决为止,针对课堂的生成性提出了实际的解决办法。

案例:授导型教学设计案例(叙述式)

石景山杨庄中学王巧兰老师的《走进"纸"世界》①

一、概述

《走进"纸"世界》是一堂关于纸的世界的主题课,本主题源自人教版新课标教材《中国历史》七年级上册第三单元《统一国家的建立》下第16课《昌盛的秦汉文化(一)》。把"造纸术"定为主题是基于以下两点原因:一是造纸术不仅是中国古代四大发明之一,而且代表着秦汉科技发展水平。而教材对造纸术的介绍比较简单,学生学了之后,难以对造纸术的发展历程、影响等形成完整、清晰的认识。二是纸在我们今天的生活中非常重要,在人类滥用自然资源、地球面临生态危机的今天,从科学技术和历史文化的角度回顾纸的发展,学生体会到的不仅是造纸术的过去,还可以从中反思现代人对待纸和自然资源的态度等。

本节课重在借助计算机网络创设的丰富历史情境,引导学生跨越历史时空,多角度地探究造纸术的发展历程,在探究中认识体会造纸术对中国和世界文明发展的影响。

二、学习目标分析

1. 知识与技能

(1)能归纳出古人发明纸的原因;

(2)阐述说明蔡伦的贡献及蔡侯纸的优点;

(3)能说出汉代造纸的主要流程;

(4)分析归纳出造纸术对中国和世界文明发展的作用;

(5)通过谈学习这节课的感受,锻炼独立性、发散性和创新性思维的能力。

2. 过程与方法

(1)通过观察汉代造纸图及说出汉代造纸的主要流程,从而初步掌握识读历史图片的基本技能;

(2)通过收集资料、独立思考、小组讨论,能够对历史现象进行初步的归纳、比较和概括;

---

① 中国历史课程网 http://hist.cersp.com。

（3）通过课堂分组探究，初步学会与他人合作交流、共同探索知识的方法。

3. 情感、态度与价值观

（1）通过丰富的历史史料阅读，增强对历史的学习兴趣；

（2）通过学习造纸术的发展历程，能认同中国古代劳动人民非凡的创造力及对世界文明发展的巨大贡献，增强民族自豪感，同时清楚认识到中国古代文明已成为历史，要再创辉煌，就要敢于探索、敢于创新。

三、学习者特征分析

● 学生是北京石景山区杨庄中学初一的学生

● 学生以形象思维为主，认识问题的能力还不高

● 学生尚未学习世界史，理解造纸术的影响有一定难度

● 学生具有好表现、思维活跃等特点

● 学生具有半学期的在网络学习环境下学习的经验，计算机操作熟练，具有初步的网上学习的技能

● 学生具有自主探究和合作学习的经验和能力

四、教学策略的选择与设计

● 问题激发策略：给学生提供一系列的问题，激发学生的兴趣和好奇心

● 提供丰富的意义建构材料的策略：利用主题资源网站，给学生提供大量的相关历史资源

● 自主探究策略：学生带着问题进入历史情境，展开历史想象，尝试提出问题并参与问题探究，主动获取知识

五、资源

● 人教版新课标教材《中国历史》七年级上册

● 专门为这节课制作的专题网站——《走进"纸"世界》

● 网络教室

六、教学过程

教 师 活 动	学 生 活 动	媒体
一、[导入] 猜谜语： 生得轻巧白净 中国创造发明 传播文化知识 深受人类欢迎 由此引入话题：大家知道纸是哪国发明的吗？这节课我们就来学习中国古代四大发明之一——造纸术	获取信息，判断，根据所了解的知识回答	计算机演示文稿1

续　表

教　师　活　动	学　生　活　动	媒体
二、[小组合作探究] 　　设问:关于造纸术,大家知道哪些?	自由发言,根据所了解的知识回答	
进一步启发:还想了解什么? 　　启发、鼓励学生提出问题 　　归纳、概括学生提出的问题	提出自己最感兴趣的问题(意图:培养学生的问题意识)	网页资料(关于纸世界的主题资源网站)
指导学生分组选择问题,带着问题,阅读网页内容 　　指导学生合作探究	学生自愿组成小组,以组为单位,自主选择一个问题,带着问题阅读网页内容后,合作探究问题(意图:培养学生合作学习的意识和探究问题精神)	
组织、参与学生的交流 　　及时作出鼓励性评价	小组派代表发言,交流探究问题的结果;小组之间可以互相补充	
总结:造纸术,作为中国古代四大发明之一,不仅代表了秦汉科技的发展水平,而且从它的发展历程中,我们可以看到:纸从无到有,从简单制作到技术成熟,从历朝宫廷奢侈品到现代日常生活用品,每一点进步都凝聚着人类的智慧 三、[反思] 　　设问:大家反思这节课所学内容,你从中感受到了什么呢? 　　[小结](略)	各抒己见 (意图:通过谈自己的感受,锻炼学生独立性、发散性和创新性思维的能力)	
四、[延伸] 　　提出问题,激发学生课后探究 　　问题: 　　1.你能举出五种日常生活中常见的纸制成品吗?假若这个世界没有了纸,你的生活会有什么不一样? 　　2.怎样能使一张白纸更有价值?你在学习中是怎样使用纸的? 　　3.在造纸业的发展进程中,古人遇到哪些问题?是如何解决的?今天人们又面临着哪些新的问题?提出你的建议。 五、[网上讨论] 　　李先生认为:资讯技术日新月异,电子档案和互联网将会代替纸作为记事工具。你是否同意他的观点?为什么?	以组的形式,自主选择其中的一个问题,课下利用网站内容或收集资料,合作探究,并把成果传到网站中"探究空间"的作品展示里。 　　交流	网页 网上交流平台

七、总结与评价

课堂中教师对学生的学习、探究、讨论、课堂发言等给予及时的评价、引导和总结;课堂结束时,教师引导学生进行本次课综合性总结;课后,学生之间相互评价网上的讨论发言,教师给予引导与总评,并且对课堂延伸部分提出的几个问题的探究情况作评价。

案例评析:上面这个叙述式教学设计案例,比表格式教学设计案例要显得饱满,有利于教师比较充分地表达自己对教学设计的想法。案例中教学目标表述非常准确,教学策略的选择符合学情,教师与学生的双边活动非常清晰,体现了学生"学"的主动性与主体性。

◆ 一个尝试

请选择一课,依据案例,写一个授导型表格式教学设计,注意设计的流程及各要素的合理运用。

第二篇

策 略 篇

　　教学设计是运用系统方法分析教学问题,确定教学目标,建立解决教学问题的策略方案,试行解决方案,评价试行结果和对方案进行修改的过程。本篇拟从实践的角度对教学设计的各个环节进行策略分析,结合新课程改革中初、高中历史教学的不同特点,在历史课堂教学的案例分析中为读者提供教学设计的技能与技巧。

第一章　历史教学设计的环节分析

第一节　课程标准与教学设计

《全日制义务教育历史课程标准(实验)》(以下简称初中历史课标)和《普通高中历史课程标准(实验)》(以下简称高中历史课标)分别于 2001 年和 2003 年颁布试行后,给实验区的历史教学带来了新理念、新教法和新学法,同时也给历史教师的教学设计提出了更多的考验,引发历史教学界对历史教学设计更多的思考。要真正理解新课程改革,就要从正确理解课程标准做起。如果用旧的观念理解课程标准,则在教学设计中必然是"穿新鞋走老路"。

◆ 认识课程标准

● 课程标准包含有哪些内容?

不论是初中还是高中历史课标,"课程目标"部分都规定了学生通过历史课程学习在"知识与能力"、"过程与方法"、"情感、态度与价值观"三个方面应达到的总体目标。而"内容标准"则按照学习板块和学习主题阐述学生在不同阶段应实现的具体学习目标。对于学生的学习结果,用尽可能清晰的、便于理解及可操作的行为动词,从知识与技能、过程与方法、情感、态度与价值观三方面进行描述。因此,在历史教学设计诸多因素中,历史课程标准具有方向性的地位。

● 课程标准与教学设计的关系如何?

1. 课程标准给历史教学设计带来了新理念、新教法和新学法

历史教学应避免专业化、成人化倾向,克服重知识、轻能力的弊端,不刻意追求历史学科体系的完整性。教学内容选择应体现时代性,符合学生的心理特征和认知水平。

历史教学应减少艰深的历史理论和历史概念,增加贴近学生生活、贴近社会的内容,有助于学生的终身学习。

历史教学应倡导学生主动参与教学过程,积极提出问题,掌握分析问题和解决问题的方法。

历史教学应有利于教师教学方式的转变,鼓励教师创造性地探索新的教学途径,改进教学方法和教学手段。

历史教学应积极进行评价改革,形成以评价学生综合素质为目标的评价体系,全面实现历史教学评价的功能。

2. 历史教学设计要充分体现课程标准要求达到的目标

前已论及,历史课标是选择课程内容、开展教学实践以及评价课堂的依据。因此,在历史教学设计诸多因素中,历史课标具有方向性的作用,历史教学设计要充分体现课程标准要求达到的目标,至于如何体现这些目标,我们在此书后续章节中将会逐一介绍。

● **怎样结合课程标准中的内容标准使用不同版本教材**?

一个好的教学设计,都需要包括对课程标准所规定的"课程内容"的分析。脱离了课程标准去谈教学设计,就是无本之木、无源之水。

课改后,"一标多本"的局面让教师对教科书有了更多的选择余地,但是不同版本的编写风格相差很大,面对这样的情况,我们的教学设计应该如何进行操作呢? 这种状况下,要求教师从课标中的"内容标准"出发,参考不同版本历史教科书中同一课程内容的不同叙述来进行教学设计,不能脱离课标的"内容标准",也不能脱离各版本历史教科书来谈教学设计。

那么,如何结合课标中的"内容标准"使用不同版本教材进行教学设计呢? 这里首先要考虑的是不同版本教科书所编内容的选择。这个选择的标准,只能是课标所要达到的目标和它所规定的"内容标准",无论是加法,还是减法,都要遵循这个标准去做。

例如,以高中课标"从汉到元政治制度演变"这一小目内容进行分析,围绕课程标准规定的"内容标准"即"从汉到元政治制度演变的史实,说明中国古代政治制度的特点",我们看到人教版、大象版、岳麓版和人民版四套教科书给广大师生呈现了丰富多彩的课程结构、选材与谋篇。就这一目的内容各版本教科书的设置大概情况如下:

(1)人教版和大象版列举了从汉到元中央政治制度与地方政治制度的演变,从机构与官职的变化谈中国古代政治制度的演变趋势,着力于政治制度史。

(2)岳麓版教材内容以"中央集权与地方分权的斗争"和"专制皇权的不断加强"两条线索来展开,一方面以典型历史事件的冲突与斗争阐述制度的变化,例如七国之乱、安史之乱,这些冲突既是变化的原因,又是变化的结果;另一方面以典型历史人物为核心,如汉武帝、宋太祖,阐述重大历史人物对制度演变的作用,制度变更则是斗争与冲突的结果。

（3）人民版则把君主专制政体的强化作为中国古代政治制度的最大特点，其法律制度主要以秦为例，选官制度从先秦谈起，而对于明清之前中央官制的变化，人民版只编写到宋代。

（4）不同版本的编写也都还有待改进之处。有些版本还存在内容纠缠不清的情况，如把汉武帝的措施归结到"中央集权与地方分权的斗争"中去，而古代中国皇帝们的各种措施中，往往既有加强中央集权的意义，也有加强皇权的作用，简单地划分为两条线索，有其不妥的地方。

四个版本教科书在细节的处理上各有千秋，各有特色，体现了教材的多样化。有的注重制度史研究，有的注重政治史的整体发展，有的注重文明史的演进进程。我们在进行"从汉到元政治制度演变"一课的教学设计时，在学习了课标的"内容标准"后，就应结合不同版本教科书的内容进行分析，综合各家所长，取其精华，大胆地创新与构思，打破教科书的束缚，使教学设计实现知识结构的优化，这就是所谓的"加法"。

又如，在高中选修一《历史上重大改革回眸》模块的编写上，人教版历史教科书开列了九个改革，每个改革作为一个单元共九个单元计31课，每个单元基本都有三课内容，这三课内容也基本上按照改革的背景、改革的内容、改革的影响这样的顺序排列；而岳麓版则按"古代历史上的改革（上）"、"古代历史上的改革（下）"、"西方近代早期的改革"、"工业文明冲击下的改革"、"改革开放与中华民族的伟大复兴"这样的单元体系，除了人教版本的九个改革外，还增加了乌鲁卡基那改革、日本仿效唐制的变革、忽必烈改制、张居正改革、中华人民共和国的改革开放这五个改革，每个改革基本上安排为一课，共计19课。在这种情况下，教师如何对教科书内容进行取舍呢？如果从高考模式来看，四套教科书中只要其中一套没有论及的问题都不会成为考点，综合这几套教科书的特点，在选修一模块的教学设计上，我们一般都会采取"综合减法"。它不是把繁杂的内容简单地删掉，而是综合不同版本教科书论述，找出其重叠之处作为精讲的内容，也作为教学设计的重点。

◆ **走进现场**　理解课标，制定教学目标——以《古代希腊、罗马的政治文明》为例[①]

（一）全面理解课程标准

课程标准规定了学习的最低目标，即每个学生都必须达到的学习目标。如《民主政治的滥觞》（以下简称本课），课程标准的要求是，"了解希腊自然

[①]　刘俊利：《高中课程标准下的教学设计初探——以〈民主政治的摇篮〉为例》，《历史教学》2005年第9期。

地理环境和希腊城邦制度对希腊文明的影响,认识西方民主政治产生的历史条件"。这一要求的主要含义是:

1. 希腊文明孕育了民主政治,民主政治又是希腊文明的主要内容之一。

2. 希腊自然地理环境和城邦制度对希腊文明产生了重大影响。

3. 理解西方民主政治与地理环境、希腊城邦制间的关系。

如果从本专题《古代希腊、罗马的政治文明》的角度看,本课属于西方早期政治文明的原因部分,具体指雅典民主政治的原因部分。所以,从整个西方早期民主政治文明发展的角度理解本课内容,本课至少应解决两个问题:

1. 希腊文明的表现及与地理环境和城邦制度间的关系。

2. 希腊文明与西方民主政治间的关系。

(二)科学确定学习目标

根据对课程标准的理解,本课的学习目标可确定为以下四点:

1. 说出古希腊地理特征及其影响。说出不同地理环境对文明发展产生的不同影响,进而说明地理环境与文明特征间的关系。

2. 说出古希腊城邦、公民的主要特征及形成这些特征的主要原因;归纳这些特征对古希腊文明产生的主要影响。

3. 根据古希腊地理、城邦制度和古希腊公民的相关内容,归纳出希腊文明的主要表现;进而说出它们对古希腊民主政治的主要影响。

4. 说出学习本课的主要步骤;从人类文明发展的原因中得出文明特征与地理环境间的关系及个人如何确立发展方向的认识。

(三)准确把握确定原则

1. 所有目标都应表述成易测量的陈述句。如每个目标都有行为动词"说出"、"得出"、"归纳"等。

2. 过程与方法是学习目标的组成部分。如目标四的前半部分等。

3. 根据课程标准和本课具体知识特征,确定具体的情感、态度与价值观目标。如根据"理解从专制到民主、从人治到法治是人类社会一个漫长而艰难的历史过程,树立为社会主义政治文明建设而奋斗的人生理想",与本课的具体知识特征——陈述性知识为主,本课的具体情感、态度与价值观目标确定为:树立正确的意识——正确理解地理环境与文明特征间的关系等。

深度分析:本案例在第一部分就明确地提出了"全面理解课程标准",对本课课标的"内容标准"进行分析,得出三个层次的"主要含义",提出了应该解决的两个问题,由此再科学地确定了四点学习目标,在这个环节中,充分体现出了课程标准的指向性功能。在本案例的后续部分,设计者还结合了大象版本教科书和教师教学用书的相关内容进行了引用,作为史料展示给学生进行了分析。

因此,本案例中设计者做到了依据课程标准进行思考,并以此作为后续教学设计的指导,所设计的问题,分别从本课的整体角度、从新角度重新整合本课知识,反思学习过程,达成情感、态度与价值观等目标,引导学生全面实现本课的学习目标,这些都符合课程标准的理念与方法。

◆ 常见问题

1. 无视课标的作用,脱离课程标准进行教学设计。

案例:人教版必修一《英国君主立宪制的建立》一课案例节录

在"英国君主立宪制建立的背景"一课中作以下补充:英国资产阶级革命前夕的经济状况;都铎王朝的统治;斯图亚特王朝的专制统治;议会中反对派的形成;英国资产阶级革命的爆发;克伦威尔的统治;斯图亚特王朝的复辟;"光荣革命";英国资产阶级革命的意义和影响。

案例评析:关于英国君主立宪制,课标要求"了解《权利法案》制定和责任制内阁形成的史实,理解英国资产阶级君主立宪制的特点"。按照课标这一要求,对英国资产阶级革命问题已经淡化了,突出的是君主立宪制形成的过程和特点;但在这个案例中,设计者作如此多的补充完全无视课标中"内容标准"针对本课的要求,不符合课标理念。

2. 根据原有知识体系进行教学设计。

案例:高中必修一《鸦片战争》教学目标(节录)
【知识与能力】
识记:鸦片战争的背景、起因、性质、经过;《南京条约》及其附件的内容、危害;《望厦条约》、《黄埔条约》内容及其影响;鸦片战争的影响。

案例评析:在高中历史课标中,对"列强侵略与中国人民的反抗斗争"相关内容高度概括为"列举1840年至1900年间西方列强的侵华史实,概述中国军民反抗外来侵略斗争的事迹,体会中华民族英勇不屈的斗争精神。"由此可以看出,这一案例中把旧教材的内容"《望厦条约》、《黄埔条约》内容及其影响"硬是补充了进来,这种知识"移植"没能结合课程标准进行,而且案例中所列举的识记内容只能说是教学内容,不是课程的"知识与能力"目标,其表述不符合课程标准。这反映出在课程改革刚开始的地方,教师们拿到教材后往往不知取舍。高中教师担心学生无法理解专题史,从旧教材中大量"移植"旧知识到课堂中,过度挤占学生对专题史的理解时间,形成了大量的无效教学。

3. 只依赖一本教科书备课,知识面窄小。

案例:吴起到底在哪儿变法——岳麓版选修一《春秋战国时期的变法运动》

在讲授魏文侯变法时,教科书中谈到了吴起变法。有学生问道:"在网上所找到的吴起变法,是说他在楚国的变法,为什么我们岳麓版却说他在魏国变法呢?是不是书本有误?"这个问题教师一时答不上来,只能猜说是吴起可能后来又到了楚国吧。

案例评析:在课改区仍经常可以碰到这种例子,一些教师只用学生手头上有的教科书备课,既没有拓展知识面,也不与其他版本教科书进行对比,况且现在学生的信息来源比较宽广,教师应该多做研究,只依赖一本教科书备课远远不能符合课程改革的要求。

◆ 一个尝试

以高中历史选修一岳麓版《北魏孝文帝改革》一课为内容,试结合课程标准相关要求,在比较不同版本教科书对于本课的编写安排基础上完成一个教学设计。

第二节　教学目标与教学设计

在整个教学设计中,教学目标占有重要的地位。好的教学目标设计会使看设计的人在看完目标之后就可以基本理解教师的设计思路并可以预期课堂结构,而且可以进一步以目标作为准绳来对教学设计进行逐环节的或者整体性的评价。赵亚夫教授认为:"教学目标的作用,对教师而言,如同打靶时枪上的准星,要把得住、瞄得准、三点成一线,不能马虎。从教学过程看,它是一课之魂,目标模糊如同混沌无窍,虽有动态然终不是有意义的生命;从教学效果看,它是一课之准绳,目标繁复如同弊尺,虽有形制然实不能有价值的规矩。"

◆ 认识教学目标

● 什么是教学目标?

教学目标是指教师预期学生能够达到的学习结果,它可分为课程教学目标、单元教学目标、课时教学目标等不同层次。这句话看似简单,而我们在教学实践中常常违反了这些"原则"。

● 三维教学目标之间有何关系?

历史课程标准规定的教学目标,规范地划分为三个维度,即知识与能力,过程与方法,情感、态度与价值观。这三者间是一个整体,不可割裂开来。福建师范大学教育科学与技术学院余文森教授认为:"知识与技能维度的目标立足于让学生学会,过程与方法维度的目标立足于让学生会学,情感、态度与价值观维度的目标立足于让学生乐学,任何割裂知识、技能,过程、方法,情感、态度、价值观三维目标的教学都不能促进学生的健全发展。"

具体来讲,三个维度之间的关系是这样的:

(1)知识是所有目标实现所必需的载体,也是学生思维取得跃升时不可或缺的立足点,在特定情况下,也可能是过程与方法的最终归宿;能力是对方法的掌握达到可迁移的程度的时候的整体表现,不是方法所带来的能力不过是直觉或者本能而已,所以,我们更多的时候以"技能"而非"能力"称之。

(2)过程是学生在课堂中所将获得的经历与体验,这种体验可能是为其他目标服务的,但很多时候,这种体验自身就是自己的目的。方法可以被理解为一种程序性的或者框架性的知识,在方法运用的时候,一定表现为某种过程,通常和学生的学习体验联系在一起,所以"通过……的过程,知道/了解/初步掌握/进一步掌握……的方法"是过程与方法目标的常规写法。

(3)情感、态度与价值观可能是前两个维度目标的最终归宿,它有时候是确定而封闭的,但是也可能只是学生学习经历与体验过程中的自然生成,后者仍需要教师做出一个方向性的约束。

三维目标的核心是人的发展,是一个整体。过程与方法,情感、态度与价值观的发展离不开知识与技能的学习,同时,知识与技能的学习必须以有利于其他目标的实现为前提。同时,在每一堂具体的历史课里,三维目标也不会均衡呈现,必会依据学习内容的不同有所侧重。

案例:必修一《太平天国运动》三维目标设计中失败的案例

【知识与能力】

(1)知识要求:掌握洪秀全创立拜上帝教;《原道救世歌》、《原道醒世训》、《原道觉世训》;金田起义;永安建制;定都天京;北伐、西征、东征和太平天国军事上的全盛;《天朝田亩制度》、《资政新篇》;天京事变;重建领导核心;后期防御战;天京陷落。

(2)能力要求:使学生理解太平天国运动所体现出的农民阶级的局限性;使学生理解太平天国运动的性质;探究太平天国失败的必然原因,培养学生分析问题和解决问题的能力。

【过程与方法】

(1)通过学习"烧饼歌"关于太平天国运动的预言,激发学生学习本课的兴趣。

（2）通过分析太平天国运动的作用,使学生初步学会查找史料,从不同角度认识问题,掌握论从史出的学习方法。

【情感、态度与价值观】

认识太平天国运动与近代民主革命的关系:农民是中国近代民主革命的主要力量,但依靠单纯的农民运动无法完成民主革命任务。

案例评析: 这个案例存在的问题很多,其中明显的一点就是把三维目标当成了三个独立的目标,所列"过程与方法"目标中,"通过学习'烧饼歌'关于太平天国运动的预言,激发学生学习本课的兴趣",这一要求与"过程与方法"没有联系,不用写入"过程与方法"目标。所列举的"情感、态度与价值观"目标——"认识太平天国运动与近代民主革命的关系:农民是中国近代民主革命的主要力量,但依靠单纯的农民运动无法完成民主革命任务",更像是历史教师"移植"来的结论。

下面这个案例可以很好地体现出三维目标之间应是有机的统一体的关系:

案例:初中北师大版《中华大地的远古人类》三维目标设计

（1）能在地图上标出元谋人、北京人发现的地点并说出他们距今的年代。（知识与技能、过程与方法）

（2）观察图,描述北京人与现代人的不同。（过程与方法）

（3）能够说出反映远古人类生活的有:考古文物、神话传说、遗址等。（过程与方法）

（4）想象北京人的一天。（知识与能力,过程与方法,情感、态度与价值观）

（5）收集我国各地远古人类的考古资料,并按照时间顺序排列,感受中国是人类的起源地之一。（知识与能力,过程与方法,情感、态度与价值观）

● 制定教学目标要做哪些准备?

制定教学目标的准备,主要包括课程标准研究、教学内容分析、学习者特征分析、社会形势需要分析、资源准备等。

1. 研究历史课程标准

历史课程标准规定了学科教学的目的、任务、内容及基本要求,是编写教材、进行教学、评价教学质量的依据,当然,也是制定教学目标的依据。

例如,高中历史必修一《夏、商、西周的政治制度》一课,课标的要求是:"了解宗法制和分封制的基本内容,认识中国早期政治制度的特点。"结合这一要求,在设计教学目标时,就不要设计"掌握中国古代神话传说的影响"、"了解商朝帝王权力的变化"等目标,这些目标远离了课程标准的要求,也会大量挤占课堂教学时间,分散学生的注意力。如果改为"对中国古代神话传说所体现的社会政治制度有所认识",就比较符合课程目标的要求。

2. 分析教学内容

不同教材有不同的特点,不同的教学内容也有不同的教学要求。比如现行的几套高中历史教科书是按单元编排的,每个单元都有"单元提示"或"学习建议",在其简短的文字中,已将学习该单元的要求作了交代。在编写教学目标时,要紧扣这些文字,努力用具体的目标来落实其要求,并把它们当作中心目标或重点目标来对待。教师在分析学习内容、了解学生情况以及回顾先前教学经验与反思的基础上,开发学习资源和运用教学媒体对教材的顺序、详略、深浅等作适当取舍、加工、提炼等处理,再确定三维目标。

3. 分析学习者特征

历史课程标准打破了过去"以学科为中心"的观念,转向了"以人为本"。因此,学生所处的环境,学生的情绪、情感、经验、阅历、生活背景,学生的感受、需求、欲望、知识基础等应该成为制定教学目标的依据。学生身心特点和已有的知识、能力要认真研究、分析,努力保证所确定的教学目标既符合课标要求,又能使多数学生经过努力之后都能达到。

学习者特征分析是学情分析最重要的内容,它要求教师通过多种途径来进行调查。有学者对此做了详细的概括,认为应该做到"十知道":一是知道学生的现有水平;二是知道学生的学习需要;三是知道学生的学习环境;四是知道学生的学习态度;五是知道学生的学习方式;六是知道学生的学习习惯;七是知道学生的思维特点;八是知道学生的生活经验;九是知道学生的个性差异;十是知道学生的认知规律。

以高中必修三《中国科技的发明和发现》一课为例,对于基础比较薄弱的班级与学生,通过填表、列举、朗读、表演等方式使学生动身、动笔(例如"列举中国科技之最"),达到掌握基础知识、培养兴趣,实现学生学会、乐学的目标即可。而对于基础比较好的学生与班级,则应启发学生进行积极思考,通过史料教学、网络资源研究等方式,培养学生更高的理解能力、综合能力。

4. 分析社会形势需要

社会发展是动态的过程,相对于时代进步而言,教材内容总是滞后的。在制定教学目标时应当考虑到这一点,适当地根据社会需要和社会现实,充实必要的内容。

以环保问题为例。随着我国政府正式启用《商品零售场所塑料购物袋有偿使用管理办法》,社会对环境保护的认识迅速提高。历史课标要求"学习从历史的角度去了解和思考人与人、人与社会、人与自然的关系"、"陶冶关爱人类的情操"。环保问题是"思考人与自然的关系"的一个重要入口。如何结合社会的需要,把环保问题纳入历史教学中呢?高中必修三《从蒸汽机到互联网》这一课是一个很好的切入点。历史课标对本课的具体要求是："以蒸汽机的发明和电气技术的应用等为例,说明科学技术进步对社会发展的作用。"在说明"科学技术进步对社会发展的作用"这一课标要求时,可以提出这样一个命题:"以往每一次生产力的飞速进步,对人类生存的环境都造成了巨大的挑战。"然后让学生去思考这一命题,进而提出要关注环境保护,达到从历史的角度培养学生环保意识的教学目标。

5. 资源的准备

准备好相关资料,包括历史课标、不同版本教科书、教师教学用书等。加大备课的阅读量,备课时除了钻研课本、教参外,应多阅览其他有关的参考资料,尤其是不同版本教科书,补充史料,丰富教学内容,以达到更高的教学目标要求。

以上涉及的内容在后面的有关章节中还将详细论述。

● **如何撰写教学目标**?

教学目标的撰写,应遵循两个原则:一是具有准确性,二是具有可检测性。

教学目标的撰写一般采用美国心理学家马杰的方法来叙写,其核心是行为、条件、标准的三要素模式。在教育实践中又衍生出四要素模式,即行为主体、行为动词、行为条件和表现程度,每个要素又各有其要求。

(1) 行为主体——目标的陈述必须从学生的角度出发,行为的主体必须是学生。有的教师将目标表述成"教给学生……"或"使学生记住……",这是不妥的,因为其行为主体是教师。规范的表述应是"学生应该……"。有时,行为主体可省略,如"在课堂讨论中,能归纳出太平天国运动的性质",其行为主体"学生"省略。

(2) 行为动词——行为动词用来描述学生应该形成的可观察、可测量出的具体行为。如写出、列出、认出、辨别、比较、对比、解决、背诵等,而且要注意因学习水平不同而表述不同。作为评价的依据,它应该是具体明确、可操作的。

(3) 行为条件——是指影响学生产生学习结果的特定的限制或范围。对条件的表述有四种类型:一是是否允许使用辅助手段,二是提供信息或提示,三是时间的限制,四是完成行为的情景。

(4) 表现程度——学生通过学习后所产生行为变化的最低表现水准或学习水平。

例如:

" <u>学生</u> <u>收集</u> 我国各地远古人类的考古资料,并按照时间顺序 <u>排列</u> ,
  行为主体 行为动词   行为条件 行为动词
<u>感受中国是人类的起源地之一</u>。"
  表现程度

在课时目标叙写时,这四个要素中的行为主体、行为条件在书面上可省略,但行为动词和表现程度(学习水平)不可省略,而且应准确、具体。如何做到准确、具体呢? 这其中最难把握的就是行为动词的选择。

课程目标的表现程度(学习水平)主要是结果性目标和体验性或表现性目标。相应的学习水平与行为动词如下:

(一)结果性目标。即明确告诉人们学生的学习结果是什么,主要应用于"知识与技能"领域。结果性目标的学习水平与行为动词主要有:

1. 知识目标

(1)了解水平。包括再认或回忆知识;识别、辨认事实或证据;举例、描述对象的基本特征等。行为动词如说出、背诵、辨认、列举、复述、再认等。

(2)理解水平。包括把握内在逻辑联系;与已有知识建立联系;进行解释、推断、区分、扩展;提供证据;收集、整理信息等。行为动词如解释、归纳、概述、概括、判断、区别、提供、猜测、估计、推断、检索、收集、整理等。

(3)应用水平。包括在新的情境中使用抽象的概念、原则;进行总结、推广;建立不同情境下的合理联系等。行为动词如应用、使用、质疑、解决、撰写、拟定、检验、计划、总结、证明、评价等。

2. 技能目标

(1)模仿水平。包括在原型示范和具体指导下完成操作;对所提供的现象进行模拟、修改等。行为动词如模拟、重复、再现、模仿、例证、临摹、扩展、缩写等。

(2)独立操作水平。包括独立完成操作;进行调整与改进;尝试与已有技能建立联系等。行为动词如完成、表现、制定、解决、拟定、绘制、测量、尝试、试验等。

(3)迁移水平。包括在新的情境下运用已有技能;理解同一技能在不同环境中的适用性等。行为动词如联系、转换、灵活运用、举一反三、触类旁通等。

(二)体验性或表现性目标。即描述学生自己的心理感受、体验或明确安排学生表现的机会。采用的行为动词往往是体验性的、过程性的,主要应用于"过程与方法"、"情感、态度与价值观"领域。其学习水平与行为动词主要有:

(1)经历(感受)水平。包括独立从事或合作参与相关活动;建立感性认识等等。行为动词如经历、感受、讨论、交流、合作、分享、参观、访问、考察、接触、体验等。

(2)反应(认同)水平。包括在经历基础上表达感受、态度和价值判断;做出相应的反应等。行为动词如遵守、拒绝、认可、认同、承认、接受、同意、反对、愿意、欣赏、称赞、喜欢、讨厌、感兴趣、关心、关注、重视、采用、采纳、支持、尊重、爱护、珍惜、蔑视、怀疑、摒弃、抵制、克服、拥护、帮助等。

(3) 领悟(内化)水平。包括具有相对稳定的态度;表现出持续的行为;有个性化的价值观念等。行为动词如形成、养成、具有、热爱、树立、建立、坚持、保持、确立、追求等。

◆ 走进现场

● **走进现场一**:初中北师大版《中华大地的远古人类》教学目标

【知识与能力】

通过阅读"中国原始人类主要遗址分布图",初步掌握识别历史地图的基本技能。初步了解有关考古、历史地图、文物插图、古史资料等方面的基本常识。了解远古人类从低级到高级的演进过程。

【过程与方法】

学生可以根据课本与教师提供的考古材料及自己的观察所得,进行推理分析、合理想象,主动探究问题的答案。并学习用观察、阅读等方法来探究有关问题。教师以启发式教学引导。通过想象北京人一天的生活,能够在史实的基础上进行合理想象。

【情感、态度与价值观】

通过对本课(最好对本课的全过程有所概括)的学习,形成对中华民族悠久历史的认同,并在此基础上促进民族自豪感的生成;通过对考古知识的初步认识,使学生进一步形成对科学精神的认同。

【教学重点】

从考古、讲述、文本展示元谋人与北京人的生产、生活场景,并组织学生通过合理想象加深认知。

【教学难点】

对历史地图、考古知识、古史资料等基础知识的了解;对劳动造成人这一理论的理解。

深度分析:在这一个案例中,设计者对教学目标有深刻了解。此设计表述严谨,对初一学生的能力进行了充分的估计,体现了学生的主体性,相关的目标经过教学引导,是可以达到的。

历史课标对这一课的要求是:"以元谋人、北京人等早期人类为例,了解中国境内原始人类的文化遗存。"从设计来看,本案例认真地贯彻了课标的要求。

在本案例中,"知识与能力"目标采用了以下动词:"通过阅读"、"初步掌握"、"了解"、"培养"等,可以看出,其主体是学生,符合初一学生的认知结构,设计者从学生的角度进行了认真的目标分析。

"过程与方法"、"情感、态度与价值观"目标,设计者也是从学生的角度出发,提出了"学习用观察、阅读等方法来探究有关问题"、"增强民族自豪感"、"培养崇尚科学的精神"等目标，并且能与"知识与能力"目标相统一，形成具有整体性效果的教学目标设计。

整个教学目标设计中，设计比较好的地方在于比较准确地从学生思维生成的角度明确了本课的教学难点。

● **走进现场二**：高中历史人教版必修一《解放战争》教学目标设计

【知识与能力】

了解：说出重庆谈判和政治协商会议的背景与内容；知道全面内战爆发的时间和人民解放军粉碎了国民党进攻；复述战略反攻和三大决战、国共和谈；说出国民政府覆灭的时间。

理解：(1)比较重庆谈判各方目的，说明中共为求和平所作的努力。

(2)阐明在决战中中国共产党运筹帷幄。

(3)判断蒋介石的失败是"天意"还是"民意"？

运用：(1)能够从多个角度分析中国共产党打败国民党的原因。

(2)归纳总结新民主主义革命胜利的基本经验和意义。

【过程与方法】

通过对重庆谈判各方目的、中共争取和平的努力等相关史料的研习，习得史料探究的方法与能力。

【情感、态度与价值观】

结合中共争取和平的努力，在讨论"蒋介石的失败是'天意'还是'民意'"的过程中，认识到"得民心者得天下"。

【教学重点】

对三大战役的胜利及其意义的探讨。

【教学难点】

对重庆谈判历史意义的理解。

深度分析：课程标准对这一单元的要求是："概述中国共产党领导的新民主主义革命的主要史实，认识新民主主义革命胜利的伟大意义。"而对"解放战争"这一历史时期的内容没有具体的表述。

本案例中，考虑到了教学目标的整体性，注意到了知识与能力，过程与方法，情感、态度和价值观三者的统一。该设计是在一个重点实验班使用的，设计者考虑了这一因素，对学生的理解能力、运用能力作了合理要求，如设计中的"知识与能力"目标有"归纳总结新民主主义革命胜利的基本经验和意义"，"过程与方法"目标有"通过对重庆谈判各方目的、中共争取和平的努力等相关史料的研习，习得史料探究的方法与能力"，而通过对中共争取和平的努力等材料的分析，学生不难得出"得民心者得天下"的认识来。作为重点实验班的学生,这些目标是他们"跳一跳,够得着"的。

因此,本教学目标设计依据了课程标准、教学内容、学生实际,并且简明扼要,没有加入太多空泛的情感目标。该目标设计的优点在于层次非常清晰,将知识与能力区分了开来,而且对知识目标做了"了解"与"理解"两个层次的描述,其撰写也严格按照教学目标的四个要素进行。

◆ 常见问题

由于对教学目标的认识存在一定的误区,在实际教学工作中,教师经常会出现以下的一些问题。

1. 直接照搬历史课程目标,课程目标与课时目标混淆,历史课堂教学目标的内容宽泛。

案例:高中必修一人教版《抗日战争》的"情感、态度与价值观"目标
【情感、态度与价值观】

通过对抗日战争的学习,学生能弘扬和培育民族精神,激发对祖国历史的自豪感,逐步形成对国家、民族的历史使命感和社会责任感,培养爱国主义情感,树立为祖国现代化建设、人类和平与进步事业作贡献的人生理想。加深对历史上善待生命、关注人类命运的人文主义精神的理解。确立积极进取的人生态度,塑造健全的人格,培养坚强的意志和团结合作的精神,增强经受挫折、适应生存环境的能力。

案例评析:以上目标是历史课程总目标的重要内容。贯彻这个目标是整个高中学段的任务,而培养学生的能力更是一个长期过程,绝非一节历史课所能完成。该目标大而多,内容空而泛,缺乏可操作性,仅通过一节课不可能达到。

2. 把教学内容当成了教学目标。

案例:《新文化运动》一课"知识与能力"目标
【知识与能力】

新文化运动的政治、经济、思想文化背景。新文化运动兴起的标志和领袖人物以及发展概况。新文化运动的主要内容。李大钊和新文化运动的发展。新文化运动的影响。

案例评析:教学目标应该是学生学习的结果,要有相应的动词来描述学生习得的程度与水平,上面这个案例只有内容的罗列,不能算是教学目标,只能是教学内容。

3. 教学目标的主体定为教师而不是学生。

案例：《新文化运动》一课"情感、态度与价值观"目标
【情感、态度与价值观】

通过对新文化运动所发扬的精神的学习，使学生明确，作为中国未来存在和发展的重要途径，对民主和科学的追求也是个人健全人格、正确道德观、人生观和价值观的主要体现，以此培养学生的科学精神与人文素养。

案例评析：上面这个案例里，教学目标的主体定为教师而不是学生，并且存在语句不太通顺、情感目标过于宏大而空洞等毛病。课堂是学生学习的场所，教学的最终目的是学生的收获，那么教学目标的编制也必须站在学生的立场。

教学目标是学生进行学习活动的具体指标，是为了让学生知道每节课、每篇课文的学习目标。学生知道教学目标后，可根据教学目标积极主动地为实现这些目标而努力学习。因此，教学目标确定后，要科学、准确、具体地表述出来，不能含糊、笼统，要使任何相关师生看后，立即能抓住要领，明白学什么、怎样学、学到什么程度；同时，目标要描述为学生的最终行为，不能描述成教师行为、教材内容、教学过程或教学程序等。

4. 过程与方法目标描述不准确。

案例："过程与方法"目标的描述
【过程与方法】

讨论、提问、总结、讲述（具体见教学过程）

案例评析：本案例所描述的是教学方法但不是教学目标下的"过程与方法"。有学者指出"教学目标是学习的结果而不是学习的过程"，那么，把"过程与方法"作为一个目标，其实质应该是在教学过程中形成可以习得的学习方法，所以，在这一环节中，应该是学生可能通过本课的学习学会哪些"会学"的本领，比如通过讨论某一问题，从而习得讨论的基本程序。

5. 过于专注预设性课堂教学目标，忽视生成性课堂教学目标。

案例：学生的问题也应受关注

一位教师在讲授高中人教版必修一《近代中国经济结构的变动》内容时，设置的目标包含有"能列举洋务运动主要代表人物"，学生在课堂中提出的问题有："恭亲王奕䜣为何也支持洋务？慈禧太后为什么也会暂时支持？"等等。教师忽视了学生的问题，仍然按照自己设计好的教学程序进行，学生的情绪受到压抑，课堂教学气氛低落。

案例评析：没有"生成性目标"的课不是好课。教师在制定历史课堂教学目标时，不能过分强调它的预设性，不能只考虑教什么、怎么教，更要考虑到学生有可能思索到的问题，重视历史课堂教学过程中自然产生的新教学目标（也就是生成性课堂教学目标）。

◆ 一个尝试

体会本节相关内容，按照教学目标撰写的要求，完成《"百家争鸣"和儒家思想的形成》一课的教学目标。

第三节　学情分析与教学设计

教学要有效，但通过什么标准来判断我们的教学是否有效呢？教学目标是否能达成是最重要的指标，而教学目标的四个要素中，行为主体是学生。因此，教学目标的达成，最终落脚点是学生。不同的学生、不同的班级在教学过程中都会有差异性，我们备课的其中一个环节就是要做学情分析，结合所要达到的教学目标，才能对教学的策略、方法做优化选择。

◆ 认识学情分析

● 什么是学情分析？

我们所说的学情分析，主要指学习者特征分析。它一般包含对学习者智力因素和非智力因素的分析。学习者智力因素分析主要是指对学生从事特定的学科内容的学习已经具备的有关知识与技能的基础以及对相应的学习内容的分析，即确定学生的初始能力和教学起点。非智力因素分析主要是指对学生从事该学习产生影响的心理、生理和社会的特点以及学生的学习风格的分析，主要包括学习者的意志、兴趣、动机、情感、性格、心理等认知倾向和班级的特性等等。学生的智力因素直接影响学习目标的确定和教学起点的确立，学生的非智力因素将直接影响教学策略的制定和媒体的选择。

● 学情分析的依据是什么？

学情分析的依据是学生特征的相似性和差异性。学习者特征的相似性和差异，综合学术界的认识，按稳定和变化分为四种类型：（1）稳定的相似性：大多数情况下，人们之间的相对不变的相似性。（2）稳定的差异：大多数情况下，人们之间的相对不变的差异。（3）变化的相似性：大多数情况下，人们之间的变化的相似性。（4）变化的差异：大多数情况下，人们之间的变化的差异。

正是因为有了这种相似性和差异性，在实践中我们才要进行学情分析。这种相似性和差异性主要是学生的智力因素和非智力因素。

1. 学生智力因素分析

学生已有的知识基础、认知能力、认知结构,是做学情分析时必须首先要考虑的内容。学生的知识基础如何,具有怎样的认知水平,其认知结构是否合理,教师要认真分析到位。

就学生原有的认知结构来说,分析学生知识积累的状况、学生对某一历史知识的感性和理性认识分别达到什么程度、具备哪些生活经验,甚至分析学生已有的其他学科与历史课堂相关的知识基础,如人文学科中的地理、政治甚至美术、音乐等学科。

例如,高中必修三"19世纪以来的世界文学艺术"单元在教科书中提到的许多人物、文学作品、艺术作品、音乐作品,学生们对之不会感到陌生,他们在语文、美术、音乐等课堂中对之有了一定的知识积累,甚至学生还有可能通读过教科书中列举的文学代表人物及其代表作。本来学生对这一单元的历史知识就很感兴趣,教师也正可以借之把这一单元变成很精彩的课堂,但是如果在教学中没有考虑学生已有知识经验和认知结构,就不能较好地把握学生的兴趣点和疑点,这一单元的教学设计就很难成功。

又如,在日常教学中,高三学生还经常会问到一些基本概念,如"左倾"、"右倾"、"以阶级斗争为纲"、"买办"、"官僚资本"、"知识密集型企业"、"债务国"、"债权国"、"中庸"等等,这反映出一些教师在学生打基础阶段就没有很好引导他们解决这些基本问题,很显然是对这些知识概念没有结合学生实情进行分析所导致的。

就学生的认知能力来说,要分析不同班级不同学生理解、掌握新知识的能力和学习新的操作技能的能力,据此设计教学任务的深度、难度和广度。经验丰富、能力较强的教师还可以进一步分析本班学生中学习能力突出的尖子生和学习能力较弱的学习困难学生,并因材施教,采取变通灵活的教学策略。这样,我们在课堂中进行提问时,就可以对不同层次的学生提供不同的问题,使得大部分学生都能在课堂思考中获得成就感。

如果发现学生知识经验不足,认知能力欠缺,一方面可以采取必要的补救措施,如进行知识的补充;另一方面可以适当调整教学难度、教学难点和教学方法,如把问题细化或是增加提示等。

2. 学生非智力因素分析

学情分析中的非智力因素分析主要包括分析学生的意志、兴趣、动机、心理、所在班级的特性等。不同年龄段、不同年级、不同性别的学生,其意志、兴趣、动机、心理、学习方法和习惯等认知倾向是不同的,不同班级也会因各种原因存在着自身才具有的特性。

不同年龄段、不同年级、不同性别的学生,其形象思维和抽象思维各有不同;其交往能力也不同,有些在课堂上能积极发言,而有些羞涩保守,金口难开;心理上,有些学生喜欢跟教师合作,而有些抵触教师;不同年龄、年级的学生注意力的深度、广度和持久性等等也不同。甚至同一个学生,在不同的学段,面对不同的知识,会采取不同的学习态度和思维方式。例如,学生在考试后往往会很放松,那些考得不好受到打击的学生,其学习态度会发生比较大的转变。学生的这些特点,教师可以通过学习一些教育心理学的基础知识来分析,也可以凭借经验和观察来灵活把握。

值得一提的是,学情分析当然要考虑学生的兴趣,教师一方面要尽量结合学生兴趣开展教学,另一方面还要适当引导学生的兴趣,不能一味迁就学生的不良兴趣。

例如,有教师在讲授《太平天国运动》一课时,认为引用《推背图》中的"预言"诗句"太平又见血花飞,五色章成里外衣;洪水滔天苗不秀,中原曾见梦全非"作为导入能引起学生兴趣,把这一预言说得神乎其神,当有学生问到《推背图》其他预言时,该教师还认为是学生的兴趣点,还要再花一些时间去介绍它。这就把太平天国运动发生的必然性给淡化了,甚至造成了学生认识的混乱,这样的导入是失败的。因此,做学情分析时要分析学生兴趣的合理性。

不同班级具有不同的特性,其班风、学风各有不同。受各种因素影响,一个班级的学生在一起时间长了会形成"班级性格",有些班级课堂思维活跃,反应迅速,但往往思维深度不够,准确性有待提高;有些班级比较沉闷,但可能具有一定的思维深度和广度。

● **学情分析与教学设计的关系如何?**

学情分析不可能孤立于教学设计以外。它是整个教学设计系统的有机组成部分,与教学设计的其他部分存在着紧密的关系。

(1)就教学目标而言,只有真正了解学生的已有知识经验和心理认知特点,才能确定其在不同领域、不同学科和不同学习活动中的最近发展区,即确定学生在学习活动中可以或可能达到的目标。

以高中必修三《古代中国的发明和发现》一课为例,我们很难想象,在一个学生学习基础相当薄弱的班级上课,教师却布置这样的题目让学生当场思考并回答:"请对比中国科技16世纪前后的发展状况,思考为何16世纪后中国科技举步维艰"或者"中国科技在16世纪前后为何落后于西方。"

(2)就教学内容而言,只有针对具体学生才能界定教学内容的重点、难点和关键点。

例如,我们在上高中必修一《秦朝中央集权制度的形成》一课时,应考虑到初中课标中也有相关内容标准,要求"了解秦兼并六国和秦始皇加强中央集权的史实,探讨统一国家建立的意义",学生对秦始皇有一定的了解,但他们了解到什么程度? 当前大部分地区,初中升高中考试时是不考历史科的,学生是否因为没有学习压力已经把初中时所学的秦始皇知识忘记得差不多了? 有些地区的初中连历史课都无法正常开设,学生除了通过影视作品了解之外,谈不上对秦始皇和秦朝有更多的认识。如果教师没有看清这一点,把学生对这一课的基础看得很高,教科书中的许多教学内容都不再在课堂中分析了,这样脱离学情的处理,势必会影响到教学效果。

（3）就教学策略和教学活动来说,没有学生的知识经验为教学基础,任何讲解、操作、练习、合作都很可能难以落实。

以高中历史选修一《梭伦改革》为例,学生在必修一已经学习过《古代希腊民主政治》一课,对于古希腊的地理环境、雅典民主政治的发展阶段和梭伦改革的部分内容和简单评价,都已经有了一定的基础。在教学策略上,教师就没有必要再重新详细阐释这些内容,点到为止就可以了。

● **如何做学情分析?**

了解了学情分析的因素以及学情分析与教学设计的关系后,我们又如何做学情分析呢?

在内容上,如前面所说,包含对学生智力因素和非智力因素的分析。学习者智力因素包括学习者的知识基础、认知能力和认知结构等等,非智力因素主要包括学习者的意志、兴趣、动机、心理等认知倾向和班级的特性等等。

在对象上,可以是和学生交流,也可以是和其他历史老师交流,甚至是和同一班级的其他科任课老师或者所在教学班级的班主任沟通,这样在做学情分析时会做得比较全面。

在手段上,可以通过单元测验、摸底考查、问卷等较为正式的方式,也可以采取抽查或提问等非正式的方式。高中的历史教师,还需要翻阅学生初中历史教科书。

在时间上,可以是开学初进行学情调查,也可以是一节课或一个单元上课前,有经验的教师会在上课的时候多注意观察学生的活动,与学生进行交流,基本上对学生的基本情况和学习态度等方面都能有一定了解。

在范围上,要了解学校情况,班级班风、学风情况。

在经验上,一些特级教师,事先并没有接触学生,即没有进行学情分析,但他们同样可以把课上得很精彩,其实无非是其十分了解所要教的学生的共同特点,即做到了广义上的学情分析。另外,这些经验丰富的教师,他们会在课堂中根据学生的反馈情况实时修改自己的教学设计,调整教学进程,这些是需要长期的实践经验积累的。

学情分析可以是隐性的、通用的,也可以是显性的、个别的,在日常教学工作中,即使不可能对学情分析做得面面俱到,但只要持之以恒地进行,对提高我们教学的针对性和有效性肯定会有促进作用。

◆ 走进现场

● **走进现场一**:初中生学情分析——以北师大版《秦帝国的兴亡》一课为例①

初中生好动,思维活跃,对新生事物感兴趣,对一些社会热点问题也会给予一定的关注,但七年级学生知识的积累还较少,同时,对国家兴亡的概念还比较模糊。

初一学生一方面刚接触较系统正规的历史学习,在学习方法方面有待提高,这是需要注意之处。

本课要求"探讨"的问题,对学生们来讲有些难度;另一方面,秦始皇作为一个"魅力人物",在影视报刊上的形象是"明星级"的,故孩子们对他有一定的了解,也有进一步了解的兴趣。在教学中,应当留意学生兴趣点的诱导与激发。

深度分析:这一案例基本上能从学情分析的几个要素着手进行,有通用的对初中生的思维方式的分析,也有专门针对初一学生学习方法的分析,并指出了"探讨"问题对于学生存在的难度和兴趣点,总体上看,是一份比较好的学情分析。在教学设计中,学情分析不要求面面俱到,有些隐性学情,教师凭经验就能注意到,不一定非要写出来,但要把握住最主要的一些问题,如本案例中对国家兴亡的概念、"探讨"问题的难度和秦始皇这一兴趣点的分析,是本课学情的特殊之处,设计者能明确指出来,是建立在对教学内容和教学对象的认真了解基础之上的。

案例中,对于如何解决学生"对国家兴亡的概念还比较模糊"的问题,没有在分析中给予简单的意见,这样会影响到教学过程的设计。

● **走进现场二**:高中生学情分析及对策——以人民版必修三《百家争鸣》为例②

学习对象分析:

(1)高一学生学习自觉性增强,可以采用自学—指导的教学模式。

(2)所带班级学生思维活跃、参与意识强烈,为适度的探究性学习提供了可能性。

---

① 宝彩云:《七年级历史上册〈秦帝国的兴亡〉说课稿》,中国历史课程网。
② 王涛:《人民版高一年级〈百家争鸣〉的教学设计》,中国历史课程网。

知识背景分析：

（1）高一学生初步具备了运用历史唯物主义和辩证法分析问题的能力。

（2）初中相关知识学生已经学习，但是知识掌握程度不够扎实，遗忘较多，而且知识零散，缺乏系统性。因此，建立结构化的知识系统是教学的重点。

（3）学生缺乏与思想文化史规律性有关的个人经验，这是本课教学的最大困难。因此，教师需要创设情境、设计活动，帮助学生获得相关经验。

课堂问题预设：

（1）儒家思想的发展与百家争鸣之间的关系。

（2）孟子如何发展了儒学？

（3）荀子如何吸收法家、道家思想进一步完善儒学？

（4）老子的思想。

深度分析：本案例中，就"学习对象分析"方面，教师从高一学生的学段特点、所上课班级特点做了考量；在"知识背景分析"方面，教师在对比了本课内容与初中教材相关内容的区别和联系之后，主要是从学生的认知能力、已有的知识和经验、认知结构等进行操作的，并就这些学情，提出了"采用自学—指导的教学模式"、"探究性学习"、"建立结构化的知识系统是教学的重点"、"教师需要创设情境、设计活动，帮助学生获得相关经验"；很可贵的是，教师还从学情出发作了课堂问题预设，提出了四个可能成为学生思维难点的问题，这些问题是对历史教科书知识的补充，也是学生的疑点、兴趣点所在。第一个问题有建立结构化知识系统的功能，后三个问题有利于学生对孟子、荀子、老子的思想增进了解，这种课堂问题预设也是有必要的。案例中既有学情分析，又提出了解决的办法，是一个很好的示范。

◆ 常见问题

在平时的教学中，教师常会感觉到，有时候课前设计很好，但是在实际操作时却往往很难达到预定教学目标，教案一改再改，这其中就有对学情分析没有到位的原因。具体来说，学情分析主要有以下常见问题。

1. 不能充分考虑学生的年龄特点、年级特点。

案例：高中人教版必修一《夏、商、西周的政治制度》一课"学情分析"：

【学情分析】作为高中第一节历史课，学生对历史充满了好奇；学生在初中已经对这三个朝代有一定的认识，又受影视文学作品和生活经验的影响，对本课知识点有所了解，因此，教学上采取学生自学—教师指导的策略。

案例评析：由于刚接触高中阶段的历史学习，学生的基本知识和基本技能、学习方法尚存在许多欠缺。虽然大部分学生在初中就已学习过中国古代史，但学生普遍不重视，再者相隔时间长，学生基本遗忘了有关的内容，加上部分学生对古代政治史不感兴趣，所以在开展教学时有一定的困难。案例中没有认识到这一点，只片面地看到学生对第一节高中历史课的新鲜感，并受此影响，教师进而还提出了采用学生自学—教师指导的策略，这是不符合学生实情的。在从初中向高中转变的过程中，学习方法势必产生很大的改变，学生还缺乏自学的基本技能，教科书中的内容也比较抽象，如宗法制、家谱、祠堂、姓氏、辈分等等，这些给理解和自学都带来了困难。因此，作为高中第一节历史课，学情分析要考虑充分一些。

2. 无视学生的班级特点。

案例：**音乐、体育特长班的学情分析**

有一年轻教师在高一下学期对音乐、体育特长班学生进行人教版必修二《从计划经济到市场经济》一课的教学时，其学情分析中对学生疑点和兴趣点是这样预测的：

【学情分析】

学生疑点预测有：

1976—1978年为何停滞不前？什么叫"以阶级斗争为纲"？如何理解"家庭联产承包责任制"中的"联产"、"责任"？什么是产权改革？"多种分配方式"包括哪些？80年代末90年代初，我国改革遇到国内哪些重重阻力？邓小平所说的"社会主义的本质"是什么？什么叫"我国社会主义市场经济体制的基本框架"？中国改革开放后经济增长模式是什么？对环境是否有巨大的破坏？

学生兴趣点预测有：

凤阳小岗村村民是如何秘密协议的？邓小平在改革开放后不是国家主席、共产党的总书记，为何他是第二代领导集体的核心？他的三起三落分别指什么？

案例评析：这一案例对学生疑点和兴趣点有很充分的分析，但是对于特长班的学生来说，他们是否真的能提出这样的问题来？其中有些问题还比较高深。特长班学生往往基础都比较差，他们的时间大部分都花在专业训练上，这个学情分析，不符合班级特点，以这样的分析，在这个班进行的教学设计肯定会受到许多误导。

现在大部分高中学校都采用分层教学进行分班管理，不同类型的班级各有其特点,即使同一种类型的班级也会呈现出不同的班风、学风状况。我们在进行学情分析的时候不可忽略这种特点,"一个教案打天下"的做法实在要不得。

3. 对学生的已有知识、经验和学习能力缺乏准确而必要的分析。

案例:高中人教版选修一《梭伦改革》的学情分析

【单元学情分析】对于古希腊文明的起源和地理环境对雅典民主政治的影响、雅典民主政治的发展阶段等知识,虽然学生在高一学习过,但很多学生都已经没有印象了,需要将相关知识仔细穿插到本单元教学中来。

案例评析:学生在高中必修一确实已经学习过《古代希腊民主政治》一课,对于古希腊的地理环境、雅典民主政治的发展阶段和梭伦改革的部分内容和简单评价,都已经有了一定的知识积累和认知结构。弄清这一点,教师在课堂上就没有必要再重新详细阐发这些内容,或是把相关知识仔细穿插到本单元教学中去,对古希腊的地理环境、雅典民主政治的发展阶段等知识,点到为止即可,主要对梭伦改革的内容、基本特点进行教学。

4. 只分析学生的相似性特征,忽视了差异性特征。

案例:高中人教版选修一《马丁·路德的宗教改革》的学情分析

【学情分析】本课内容对大多数学生来说并不陌生,在必修三就学过宗教改革的部分内容,学生对马丁·路德也有兴趣。因此,马丁·路德改革的背景与改革的内容这两项可以让学生自学。

案例评析:对于这一课,学生们是学过相关内容,但不见得他们都认真掌握了。对于那些在高一就决定了今后学习文科的学生来说,他们会比较认真地学习历史,但是也有不少学生是比较晚了才决定选科方向的。设计者仅凭学生"在必修三就学过宗教改革的部分内容"这一个学情,在没有再深入分析不同学生学习的程度的基础上,就认为"马丁·路德改革的背景与改革的内容这两项可以让学生自学",这个学情的推断是有失偏颇的。事实上,马丁·路德改革的背景与改革的内容是课标要求的,尤其对于改革的内容,应该是这一课的重点,学生往往因为对宗教问题知之甚少而不容易理解。在教学过程中,还应该注意,如果有学生信仰天主教,那么教师如何与学生讨论宗教改革问题。

◆ 一个尝试

结合本节学情分析的基本要素,针对某一班级,以高中人教版必修三《新文化运动》一课的教学内容作全面的学情分析。

第四节　教学策略与教学设计

能否在特定的教学过程中完成教学任务,是历史教师不能回避的问题。加之在日常教学实践中,教学设计还存在着诸多不足之处,如:教学设计不合理,讲解不到位,导致学生对知识理解限于皮毛,教学效率不高;课内探究重视现象、结论,轻过程,不注意引发学生更深层次的思考,显然这就更需要制定合理有效的教学策略,使教学发挥最大的效果。

◆ 认识教学策略

● 什么是教学策略?

教师在教学目标确定以后,根据已定的教学任务和学生的特征,有针对性地选择并组合相关的教学内容、教学组织形式、教学方法和多媒体技术,选择教学活动的最佳方式、方法和步骤,从而形成具有效率意义的特定的教学方案,这就是教学策略。教学策略不同于教学设计,教学策略是教学设计的重要组成部分,教学策略也不同于教学方法,它是教师在现实的教学过程中对教学活动的整体性把握和推进的措施。

● 制定教学策略时需要注意哪些原则?

针对性原则。教学策略是针对具体的教学目标,是为完成特定目标而采取的有针对性的措施。教学目标是课堂教学的出发点和归宿,在课堂教学中起着定向的作用,是确定教学内容、选择教学方法、评价教学效果的依据。

综合性原则。在课堂教学中,选择或制定教学策略必须对教学的内容、媒体、组织形式、方法、步骤和技术等要素加以综合考虑。毫无疑问,在教学实践中每个教师都在自觉或不自觉地运用或执行着某种教学策略,而教学理论也或多或少、或深或浅地以某种方式涉及与教学策略相关的问题。

多样性原则。为了满足教学上的需要,应改变原有的单一、被动的学习方式,建立旨在充分调动和发挥学生主体性的多样化学习方式,促进学生在教师指导下主动地、富有个性地学习,这既是当前教学改革的核心任务,也是现阶段我国历史教学改革的大方向。多样化学习方式主要包括自主学习、合作学习、探究学习,具有主动性、自主性、体验性、探索性、综合性、合作性、科学性等特征。

可操作性原则。教学策略是可供教师和学生在教学中参照执行或操作的方案,要依据学习和教学理论,制定符合学习内容、符合学习者的特点、适合教师的基本素质条件的教学策略,不能凭空想象,脱离实际。教学策略不是抽象度较高的教学原则，也不是在某种教学思想指导下建立起来的教学模式，它有着明确具体的内容，是具体实施教学过程的基本依据，是偏重于实用性的。

灵活性原则。没有任何一种教学策略是最好的，也没有任何一种教学策略可以适用于所有教学情境，教师对于历史课程的教学策略有相当大的选择性。教师如能选择最适宜的教学内容、教学媒体、教学组织形式、教学方法并将其组合起来，那么就能保证教学过程的有效进行，以便实现特定的教学目标。相同的教学策略对不同的学习群体会产生不同的教学效果，而不同的教学策略对同一学习群体也会有不同效果。

● 在制定教学策略时，历史教师可以尝试做哪些考虑？

案例： 中央工艺美术学院附中郝志红老师在讲授初二《文艺复兴》一课时曾做过这样的考虑

1. 文艺复兴是世界历史上的一件大事，对欧洲乃至全世界产生过并且还在产生着巨大的影响。这是学生应该知道的常识，特别是美术院校的学生。故此，依据课标的基本要求，在内容的深度和广度上作了适当的拓展，精心选材，围绕本课中心思想对教材进行重新组合。

2. 鉴于初二学生世界史知识储备不足，理论素养有限，为避免将一些抽象的概念化的知识（如文艺复兴、人文主义）生硬地强加于学生，故充分利用学校和学生资源（美术特色校），用艺术作品烘托概念，既化解了难点，又适应了本校学生的兴趣爱好。学生在形成感性认识的基础之上，再上升到理性的分析。

3. 由于教学内容本身富有人文气息和生命诗意，故选择交往沟通式教学，使生生之间、师生之间、师生与艺术作品之间形成对话，构建一种和谐自然的课堂氛围，共享知识，共享智慧，给知识注入生命，使之鲜活起来。

4. 在教学手段的选择上，发挥自己现代信息技术方面的优势，细心选用文艺复兴时期代表人物的经典作品，营造一种艺术的氛围，使学生仿佛置身于艺术殿堂，品悟到但丁、达·芬奇、米开朗琪罗、拉斐尔等大师的作品所要表达的思想内涵，深切地理解文艺复兴的灵魂——人文主义，而不仅仅是浮光掠影地停留于字面的解释上。

案例评析： 郝老师在制定教学策略时体现了变"以教师为中心"为"以学生发展为本"的思想观念，充分关注学生的学习动机、兴趣以及学习和认识历史的能力。建构主义理论认为：(1)知识是学习者在适应环境的过程中主动建构的。(2)学习是意义的生成过程。从这些观点来看，教学不仅要提供信息和检查学生是否已掌握教师提供的信息,而且还要创设学生能主动参与学习活动的各种情境,通过这些活动使学生获得自己个体意义的建构。

同时,郝老师还充分考虑到优化组合运用教学媒体,发挥信息技术优势,使抽象历史形象化,文字材料音像化,复杂历史简单化。此外,郝老师还创建积极的课堂环境,帮助学生搜集历史学习资料和有关历史学习与研究的最新信息,为学生提供各种便利,为学生的历史学习服务,将教材资源、学校资源、学生资源和教师资源进行整合,为学生营造了一个接纳性、支持性、宽容性的课堂,使学生在体验中探究问题。

● **有哪些可以借鉴的、有效的课堂教学策略**?

当然,在现实教学中是没有放之四海而皆准的教学策略的,这里介绍三种课堂教学策略供参考借鉴。

1. 探究学习的教学策略

探究学习是从学科领域或现实社会生活中选择和确定研究主题,在教学中创设一种类似于学术(或科学)研究的情境,通过学生在教师的指导下发现问题、实验、参与调查、信息搜集与处理、表达与交流等探索活动,获得知识、技能,发展情感与态度,特别是探索精神和创新能力的学习方式和学习过程。

探究学习一般包括以下几个步骤:(1)问题的提出,在日常生活中或学习情境中发现并提出问题;(2)收集资料,围绕问题收集相关方面的事实和证据;(3)形成假设,根据收集到的资料形成解决问题的假设;(4)检验假设,学习者交流和验证他们提出的假设。

2. 合作学习的教学策略

合作学习是指学生在小组或团队中为了完成共同的任务,有明确的责任分工的互助性学习。对学生而言,合作学习是一种学习方式。对教师而言,它则是一种教学策略。合作学习在理论上主要依据于教育社会学、教学心理学和团体动力学。在新课程改革中,合作学习被当作重要的学习方式予以倡导。

(1)合理分组,异质互补

合作动机和个人责任是合作学习产生良好教学效果的关键。小组成员间要建立起积极的互动关系,每个人要明确并积极承担在共同完成任务中个人的责任,还有赖于教师对班级学生的合理分组。一般说来,分组时可以进行这样的搭配:男女学生搭配;学习基础好、中、差学生搭配;能力不同者搭配;不同特长者搭配;不同家庭环境者搭配。小组组成以后,各小组内产生组长、记录员、发言人、资料员等,在明确各人职责的基础上分工合作。小组成员定期轮换角色,使其掌握新的合作技巧,促进个人全面发展。

(2)精心设计,有效讨论

"讨论"是合作学习中最常见的形式。作为教学对话行为的一种,它以小组为独立单位,学生根据一定的议题或在一定的议题范围内进行讨论,教师以"观察员"的身份巡视,一般不加入其中,它是课堂教学对话中教学环境最为宽松自由、学生参与度最高的互动行为方式。在讨论中,学生各抒己见,互相启发,互相帮助,在积极的互动与交流中获取新知,拓展思维,发展能力。因此,教师要精心设计讨论内容,把握好讨论时机,组织好讨论过程。

(3)及时评价,促进发展

评价可以从以下两个方面进行,一个是小组内的自评,一个是小组间的互评。教师可以引导小组内"自评"从以下方面进行:总结取得的成绩和经验;分析存在的问题和原因,并找出解决的办法。小组之间的互评,需要总结出小组的优点和不足,达到取长补短、互相促进的目的。教师在这个过程中,起一个引导者、合作者和促进者的作用,教师倾听学生的发言和要求,用发展性评价激励学生主动学习、积极探索。同时,教师教给学生评价的方法和策略,促进学生评价能力的发展。

3. 自主学习的教学策略

自主学习是相对于被动学习(机械学习、他动学习)而言的。概括地说,自主学习是一种"自我导向、自我激励、自我监控"的学习方式。具体地说,它具有以下几方面的特征:

(1)学习者参与制定并明确自己的学习目标,并且具有为这个目标而努力的心向。

(2)在学习过程中,学习者为解决问题达到目标而探索和发展各种思考策略和学习策略。

(3)学习者能对整个学习过程中的认知活动进行自我监控,并做出相应的调试。

(4)学习者能对学习结果进行客观的自我评价。

(5)整个学习过程中,学习者有情感的投入,并能从学习中获得积极的情感体验。

所有有效的学习都是建立在学生自主学习的基础上的。合作学习、探究学习也必须建立在自主学习的基础之上。很难想象,没有学生主动参与的教学活动将是什么样的结果。那么,教师在教学策略设计中应如何促进学生自主学习呢?

(1)不轻易否定学生的不同见解、不符合标准的答案或看似笨拙的方法。对学生新颖的观点和想法尽可能给予鼓励性评价。

(2)鼓励学生积极思考、质疑、提问,发表不同意见。不指责学生提问的深浅、远近,鼓励学生说出自己的想法。课堂中可开展学生间的提问辩论,也可开展师生间的提问辩论。

（3）当学生出现错误时,引导学生自己发现问题,自我改正,把纠错的主动权交给学生。教师不能包办代替,更不能一味地严厉指责学生。

（4）安排好课堂节奏,给学生留足够的思考和发挥的时间和空间。教师不能因为课堂教学时间的限制而一味地追着学生要答案。

◆ 走进现场

● 走进现场一：探究学习的教学策略

在探究学习方面,有教师对《走向多极化》一课作了如下教学策略的考虑：

在明确学习内容、教学目标的前提下,要求学生收集相关资料,认真阅读教科书内容。同时,教师提供相关多媒体学习资料,要求学生将获取的知识与自己已有的知识进行重新组合,帮助学生在学习过程中形成自己的理解,提出自己的学习问题。

教师提出具体探究学习问题,形成一个问题群,问题如下：

第一目："别了,雅尔塔"

（1）戈尔巴乔夫改革的背景与后果是什么？

（2）"八一九"事件的实质和影响是什么？

（3）讨论东欧剧变、苏联解体的原因和影响(对社会主义运动的影响)。

第二目：鼎足之势话西方

（4）苏联解体后,美国的对外意愿及外交政策的三大支柱与核心思想是什么？它是如何推行霸权主义政策试图建立"单极世界"的？

（5）欧洲一体化的过程和影响。

（6）冷战结束后,日本是如何谋求政治大国的？我们将怎样看待这个问题？

第三目：走出低谷的俄罗斯

（7）苏联解体后,俄罗斯面临哪些严峻问题？为此俄罗斯政府又采取了什么措施？

（8）谈谈你眼中的普京。

第四目：风云际会看东方

（9）发展中国家在当今世界历史发展中的地位和作用如何？

（10）思考：我国如何应对世界格局的多极化曲折发展？

围绕学习内容,逐步展示教师与学生制作的教学课件,创设和谐、启发性的教学情境。充分估计学生学习中的困难,坚持采用学生独立思考基础上的师生合作探究教学方式。

教师精选教学资源,思想、心理准备充分。教学采用教师设问、追问,学生提问、质疑,师生互答的方法,启发学生的思维活动。同时,适时回放有关资料,及时抓住学生回答中的思维火花,予以引导和延伸,给予肯定和鼓励。

深度分析:本案例中,教师在设计探究问题时,体现出了"三度":适度、多角度和有梯度,即问题充分考虑学生的实际能力,紧扣教学的重点、难点、关键点,逐步由基础性向拓展性和探究性方向发展,特别强调学生运用基础知识对学习问题的拓展与探究。这些学习问题由浅入深,形成一个完整的思考体系,逐步提高思维活动的力度。同时要求学生回答拓展性和探究性问题时,必须以基础性知识为依据,形成掌握知识与提高思维水平,促进能力发展的联系。在学生回答问题的过程中,引导学生深化对问题的认识,逐步形成对学习内容的系统认识。

● **走进现场二**:合作学习的教学策略

以人教版七年级《昌盛的秦汉文化(一)》一课为例,有教师事先提出"策略方案":

一、课题:七年级(上)第16课 昌盛的秦汉文化(一)

二、预习准备:

1. 全班同学根据自己的兴趣和特长,分成四个小组,每组确定一名组长负责。

2. 组长统一分配任务,各位同学利用课本、图书馆、互联网查找相关资料,并进行筛选,准备用各种适当的方法进行班级交流,如:成果汇报、故事会、参观博物馆等方式。

3. 小组长在上课的前一天,负责向教师汇报各组准备的材料。

三、预习内容及要求:

1. 第一组:秦汉时期位居世界先进水平的文化有哪些?

(1)根据课本提示,在科技和医学方面进行总结,找出世界之最。在班级中设立知识小擂台,准备相关竞赛题目和制定竞赛要求。

(2)重点收集数学成就的材料,整理成文字并准备在全班汇报。

2. 第二组:造纸术的发明和改进。

(1)同学们从以下几个方面来收集资料:人类书写工具的演变;造纸术的发明和蔡伦如何改进造纸术;造纸术的意义;造纸术的传播及对世界的影响等。

(2)小组成员在课前可做小实验。体验用帛、木板和纸写字时的不同感受。

（3）汇报的同学重点要把造纸术改进的方法和意义做介绍，有必要的话可做演示图。

3. 第三组：张衡和地动仪。

（1）同学们需要收集地动仪的复原图和工作原理，张衡的个人资料，包括他治学为人的品德和成就。

（2）在介绍地动仪时，小组同学可根据材料提示做实物模型和地动仪的演示图解。

4. 第四组：秦汉医学成就。

（1）同学们收集东汉时名医华佗和张仲景的医学成就和他们的医德、医术方面的小故事。

（2）建议同学们在体育课上向教师请教五禽戏的部分套路并能实际操练。

四、课堂展示：以小组为单位汇报探究结果，汇报小组以不同的情境来介绍他们自主学习的成果。

五、总结分析：最后在学生阅读讨论、质疑问难、师生民主讨论的基础上，根据教学内容，教师应不失时机地总结归纳概括成完整的知识结构，并巧妙地转化为板书提纲，使学生对本节课的内容有一个整体的、系统的、有序的认识，形成知识点—知识链（线）—知识板块（面）。

深度分析：本案例中，教师的"策略方案"体现了"揭示教学目标、展示问题—学生带着问题自学探究—小组讨论、同伴合作—师生质疑、释疑—检测评价—总结概括、构建知识板块"的教学策略。在制定教学策略时非常注重课前学生的准备，尊重学生兴趣，在教师的指导下组成合作小组，如将班级学生分为四个小组：造纸术、地动仪、医学、数学成就和秦汉文化世界之最。而且给这些学习小组制定了明确的合作学习任务，引导学生自觉动脑、动口、动手，大胆探索，充分调动每一个学生的学习积极性。这样，学生合作学习的能力会显著提高，全面提高学生的学习能力，对学生来说是终生受益的事。当然，合作学习之中还应体现学生和教师之间的合作，学生的知识储量、学习能力、生活阅历毕竟有限，需要借助教师的引领、参与和调度，唱戏的是学生，搭建舞台、导演制作的应是教师，这在本案例中得到了较好的体现。

● **走进现场三**：自主学习的教学策略

有教师对《走进历史文化名人—与历史文化名人进行对话》一课制定了这样的教学策略思路：

选题：根据学生自己熟悉的、感兴趣的历史名人，可选一人或多人的一段或一生的经历展开构思和编排。

　　组织分工：学生根据自己的兴趣自由选题，根据选题人物、活动方式和同学们的个人爱好自由组合。教师对各组的人员数量、水平进行均衡，以达到选题和活动方式的最佳效果。

　　根据学生的特长进行分工。文字水平较高的做编辑，有绘画基础的做美工，有指挥能力的做导演，有表演能力的做演员。

　　搜集资料：资料的主要来源有实地考察、调查、访问、查阅图书资料、上网等。教师对学生进行策略上的宏观指导，引导学生寻找正确的研究方法，帮助他们正确识别材料，发现问题，解决问题。

　　活动过程构思：学生搜集、整理、研究资料，学生担任策划和主持人，安排好各组展示的顺序，利用一课时在班内交流。活动时还可安排学生评委对各组成果打分，形成成果后在全班交流。这一过程中，学生的主体作用体现在活动组织、确立学习内容、提出问题、采用学习活动形式和明确学习成果的呈现方式等方面。

　　各组代表阐述观点；其他小组成员进行补充，回答其他组的提问，可以有选择回答，如不能回答的，可以申请援助，或思考其他途径；教师适时点拨，归纳各组要点。

　　活动中可能出现的问题及思考：学生引用大量资料却缺乏说明问题的层次性与提炼核心思想的能力；注重具体成就，忽略了解历史背景和名人精神世界；在掌握知识的全面性与把握知识的重点方面，认识上可能出现冲突。

　　教师指导：提出启发性问题；介绍自己学习的方法和体会；解决学生提出的问题和要求。

　　活动结果：展示学生自主学习成果。

　　活动延伸：把学生学习的各种成果编成一本《与历史文化名人对话》的杂志。还可举行以"走进历史政治、军事、经济名人"等为主题的活动。

深度分析：自主学习并不是说把教师放于被忽视的地位，教师在教学策略中重视学生发现问题、探究问题和解决问题的学习过程、学习方法指导，这是开展自主学习的主要目标。因此，本案例中，教师精心选择探究学习的教学问题；认真思考学生在学习过程中可能提出的学习问题和面临的困难；严密筹划学习的组织形式和活动过程；提供必要的学习资源；介绍相关的学习方法和途径；确立开展学习指导的目标、内容和任务等。于是，学生的学习方式一改传统教学过程中被动接受、死记硬背、机械训练的现状，学生的问题意识、合作意识、探究意识将得到进一步增强，学生的实践能力和创新能力将得到进一步提高，学生的学习过程将变得愉快、和谐、自然。

◆ 常见问题

1. 过分遵循历史教科书的编写顺序,对历史教科书的处理机械、呆板,限制了学生的思维空间。

案例:《秦汉时期的文化》的教学策略

在学习"秦汉时期的文化"时,有教师严格按照教材提供的顺序来实施教学。一句"秦汉是中国古代文化的大发展时期,这种大发展是先秦文化成就的总结和升华,与先秦相比,秦汉文化具有以下几处特点"作为开场白后即导入了新课,在概述了秦汉文化具有统一与多样化的有机统一、中外文化交流空前频繁、水平居于世界先进行列、气势恢弘四个特点之后,接着具体介绍了秦汉在科技、哲学与宗教、史学与文学、雕塑与绘画等方面的具体成就,直到下课。

案例评析:作为认知主体的学生,形成历史认识过程中的思维空间,首先取决于能否获得足够的历史知识。教师可以尝试先介绍一下秦汉文化的具体成就,然后再引导学生概括出几个秦汉文化的特点,这会更有利于学生形成正确认识以及在总结史实基础上自己得出结论的能力培养。所以,教师在教学前要精心备教材,更要精心备学生,遵循学生的认知规律,或及时引发学生的认知冲突,实行变式教学。教师不管采用何种教学策略,一定要将是否有利于学生的学习放在第一位,而不是将是否有利于自己完成教学任务放在第一位。

2. 追求学生自主,教学开放过度。

案例:《秦帝国的兴亡》的教学策略

在进行"秦帝国的兴亡"的教学时,有教师将战国模拟图、道具都推给学生,让学生自由活动,结果学生一会儿看模拟图"研究"秦灭六国的顺序,一会儿又扮演秦始皇"体验""你是怎样当皇帝的",一会儿又做长平之战的游戏……学生进行活动一直到下课。

案例评析:这个案例中,学生"活动"杂乱,动手与动脑相脱节,目的性差,没有体验与反思,特别是学生在"角色扮演"后,教师未给学生反思的机会,学生有何感想,悟出了怎样的道理,一概不知,给人"作秀"之嫌。虽然历史课标指出我们应该实施开放性教学,让学生有更大的空间和思考余地,然而有些课例一味地给学生开放学习空间,忘记了教师在课堂教学中"帮助者、指导者"的角色。

3. 片面追求趣味,过于重视多媒体课件的作用,而忽视教学策略的优化。

案例:《中国军民维护国家主权的斗争》的教学策略

在进行"中国军民维护国家主权的斗争"的教学时,有教师使用多媒体教学,除提供了一节课的知识要点以外,还展示了不少相关的历史地图、人物、遗址等历史图片,但教师对这些历史图片的运用比较单一,对战争爆发的原因、重大战争的过程、人物在事件中的特殊表现等缺乏必要的语言描述,对历史人物、事件等的理解不到位,情感淡漠,未见脱离教材、多媒体的精彩描述。一节课下来,学生的抬头率不高,学习兴趣不浓。

案例评析:不少教师认为现在的课堂似乎离开了现代的教育手段就成为一堂低品位的课,于是有的教师误认为课件是画面越多越精彩,很少或者再也不写一个粉笔字,导致教学资源缺乏目的性的滥用,由传统的"人灌"成了现在的"电灌"。图片多了,教师必要的讲解相应少了,教师通过生动传神的语言、丰富的情感再现历史人物、事件和渲染历史氛围的能力弱了,无法使学生产生如临其境、如见其人的感觉,有血有肉的历史往往被抽象成教条化、过于理性化的结论和知识要点。另外,由于教师在操作多媒体时翻页过快,以及呈现在屏幕上的文字模糊,也影响了学生对知识的记录、掌握和理解。长此以往,师生之间应有的思维、情感等交流产生了障碍,必然导致学生学习的兴趣不浓,热情不高,学习效率下降。

◆ 一个尝试

尝试对高中历史人民版必修三《工业革命时代的浪漫情怀》从探究学习、合作学习、自主学习三种教学策略出发,制定不同类型的教学策略,看看哪种教学策略更适合所教学生的学习。

第五节　课程资源与教学设计

课程资源的开发与利用是本次基础教育课程改革中出现的一个亮点。实践也证明,有效、高效的历史教学往往与占有高质量、有价值的历史课程资源密切相关。可以说,高质量、有价值的课程资源有助于突破传统以教科书为中心的教学设计观念,引导学生开展丰富多样的学习活动,培养学生的思维意识和创新意识,促进学生的全面发展。可见,课程资源与教学设计紧密相关。

◆ 认识历史课程资源

● 历史课程资源包含哪些内容?

《历史课程标准》对历史课程资源的种类和外延作了明确界定,包括"物质资源"和"人力资源"两大类,诸如"文字资料"、"影视资料"、"乡土资源"、"历史文物"、"历史遗址遗迹"、"社区资源"、"图书馆"、"博物馆"、"档案馆"、"网络资源"等属于"物质资源","历史教师"、"学生"及"专家"等属于"人力资源"。这说明不能把历史教科书视为唯一的课程资源,应树立两种观念:一、历史教科书是一种最基本的课程资源,在历史教学设计中,应积极利用各种优质课程资源;二、各种课程资源的质量是良莠不齐的,需要甄别和精选。要在研读《历史课程标准》的基础上,结合具体教学情况,高效使用历史课程资源。

● **历史课程资源如何让历史"说话"?**

学习活动一:

(1)历史教师以投影片展示史料的种类,如考古实物、文献、档案、古建筑、老照片、民俗技艺、报纸杂志、书信、日记……并让学生想想还有哪些可作为史料? 例如以录音、录像或光盘方式储存的声音及影像史料;与人物进行访谈的口述史料等。

(2)历史教师说明各种史料产生的时代环境,让学生感知其意义、价值,了解史家如何运用它们与历史进行对话。

学习活动二:

(1)历史教师讲述"希特勒日记"被发现的经过,请一两位学生就他如何看待此事发表意见。

(2)历史教师说明当时这批日记是如何引起世人的注目以及终于被史学界证实为伪造的过程,让学生了解考证辨伪的重要性和史家如何鉴别史料真伪的方法。

学习活动三:

(1)历史教师展示德国商人拉贝关于见证"南京大屠杀"日记之剪报资料以及史学界对这批史料的看法,以供学生印证及思考。

(2)历史教师请学生分组剪报:每组择定一主题,如外交、政治、科技、军事、文教、宗教礼俗、乡土、妇女、族群、古文明史、历史评论(以史事与人物为主)。(涉及搜集、分类、组织史料,并训练观察问题的敏感度。)

学习活动四:

(1)历史教师让学生搜集家中最古老的文物,写出这一古老文物相关的故事。可提示寻找史料的线索,例如询问家中珍藏最重要而久远的文物,原属于谁拥有的,它的功用或意义何在? 学生调查家中的古文物后,分析史料中表达的信息,论述该史料具有的历史意义,并附上该史料的照片(实物的照片或影印的文献史料)。

(2)调查社区的历史:以家庭、学校或社区历史为调查研究的对象,从身边的历史开始研究、调查。

(3)提示搜集、记录班级发生的重要史事,以日志、大事记或专题的方式记录;透过校庆活动,去理解学校历史,运用到口述历史中去(搜集、阅读校史文献、访谈校友等方式)。

(4)家族史的记录:访谈家族重要人物,就家族旧照片、书信日记等文献,描述一段家族故事,编写简单的族谱。访问族人就生命中的一段重要事迹加以回忆,透过日记、书信和口述史,了解家世、求学、交友情形。

以上列举的历史课程资源开发与利用的四种学习活动告诉我们,通过考查考古实物、文物、文献、档案、古建筑、老照片、民俗技艺、旧报纸杂志、名人书信、名人日记等,可以帮助学生更好地认识历史发展进程。比如教师向学生展示的"希特勒日记",就是对教科书中的二战史的一个生动补充,也许这种补充会与教科书叙述发生冲突,但恰好可以用来培养学生的史实辨伪能力。德国商人拉贝关于见证"南京大屠杀"的日记,有助于我们更为详细地了解日本法西斯侵华时对中华民族所犯下的罪行。

社区、学校、家庭的历史变迁,与国家的政治、经济、军事、文化等"大历史"相比,显得微不足道,但不能否认,它们也是国家"大历史"发展的一种"折射",这些资源在平时教学中没有纳入教学视野,因而其价值没有得到挖掘。

其实,历史教科书就是建立在对这些历史资料进行认真整理和仔细研究的基础上,以历史课程标准为指导编写出来的。如果在历史教学过程中,充分发挥这两种课程资源的长处,对于丰富历史教学内涵、提高历史教学质量大有益处。

正因为此,历史课程标准明确指出,如图书馆里储存的历史文献、历史读物、历史报刊、历史文学艺术作品、历史音像资料等,社区的图书馆、资料室、少年宫、文化宫等,历史遗址、遗迹、文物以及蕴涵历史内容的人文景观和自然景观等,都属于历史课程资源的范畴。高中历史课程标准还特别指出,历史教学要善于充分利用家庭资源,以增强学生对历史的体验和感悟。有条件的地方和学校,可以利用信息技术和网络技术,收集丰富的网上资源、制作历史课件、展示历史资料、制作多媒体教学软件、开发历史网页等,使学生更直接、全面、迅速地了解历史。高中历史课程改革还鼓励和提倡不同地区和学校结合自己的实际情况,因地制宜地利用和开发历史课程资源。

◆ **走进现场**　中国近代史教学设计如何充分利用"晚清条约"

设计案例一:历史教科书是这样介绍中英《南京条约》内容的:割地、赔款、开放口岸、协定关税。如果阅读中英《南京条约》原文,就会发现:

(1)条约并没有"协定关税"内容(可参阅《南京条约》第十条规定);

(2)条约默许了鸦片贸易的合法性(可参阅《南京条约》第四条规定);

(3)英国取得了在华驻兵权(可参阅《南京条约》第十二条规定);

(4)条约宣告了闭关政策的结束(可参阅《南京条约》第五条规定);

（5）条约认定战争责任在中国（可参阅《南京条约》第六条规定）。

设计案例二：历史教科书关于《辛丑条约》内容最详细的介绍是：

（1）清政府赔偿白银4.5亿两，分39年还清，本息共计9.8亿两；

（2）划定北京东交民巷为使馆界，界内不许中国人居住，由各国派兵保护；

（3）拆除北京到大沽的炮台，准许各国派兵驻守北京到山海关铁路沿线要地；

（4）惩办义和团运动中参加反帝斗争的官吏，永远禁止中国人民成立或加入反帝性质的组织，对反帝运动镇压不力的官吏，"即行革职，永不叙用"；

（5）改总理衙门为外务部，位居六部之上；

（6）修订商约。

但是如果对照《辛丑条约》原文，就会发现疏漏了两条重要内容：

（1）中国政府须向德、日两国谢罪（可参阅《辛丑条约》第一款、第三款规定）；

（2）反抗外来侵略的地区，停止科举考试五年（可参阅《辛丑条约》第二款及附件八）。

深度分析：上述两个设计案例启发我们，在中国近代史教学设计中，尤其是使用历史教科书中的历史材料时，要考虑"追根溯源"，查阅条约的原始文献，争取回到历史本身，然后选择部分有价值的条款内容，引导学生分析。同时，树立将晚清条约与历史教科书作对照研究的重要意识，不能以历史教科书上的罗列条款为标准。这种设计思路益处有四：（1）有助于引起学生研讨的兴趣；（2）有助于培养学生分析历史文献的能力；（3）带领学生进入"历史现场"，增强历史"现场感"；（4）挖掘原始文献感染力的作用。

设计案例三：在设计教学"最惠国待遇"时，出示下列条款：

中英《虎门条约》第八条：设将来大皇帝有新恩施及各国，亦应准英人一体均沾。

中美《天津条约》第三十款：嗣后大清朝有何惠政、恩典、利益施及他国或其商民……亦当立准大合众国官民一体均沾。

中法《天津条约》第四十款：中国将来如有特恩、旷典、优免、保佑，别国得之，大法国亦与焉。

中俄《天津条约》第十二条：日后大清国若有重待外国通商等事，凡有利益之处，毋庸再议，即与俄国一律办理施行。

深度分析：显然，这种"最惠国待遇"是不平等的。各国相互援引，中国一损俱损,列强一荣俱荣,其危害不言自明。可见,通过分析原始文献,比讲解历史概念更能培养学生的情感、态度与价值观。

设计案例四:在讲述八国联军侵华时,出示《辛丑条约》中的核心条款,让学生分析概括。

第一款:一、大德国钦差男爵克大臣被戕害一事……奉谕旨钦派醇亲王载沣为头等专使大臣赴大德国大皇帝前,代表大清国大皇帝暨国家惋惜之意……

第一款:二、……在遇害处所,竖立铭志之碑……列叙大清国大皇帝惋惜凶事之旨……现于遇害处所,建立牌坊一座,足满街衢……

第二款:惩办伤害诸国国家及人民之首祸诸臣……降旨所定罪名开列于后:端郡王载漪、辅国公载澜均定斩监候罪名,又约定,如皇上以为应加恩贷其一死,即发往新疆永远监禁,永不减免。庄亲王载勋、都察院左都御史英年、刑部尚书赵舒翘均定为赐令自尽。山西巡抚毓贤、礼部尚书启秀、刑部左侍郎徐承煜均定为即行正法。协办大学士、吏部尚书刚毅、大学士徐桐、前四川总督李秉衡均已身故,追夺原官,即行革职……上谕将甘肃提督董福祥革职,俟应得罪名定谳惩办……降旨将上年夏间凶惨案内,所有承认获咎之各外省官员分别惩办。

第十款:大清国国家允定两年之久,在各府厅州县将以后所述之上谕颁行布告:一、……上谕以永禁或设或入与诸国仇敌之会,违者皆斩。二、……三、……上谕以诸国人民遇害被虐各城镇,停止文武各等考试。四、……上谕以各省督抚文武大吏暨有司各官,于所属境内均有保平安之责。如复滋伤害诸国人民之事,或再有违约之行,必须立时弹压惩办,否则该管之员,即行革职,永不叙用,亦不得开脱别给奖叙。

深度分析:精选条约中的核心条款是设计教学的关键环节之一。此设计的重点是让学生深度思考讨论,从而很容易认识两点:一是侵略者的本质;二是清政府的"仆人"身份。

设计案例五:引用蒋廷黻《中国近代史》中有关晚清条约的史论,如:时人普遍认为治外法权不过是让夷人管夷人。至于协定关税,每种货物应该纳多少税都明白地裁于条约,这是省去争执的一劳永逸之法。而且新的税则平均到5%,比旧日自主关税略微高一点。交涉者以为这是外交胜利;关于鸦片战争后同美法签约,清廷不愿意与美法打仗,所以自始就决定给美法两国的人平等的待遇,还认为美法必将感激中国。结论是:不平等条约的根源,一部分源于我们无知,一部分源于我们的法制未达到近代文明的水准。

深度分析：在利用晚清条约进行教学时，不能不注意精选那些特别能暴露清政府愚昧无知的条约或研究成果。北大郭卫东教授就指出，近代不平等条约形成过程中，很多主权的丧失，除了外人勒逼，昏聩无知的中国封建统治者的主动出让是重要的原因。阅读北大茅海建教授的《天朝的崩溃》，会发现近代中国海关人事权的丧失以及领事裁判权在华的确立也很典型。这些学术研究成果应渗透进中国近代史的教学设计之中，引导学生对晚清历史的反思，启发学生思考"在主动积极融入国际社会的同时，如何更好地捍卫民族权益"这一问题，从而实现资鉴功能。

设计案例六：讲述晚清条约的社会影响时，出示如下条约条款：

《天津条约》第十款规定：遇有与中华地方官交涉事件，或公文往来，或会晤面商，务须两得其平；即所用一切字样、体制，亦应均照平行。中英《天津条约》第五十一款规定：嗣后各式公文……内叙大英官民，自不得提书夷字。这一规定有利于纠正清政府盲目自大的心理。

《天津条约》第三款规定：大英钦差各等大员及眷属可在京师，或长行居住，或能随时往来，总候奉本国谕旨遵行。实际上，清政府之所以不愿意各国使节居住京城，根本就不是为国家安全利益考虑，纯粹就是一种"天朝上国"的"威严"意识在作祟。第三款还规定，英国使臣拜见中国皇帝，礼节与拜见西欧各国元首相同。

深度分析：近代条约多属不平等性质，但不可忽视的是，其中部分条款意在强迫清政府放弃守旧思想，这符合社会发展的趋势。这样的条款其实还有很多，如，鸦片战争前，清政府严格限制中国人与外国人往来，一旦发现外国舰艇上有中国人，即以"叛国罪"论处，非常荒唐。中英(法)《北京条约》第五(九)款就有力冲击了清政府的这种观念。

设计案例七：在讲述鸦片战争时，讲述与晚清条约有关的故事或知识：

讲述一：1858年，在商订中美《天津条约》时，美国代表曾向直隶总督谭廷襄建议，中国应派领事赴美，以便照料人数众多且富有的中国侨民，却被谭廷襄以中国"向不遣使国外"为由拒绝。美国代表进一步说明，谭廷襄说："大皇帝抚有万民，区区浪有，飘流海外，何暇计及"；"大皇帝之富，不可数计，何暇与此类游民计及锱铢？"。

讲述二：《南京条约》中英国人选择开放的"五口"的理由在于：广州是传统外贸口岸；厦门是走私最猖獗的地方；福州靠近盛产红茶的武夷山；宁波是人贩子集中的地方；上海地处长江的入海口附近，位于东部沿海的中间，且临近富饶的江浙。这种选择暴露了英国发动战争的本质目的：打开中国市场。

讲述三:《辛丑条约》规定,中国赔款 4.5 亿两。为什么是 4.5 亿两? 这是侵略者根据当时中国人口数而定的,即每人罚银一两,以示警告。

深度分析:历史教科书中的晚清条约内容,多属显性历史知识,如果要让学生"内化"这些条约内容,就要求我们教师善于挖掘晚清条约背后的隐性知识,挖掘的方式途径基本有二:一是参考有关史学研究论著;二是检索查阅权威性的网络资源。

◆ 常见问题

1. 没有充分考虑历史课堂教学中的生成性课程资源。

历史教学设计是对历史教学过程的一种"预设",当然包括对可能要使用的物质课程资源如何利用也做出了"预设",但是如果仅仅如此,还不是一份优秀的历史教学设计。优秀的历史教学设计除了关注物质课程资源的利用与开发外,还应充分考虑历史课堂教学中的生成性课程资源的利用与开发。

案例:"三年经济困难时期"教学中的生成性资源

某历史教师通过启发引导,引导学生学习完"总路线"、"大跃进"和人民公社化运动等内容后,指出,这是中国共产党在探索建设社会主义道路中的一次严重失误,人民面临建国以来前所未有的严重经济困难。"屋漏偏逢连夜雨",此时中国还发生了严重的自然灾害,再加上苏联又逼迫中国还债等原因,致使中国出现了历史上所说的"三年经济困难时期"。为了具体说明这种严重困难,这位历史教师用数字做了说明,指出,据报道,在这一阶段,中国大约饿死了几千万人口。有一名学生突然站起来说:"老师,当时要不是饿死这么多人口,那中国今天的人口就更多了。"

案例评析:学生提出了"听起来似乎对但道理上却不对"的问题,让历史教师非常尴尬,一时不知如何应对。新课程实施以来,类似这样的历史课堂现象越来越多,这就要求我们历史教师在设计历史教学时,应有所考虑,毕竟我们现在面对的学生其思维逻辑已今非昔比,教学设计时不能不尊重学情。

2. 脱离历史教科书盲目进行课程资源的利用与开发。

众所周知,历史教科书是历史学专家、历史教育专家和优秀的一线历史教师在认真仔细研读历史课程标准的基础上,反复打磨精心编写出来的,可以说是最权威、最系统、质量最高的历史课程资源。当我们在做历史教学设计时,必须尊重历史教科书的地位和价值,唯有认真领会历史教科书的核心旨趣,在充分挖掘历史教科书的前提下,精选其他历史课程资源,而不是脱离历史教科书盲目进行课程资源的利用与开发,否则就是矫枉过正。

案例：教学资源的选择

某历史教师引导学生学习《夏、商、西周的政治制度》时，用了大约五分钟介绍尧舜禹的传说，从几个"人"的德与行，到私有制出现等。某历史教师在《秦朝中央集权制度的形成》一课中，用了大约十分钟来介绍春秋战国时期的政治斗争与争霸活动，甚至还讲到了奴隶制的瓦解、封建制的确立等。

案例评析：两位教师使用大量无效甚至有害的课程资源，冲淡了教科书上的优质资源。这种做法浪费了课堂的时间，偏离了教学内容的主题。对于第一个问题，教科书的纲目是"从禅让到王位世袭"，此重点不是禅让制的实行，而是禅让制的终结。教科书编写"从诸侯争霸到秦朝统一"的目的是，说明中央集权制度是在国家统一的背景下出现的，侧重点是"统一"而不是"争霸"。

3. 不能充分开发教学设计中的课程资源。

从课堂教学有效性的角度来讲，教学设计中的课程资源不在于多，而在于能否得到充分的利用。在信息技术飞速发展，教学设施大大改善的情况下，课程资源的来源越来越广，呈现手段越来越多。但是如果在课堂上不能充分开发这些课程资源，不仅不能提高课堂教学的有效性，还会损害课堂教学的有效性。

案例："殖民者的罪恶"教学中资源的利用

在一次观摩活动中，某历史教师为了让学生了解"殖民者的罪恶"，在PPT中插入了多幅图片。教学过程中幻灯片的播放速度很快，平均两秒钟更换一张图片。一边播放，教师一边说：这是运奴船上的黑奴，这是美洲的奴隶市场，这些黑奴正在矿山中劳动……

案例评析：显然这种做法突出的是"有"而不是"用"，重视的是"量"而不是"质"。高中生对欧洲殖民者贩卖黑人的行径非常熟悉，如果我们想以此进行情感教育的话，可以选择其中的一幅图片让学生仔细观察，感悟历史甚至神入历史。如，让学生看运奴船上的黑奴们，挤在狭窄的船底部，空气混浊，在几十天的航行中，生病是正常的。奴隶贩子担心传染给其他黑人，往往把重病的黑人扔下大海。几乎每只运奴船后都有鲨鱼跟随……

4. 选取课程资源时断章取义则不利于提取其核心信息。

我们经常遇到这样的情况，选取的材料是人为加工过的。不能说加工过的材料就不能作为课程资源，关键是在加工中是否有人为的变更，是否改变了原文的意思。

案例：教科书对资源截取断章取义

某版教科书提供了这样一段史料：《史记·秦始皇本纪》载：有一天，始皇帝外出,看见丞相车骑很多,认为不是好事。宫中有人将此事告诉丞相。丞相随即减少车骑数量。始皇帝大怒,说:你们有人泄露我说的话!但没人敢承认。于是,秦始皇下诏,逮捕当时在场者,并全部杀掉。并设问:这则小故事反映了什么问题?

案例评析:对于"丞相车骑很多"这一现象,始皇并没有太大的不满,只认为"不是好事"而已;看到丞相"减少车骑数量",始皇理应高兴,可是结果却大怒,这是为什么?"宫中有人"将此事告诉丞相,帮助皇帝解决了"不好"的事,也是为君王分忧,结果却被杀,还牵连了其他同伴,这是为什么? 阅读《史记》原文我们才知道,始皇认为,要成仙人,须避俗人。他不仅行踪诡秘,还特别规定:泄露皇帝去处者死罪。但是,还是有人泄露了皇帝的行踪。这不仅是违法行为,更主要的是影响嬴政修炼成仙,所以始皇大怒。审问没有结果,泄露信息的人还在身旁,修炼还有何用? 所以始皇下令:把当时在场的人全部杀掉。可见,秦始皇在意的是自己能否修炼成仙,对丞相车骑的多少并不太在意。嬴政此举,虽有损丞相的面子,但并不是针对丞相的,不能反映皇权与相权的矛盾。这则故事充分反映了嬴政对方术的迷信,以及成仙的决心;同时也是法律苛严、始皇残暴的明证。

◆ **一些尝试**

1. 请结合"课程资源开发设计:如何让历史'说话'?"中提供的案例,思考以下两个问题:

(1)该案例利用与开发了哪些历史课程资源?

(2)请分析,该案例中利用与开发的历史课程资源是如何结合历史学科的特色的?

2. 马克·吐温是一位我国读者非常熟悉的世界著名作家,他的作品,比如小说、杂文、政论、演说辞、书信等,除了给我们留下幽默、风趣的深刻印象以外,其实还有思想深刻、直言不讳的史论色彩。请利用网络、图书馆等途径搜集整理有关马克·吐温作品中的史论内容,比如可以阅读《译林》2008 年第 3 期吴钧陶先生的文章《感谢马克·吐温》,请思考:如何将著名作家马克·吐温富有正义感的政论性作品运用到历史教学设计中来?

第六节　教学评价与教学设计

历史课程标准指出:"历史教学评价是历史教学环节的重要组成部分,对改进历史教学,提高教学质量具有重要的意义,在教学过程中要充分发挥教学评价的导向功能、诊断功能、激励功能和促进功能,促进学生学习能力和创新意识的提高……还要注意考察学生历史学习的过程。"

◆ 认识教学评价

● 什么是教学评价？

教学评价就是根据教学目的和教学原则,利用所有可行的评价方法及技术对教学过程及预期的一切效果给予价值上的判断,以提供信息改进教学和对被评价对象做出某种资格证明,了解教学目标是否达到,从而作为修正设计的依据。

按照评价的对象划分,可以分为教学设计成果评价(或称教师工作评价)和学生学业评价。按评价基准的不同,可分为相对评价、绝对评价和自身评价。按照评价时间的不同,可分为诊断性评价、形成性评价和总结性评价。按照评价分析方法的不同,又可分为量的评价和质的评价。

● 测量和评价有何区别？

测量指的是根据某些法则与程序,用数字对事物的量的规定性予以确定和描述的过程。我们知道,任何事物都是质和量的统一,有量必有质,有质必有量。测量仅仅涉及到事物的量的规定性。而评价指的是"按照一定的价值标准和教育目标,利用测量和非测量的种种方法系统地收集资料信息,对学生的发展变化及影响学生发展变化的各种要素进行价值分析和价值判断,并为教育决策提供依据的过程"。所以说,测量并不等于评价,传统的学业评价将评价等同于测量,过分看重评价的甄别和选拔功能,在评价方法上过分依赖纸笔测验,因此回归评价的本质就显得十分必要。

● 教学评价在整个教学设计中起怎样的作用？

1. 教学评价是对教学目标的反馈。教学评价是整个教学进程中的方向和质量的保障。帮助学生了解自己的学习成果,帮助教师诊断学生学习困难的同时,还应该提供改进和完善教学效果,以及了解学生的学习潜能,设计更为符合学生个性发展方案的依据。因此,教学评价理应依据教学目标,并兼顾多元的教学目标,即需重视教学结果又需重视教学过程,以图适应所有学生的个性差异,教学评价应有助于调动各种情境,树立评价是一个连续不断的过程的观念。

2. 从教学设计的评价来说,它具有诊断功能,即对教学设计的起点进行诊断性评价,提供进行教学设计的依据;也具有调控功能,即对教学设计质量的保证进行形成性评价,提供修正意见,提高设计质量;还具有决策功能,即对教学设计方案认定进行总结性评价,为采用设计方案提供决策根据。

3. 教学评价还应促进学生的全面发展。评价的本质不应该像我们过去所理解的强调选拔、强调淘汰,而是要促进每一个学生的全面发展。基于促进学生全面发展的评价,我们称之为发展性评价,这是一种体现以人为本的思想,关注个体的处境和需求,尊重和体现个体差异,激发个体的主动精神,以促使每个个体可以实现自身价值,实现人的终身发展的一个评价。它强调评价过程与教学过程是并行的,要汲取有效的信息来对学生进行评价,它还特别强调要体现以人为本的思想,关注每一个学生,并激发每一个学生个性的创造力。

● 如何做好历史学业评价?

1. 要制定评价的方案和计划。首先根据评价方案确定收集资料的类型,比如过程性评价资料和成果性评价资料、定性评价资料和定量评价资料等;依据教学设计的任务和目标制定评价标准,选择被评价者(被试者)等。

2. 选择评价的方法,一般有量的评价和质的评价两种。量的评价是指将那些能够直接量化的、并且确实存在量化途径的评价指标进行量化的评价方式。如历史科中的纸笔测验得出来的学生考试成绩、平均分、及格率等就是用数量统计的方法,最终以数字的形式展现出来的。质的评价是以人文主义为认识论基础,通过自然的调查,全面充分地提示和描述评价对象的各种特质,以彰显其中的意义,促进理解。质的评价是当前新课程改革中采用的主要评价方式之一,包括档案袋评价、表现性评价、真实性评价、苏格拉底式研讨评定法等,在我们历史学科中包括历史小论文、历史调查活动、历史戏剧、历史辩论、历史角色扮演、历史档案袋等。

3. 分析和归纳资料。对通过测试、观察、征答所得到的一系列数据资料进行分析、归纳,找出成功与不足,提出一份评价报告,作为进一步修正完善设计方案的依据。前面所说量的评价与质的评价在分析和归纳资料方式上也有所不同。由于量的评价方法科学、信度高、便于数学处理,因此我国的学生评价方法主要以定量分析为主,主要是运用计算机对各种评价结果的数据,以表格、柱状图、曲线图等方式进行分析和比较,从而达到研究学生学业水平的目的。但是学生身上的许多东西不是一定能量化出来的,单纯的量化评价会丢失许多真实信息,容易形成对学生的片面评价。而质的评价方法十分强调评价者在自然情境中与被评价者互动,经过深入细致系统的资料收集然后建构评价的结果或理论。它强调评价的过程性、情景性和具体性,有利于使学生明确评价的真正意义和促进学生真正的发展。

4. 教学评价应注意如下几个问题:

(1)评价主客体互动化。强调评价过程中主客体间的双向选择、沟通和协作,不仅仅是教师评价学生,还应该让学生进行自我评价,从而使学生最大限度地接受评价结果。比如广东顺德容山中学陈维坚老师在课堂上坚持让学生对自己每堂课的情况填写《容山中学历史科学习小组课堂评价表》,让学生自评、互评,提高了学生的学习主动性,让评价成为促进学生学习的方式之一。

(2)评价内容多元化。我们不应该只关注学生的学业成绩,学生的课堂表现,包括听课的态度、发言的次数、交流的多少都是课堂教学设计中评价学生的参数,在教学活动的过程中对学生进行表现性评价,从多个角度看学生的成长,尊重主体差异,给予积极评价,发挥学生诸多方面的能力,使学生逐步建立并拥有自信,从而有利于课堂教学的成功。

(3)评价过程动态化。在教学设计时不仅关注结果,更注重学生成长发展的过程,将结果性评价与形成性评价相结合;并给予多次评价机会,将评价贯穿于平时课堂教学设计中,如上课的口头评价、作业评价、成长记录袋等,其目的在于促进学生的转变与发展。

◆ 走进现场

● **走进现场一**:如何设计过程性评价表?

扬州中学王雄老师曾经设计了《郑和与哥伦布谁更伟大?》的学习案例,见表1-1"发展性评价表"①。

表1-1 发展性评价表

评价项目	典 范	优 秀	良 好	合 格
资料的选择与引用	1.资料选择建立在广泛的基础上,但引用全面精确。2.引用正确无误,并能详细注明出处与资料的性质。	1.能引用五项以上资料,三项以上准确。2.引用正确,出处说明详细,资料性质基本正确。	1.能引用三至四则资料,引用两项准确。2.能注明出处,资料的性质判断不够准确。	1.能引用一至二则资料,引用只有一项准确。2.注明出处,但未写出具体作者与资料的性质。
问题的论证与解决	1.论证推理合乎逻辑,论据有力,比较充分。2.对问题本身的分析准确、全面、细致,结论合理,表达充分且恰当。	1.论证推理基本合乎逻辑,比较恰当,但不充分。2.对问题本身分析准确,但不够全面、细致,表达恰当,但不充分。	1.有论证,有论据,有比较。2.对问题本身的分析基本准确,但不全面,也不细致,表达有一些不够恰当。	1.有论证,有论据,但没有注意比较。2.对问题本身有分析,有结论。
报告的结构与特色	1.报告结构清晰,主题明确,阐述史论结合。2.能恰当运用图片说明问题,报告设计有个性。	1.报告结构基本清晰,主题明确,能恰当运用史料。2.能运用图片说明问题,报告设计有特点。	1.主题明确,但结构不够清晰,运用史料不够恰当。2.能运用图片说明问题,报告设计符合规范。	1.报告主题明确,但结构不够清晰。2.能运用图片,但作用不够明确,设计基本符合规范。

① 中国历史课程网2007年《教育部高中历史远程研修简报》。

评价项目	典 范	优 秀	良 好	合 格
合作与交流	1.合作目标与责任明确,效率高。2.讨论充分,相互尊重与分析对方的观点,并能妥善处理矛盾。	1.合作目标明确,有分工,效率较高。2.讨论充分,有时能尊重不同观点,矛盾也能得到解决。	1.合作有目标有分工,但不够明确,效率一般。2.能进行讨论与协商,能认可合作中的矛盾,但不会主动处理。	1.能够合作,但无分工与责任,效率不高。2.能进行讨论与协商,但不会处理矛盾。

深度分析:这一发展性评价强调自我评价和小组互相评价,传统学习中我们对学生的评价大多是通过一份作业、一份试卷或者是教师的观察来决定的,但学生的学习更多的时候是与同伴在合作中完成的,学生彼此最了解,所以设计了一个小组互评的评价表,有利于互相鼓励和监督。而且王老师还设计了相关说明,有利学生依据评价标准调整自己的学习、研究方式。

● **走进现场二**:利用网络平台进行多元评价①

教师:我校(广州市真光中学)结合现代的信息技术,充分利用广州市家庭拥有电脑比例高的优势,创建了历史教学评价网,让学生、教师和家长通过互联网到我校的评价网上进行学习和讨论,评价网具有了作品展示、在线投票、交流讨论等功能,作品展示区能够对学生完成的历史课件、文章、照片和网页提供上传链接或下载,在每个作品下面都能提供到投票区或讨论区的链接,网上投票区能够让学生、教师甚至家长在互联网上对不同的作品进行投票。每个作品的号码与展示的作品号相同,而且能够与作品展示区、交流讨论区相互链接,通过点击投票区旁的统计按钮,就能及时看到作品的评价情况,同时我们还设置了每个IP地址只能投一票,防止某些人故意扰乱投票结果。交流讨论区能够让学生、教师、家长在线发表对某个作品的意见和建议,从而让作者与评价者可以通过讨论思考得到共同的提高,也为家长、教师提供交流的新途径。

学生:我觉得这种评价方法十分有意思,因为在过去我的作业只是由一个老师来批改,成绩也只是由一个老师来评定,但是现在利用了这一套网络系统的话,我的作业和作品能够让更多的老师和同学看到,那么他们就会对我的作品和作业提出更多的意见以及建议,这对我的自身发展是十分有帮助的。所以说这样的评价对于我来说是更加公开、公平、公正……我也觉得

---

① 中国历史课程网2007年《教育部高中历史远程研修简报》。

这种评价方法很好,因为平时在学校我们只会和一小部分同学进行交流,但是通过这个网络,我们能和其他年级其他班级的同学进行交流。这样对我们的作品是有很大帮助的。因为同学们对我们提出的意见和建议,有些很全面,甚至很专业,我觉得这对我们的能力提高是有所帮助的。

深度分析:在发展性评价理论的指导下,真光中学历史科构建了网络评价体系,利用网络评价体系,实现了多元评价,包括评价内容、评价主体的多元化,而且能够加强对学生学习过程的评价,弥补了考试和测验注重对学生量化评价的不足,而加强了对学生学习质性的评价,体现了人文性评价的特点。通过这种网络评价,充分利用网络资源的优势,扩大了学生学习的视野,也提高了学生学习的兴趣,使历史课显得更为生动活泼。

● **走进现场三**:历史档案袋的利用①

夏老师组织学生观看纪录片《马王堆的传奇》之后布置了一个评价活动,然后选取学生在这个活动中的代表作品放到档案袋里。

师:同学们,你们在干嘛?

生:老师,我们在挑选自己的作业,看哪些最具"收藏价值"!

师:呵,我知道了,你们在为自己的成长记录袋找最具价值的作品。一个多学期来,你们写了很多小论文,每个人都有不同的收获,你们想把哪篇放进去呢?

陈妙玲:老师,我想把上次纪录片《马王堆传奇》的影评收藏起来,我觉得是自己最得意的作品。

师:哦? 让我看看你的作业,嗯,你为什么感到特别得意呢?

玲:我是从三个方面去阐述我的观点的。首先我是站在历史的角度,我们首先要说明一下古代封建制度的腐朽和迷信,没有他们的迷信就不会有那么多豪华的陪葬品,还有那么多文物。然后在科学的角度上,我们也要感谢众多的先进设备,还有孜孜不倦的探索者。因为有他们才会给我们提供好多精确的数据。站在人文主义的角度上,我是不太赞同把沉睡已久的墓地挖掘出来的。因为我觉得这是对死者的一种亵渎。

师:陈树明,我记得你在陈妙玲的文章后面写了比较激烈的评语呢!

陈树明:是啊。我看了陈妙玲的点评后,发现她这篇作品有许多闪光的地方。里面从不同的角度对问题进行了分析,而且见解独到,有一些内容更发人深省。不过里面有一些观点过于偏激,只看重人性的一面,而忽略了考古的科学意义。我在她的文章后面写了自己的评论。

---

① 中国历史课程网 2007 年《教育部高中历史远程研修简报》。

师：嗯，陈妙玲的影评确实体现了深邃的思维，何俊，你呢？你的小论文一向写得比别人长，像大学生写论文一样。

何俊：就是因为我每次看了视频或者文章之后，除了发现作品本身的闪光点之外，我还会跳出作者思维的圈子。历史本身是丰富多彩的，所以我喜欢用自己的眼睛去发现历史。

......

师：在你们的历史学习档案里，可以放下许多东西，比如研究性学习报告、电子报，你们所写的小论文、读后感、影评之类都是非常值得保存的资料，它们是你们成长的足迹，也是你们高中学习的宝贵财富，有助于全面评价你们的思维发展水平，比如想象力、批判思维、辩证思维能力、表达能力、收集与整理资料的能力等等，相信大家在这些作品中收获了考试和分数所不能给予的快乐与充实。让我们继续做得更好。

深度分析：在实际的操作过程当中很多教师都会有这样的疑问：这个档案袋里面到底放什么？而且这么多的档案袋又放在哪里？搞档案袋评价是非常费时费力的事情，我们应该怎么解决呢？这个在档案袋评价工作当中确实是一个难题。有的教师戏称成长档案袋变成了成长垃圾袋。那是因为没有取舍，把所有的东西都放到那个袋子里面去了。我们坚持一个基本原则，那就是将学生在不同的学习阶段、不同的学习主题中那些最能代表学生学习成就的作品放进去。上面这个案例就是一个很好的示范，教师组织学生观看纪录片《马王堆的传奇》之后布置了一个评价活动，然后选取学生在这个活动中的代表作品放到档案袋里面去。

◆ 常见问题

1. 评价主体单一，教师是评价的唯一主体。

由于受传统的教师观的影响，教师高高在上，教师是评价的唯一主体，学生的好与坏、优与劣，其权衡者是唯我独尊的教师，学生很少或根本没有发言权。甚至在某些教师的观念中，把"学生发表有悖于师者意见"的行为，误解成是对教师的不尊。这样的评价方式严重打击了学生学习的积极性，评价的作用没有得到应有的发挥。

2. 评价途径单一，注重书面（纸笔）测试，忽视其他测试。传统评价主要是通过笔试来进行的，分数成了衡量学生学习水平的唯一砝码。

案例：关于评价问题的讨论[①]

王：赵老师，您好！可以问您一个问题吗？

---

① 王雄主编：《课程标准与教学大纲对比分析（高中历史）》，东北师范大学出版社 2005 年版。

赵：可以呀！

王：请问您平时如何评价学生的学习呢？

赵：不就是考试吗？考试最能说明问题。

王：除了考试，不是还可以布置研究性学习的作业吗？

赵：研究性学习学生不够重视，而且应该如何评价呢？怎样计入总分呢？

王：这确实是个问题，还有其他评价方法吗？比如课堂提问或讨论。

赵：课堂提问是有的，但是一般是为了让学生在课前复习一下，是以记忆为主的。课堂讨论一般不评价，讨论完了就结束了，而且讨论本来就不多。所以，期中考试与期末考试是最主要的评价。学生成绩报告单上也是只记这两项。

案例评析：以上对话是学校学业评价的真实写照，纸笔测试确实是比较简单、客观、方便的评价手段，教师出好试卷，学生在规定的时间里完成，教师再花一些时间，按照统一标准批改就算完成了。其他评价手段确实很费时间，但这种纸笔测试也扼杀了学生学习的兴趣，抹杀了个性。

3. 评价内容单一，注重死记硬背，忽视能力的培养。

传统的书面考试考查的主要是纯粹的知识点和通过机械化操练形成的技能，了解到的主要是学生记、背和模仿性质的能力和水平，而忽视了对学生情感与态度、基本学习方法的关注，而这些却是保证学生可持续性发展的关键性因素。

4. 评价注重总结性评价，忽视形成性评价与诊断性评价。

总结性评价关注的是学习结果，而不是学习的过程。对学习结果的评定有利于区分学生在知识与能力方面的差异，有利于选拔与淘汰。但是日常学习的目的并不是选拔与淘汰，而是促进学生在学习过程中感受学习本身给他们带来的进步与快乐。

案例：关于试题打分的解释①

期中考试一过，李老师到高一(3)班上课，他先讲了这次期中考试的总体情况，3人在90分以上，15人在80分至90分之间，23人在70至80分之间，9人在60分至70分之间，4人在60分以下。全班54人的平均分是74.3。他一说完，同学们立刻知道了自己在全班的等级位置。然后，李老师开始评讲试卷，主要把错误的地方叫大家纠正过来。

下课后，有三位同学向老师提出扣分不合理。李老师看了看试卷，是有关李鸿章的评价问题，题目要求学生们根据自己的认识评价李鸿章。这三位同

---

① 王雄主编：《课程标准与教学大纲对比分析(高中历史)》，东北师范大学出版社 2005 年版。

学主要是对李鸿章的肯定大于否定,因此,10分的题目只给了5分。李老师也感到严了一点,但是他坚持说:"试卷答案已经核对过,这样的问题你们虽然有一定的道理,但是因为与课本叙述不符,老师们还是坚持统一标准,凡是这样的情况都没有多算分。"

案例评析:按照传统评价习惯,历史教师在期中考试或期末考试之后,对考卷的分析评价主要就是计算平均分与按分数段计算人数,有的学校还进行详细的排名。这种评价导致大多数学生经常处于紧张情绪之中,甚至学得很不错的学生也有竞争压力。而对于一直处于中下水平的学生来说,学习带给他们的就是一次次失败。对名次、等级的关注,使学生们失去了对学习本身的关注,也就失去了历史教育的根本目的。

◆ 一个尝试

选择一课,尝试在教学设计中设计发展性评价表,让学生在课堂学习的过程中进行自我评价、小组评价,评价内容涉及三维目标。

第七节　史料教学与教学设计

英国历史教学法专家汤普森就在其文章《理解历史》中指出:"学校的历史学习,不是把焦点集中在历史本身发生了什么上,而是要集中在我们如何具有对历史的认识,最重要的是接触和探究的过程,获得知识的方法,其次才是涉及历史探究的结果:历史的实际情况发展。要达到这样,最好是由学生运用史料作为证据。"近年来,国内外历史教学界都强调利用史料开展历史教学活动。

我们在进行教学设计时,就需要考虑在完成教学目标过程中是否需要运用史料,运用哪些史料,通过什么样的方式来完成教学目标。那么,什么是史料和史料教学? 运用史料教学的目的是什么? 教学设计过程中应当注意哪些问题? 史料教学的一般策略是什么? 在这一节中,我们将对这些问题进行简要的分析。

◆ 认识史料教学

● 什么是史料和史料教学?

史料是指研究或讨论历史的根据。一般将史料区分为第一手史料及第二手史料。前者是指接近或直接在历史发生当时所产生,可较直接作为历史根据的史料,后者是指经过后人运用一手史料所作的研究及诠释,但二者的界限经常并不明确(例如《史记》就很难说是一手或二手史料)。一般文中所称史料,主要是指第一手史料。

常用史料的种类如下：

文字史料，包括史书、档案文书、学术著作、文学作品、日常生活中的文字遗留、报纸杂志、口述史料、碑刻、墓志、家谱等。

非文字史料，包括图像、实物、风俗等。

史料教学是指在历史教学过程中，教师指导学生对相关的史料进行处理，使学生自主地从材料中获取历史信息，并利用这些信息完成对历史探究的一种教学模式。

● **运用史料教学的目的有哪些？**

1. 使学生学会思考，在思考中建构知识

建构主义学习理论认为，学习过程不是学习者被动地接受知识，而是积极地建构知识的过程。建构主义教学要求学生在复杂的真实情境中完成任务。学生需要面对真实世界的情境，必须认识到真实世界的复杂问题有可能有多种答案，鼓励学生提出问题解决的多种观点，具有自我分析和评价能力，具有反思与批判能力，具有创新精神。史料教学的一个重要理念，就是让学生在历史学习中把史料作为证据以重构历史的情境，以便使学生认识历史知识的本质，而不仅仅是使某种历史论述生动有趣，以便学生的理解和记忆。更重要的是，让学生经过思考和探究，建立起学生自己对历史的认识。

2. 回归历史学科的特性

史学知识既浩如烟海，无法穷尽，又纷纭复杂，难辨真伪。对历史上任何一件历史事件的评价，如果人们站在不同的阶级立场，应用不同的世界观，从不同的角度去观察分析，那么答案就会丰富多彩。因此，史料，特别是文献史料是过去人们对某一事物的认识，因而难以做到完全的客观公正，很多史料是写史料的人站在自己的立场发表观点，受到时代、社会、情感、经验的左右。既然对同一事件会有种种不同看法，哪一种才符合"真正"的历史呢？通过史料教学让学生尝试运用史学家研究历史的方法，对史料进行探究，以获得对历史问题的解决。在接触历史证据的过程中，学生也逐步对历史证据的功能和作用有所认识。在中学历史教学中，学生需要对史料的以下几个方面的功能有所认识：历史发生之后，一去不复返了，只能凭借所遗留下来的材料去认识；现在所学的历史知识，并不是凭空而来的，是根据一定的历史证据建构而来的，而历史证据则来源于过去遗留下来的各种史料；并不是所有的史料都可以作为证据，只有证实了史料的可靠性和有用性之后，方能作为证据。

3. 培养学生的批判性思维能力

批判性思维概括而言，是指在信息面前，善于运用相关知识以及相应的策略，就其性质、价值、精确性和真实性等方面进行批判性的审视，做出自己的判断、评价的思维能力。近年来西方教育界越来越重视学生批判性思维与能力的培养,把批判性思维看成是学习的一个不可分割的部分。而我国传统的历史教学中长期以来局限于基本史实的讲授,少有对此足够的关注。《全球通史》的作者斯塔夫里阿诺斯在该书序言中曾担忧地说:"我很高兴,也很满意我的《全球通史》能与中国学生见面。不过,我也感到有点不安,因为我担心中国学生在阅读时将不会给予足够的批评。"因此,他进一步提出建议"人们阅读任何东西都应提出批评,这是因为我们生活在一个没有任何东西能作为纯真理或完整的模式而被人接受的时代"。

● **运用史料进行教学设计应当注意哪些问题?**

1. 选择史料的原则

(1)典型性。史料的选择首先立足于基础知识,应围绕教材重点、难点来选取,这样可以帮助学生加深对基本史实的理解和把握。

(2)多样性。一是应注重史料类型的多样性,尽可能选择不同种类的史料,做到文字、图片、口述等史料兼顾,第一手和第二手史料兼顾。如讲述"中华文明的起源"时,把远古传说、考古发现、史家著述相结合,这样学生既可以学会区分原始材料和第二手材料,又可以了解不同史料的价值,同时也能关注不同类型史料之间的关系,了解多重印证这一史学方法。又如讲"租界"时,出示几张照片,包括上海租界工部局大楼照片、巡捕房国籍不同的警务人员的照片、五卅惨案现场的照片、外滩建筑群照片、徐家汇天文台照片等,让学生能从不同角度审视租界对上海的不同影响,租界既是"国中之国",是列强对中国进行侵略、掠夺和殖民统治的基地,同时也是了解和引进西方先进文明的窗口,推动了近代中国的市政建设和城市化进程。

(3)针对性。史料的选择应从学生的实际水平出发,应充分考虑学生的阅读能力和理论水平,不能选择学生不理解的,也不能选择学生不感兴趣的。比如中国古代的文献史料,如需要教师逐字逐句进行解释的不宜采用;再比如对史家著述的运用也应慎重,因为一般学生很少会具备研读专业史的能力和兴趣,有些历史教师在课堂上引用美国史学家斯塔夫里阿诺斯《全球通史》中的内容时,效果不是很好。

2. 处理史料的策略

(1)史料的长短要适宜。过短的史料无法为学生提供必要的思维空间,即无法为学生提供必要的探索事物所需要的背景资料;学生所需的答案就罗列于史料中,学生不需要思考就获得答案,不利于促进学生的创新思维的形成。运用过长的史料,学生阅读所需时间长,则直接影响历史课堂教学任务的完成。在历史教学中,所用的史料的长短应控制在多少是合适的?上海的张史敏老师进行过两次教学试验,一是应用较长的史料进行教学,另一是用较短的史料进行教学。通过观察学生的反应和在课后对学生进行反馈调查,结论发现,一则史料的长度在70—200字是最适宜的,低于50字或高于250字对培养学生的创新思维都是不利的。

（2）史料的文字难度宜浅不宜深。首先有利于高中生的创新思维的形成。据最接近区域原理,史料的文字难度应设定在略高于当代中学生的实际水平上。而对于当代中学生而言,文言文的水平是不敢恭维的,直接让他们阅读《尚书》、《史记》《资治通鉴》等史学名著是不可能的。而正确的方法,应当把史料的文字难度设定在让他们基本能读懂史料大意的程度。这既可以激起高中生阅读史料的兴趣,又有助于培养其创新思维。其次是符合高考的要求。从近几年的高考来看,对史料的文字难度要求不高,对难僻字皆有注释,没有必要在教学中就史料的文字对学生提出高要求。

3. 史料的相关度宜高不宜低

所谓相关度是指在教学中所运用的史料必须围绕本课的重点与难点,不能天女散花,唯有如此才能既培养学生的创新思维,又能圆满完成本课教学任务。上海的张史敏老师2004年12月曾上过一节公开课"第一次国共合作"。为了突出本课的史料教学特性,张老师找了几乎所有的相关史料,从头到尾都用史料来说明。但在试讲后,发现这种方法对学生的掌握效果不太好。太多太杂的史料,反而使学生无所适从,从而分散了他们的注意力。而后张老师将史料教学侧重运用于"'三民主义'的形成"一点上。正式公开课取得了良好效果。

◆ 走进现场

● 走进现场一：在证据中重建过去——谁点燃了赵家楼？

"五四运动"中是谁点燃了赵家楼的愤怒之火？长时期以来史学界莫衷一是。拂去尘封,透视历史的本来面目,今天我们已经发现,他就是被誉为"五四发难之硬汉"的匡互生。但是如何有效地引导学生接受和理解这个疑问呢？简单的说教太过苍白。

授课前,教师把收集的史料进行了归纳整理,在讲授到这个环节时,首先展示了匡互生本人的一段论述："当走到曹宅前面的时候,那些预备牺牲的几个热烈同学,却趁着大家狂呼着的时候,早已猛力跳上围墙上的窗洞,把铁窗冲毁,进入曹汝霖的住宅里去……因为他们到处搜不出那确实被大家证明在内开会未曾逃出的曹汝霖、陆宗舆、章宗祥,只得烧了他们借以从容商量作恶的巢穴,以泄一时的忿怒。"（匡互生《五四运动纪实》）

第一则史料是大家熟知的巴金先生的话："他是五四运动火烧赵家楼的

英雄。"虽然巴金与匡互生是熟稔的朋友,但是,他不是五四运动的亲历者。因此该段论述不为直接史料,即不具有说服力。

接着教师出示第二则材料:"队伍到达曹宅时大门紧闭——后由北京高师的匡互生同学破窗而入——打开大门。"作者杨明轩是五四运动的亲历者,他的论述相比较于巴金更具有一定的可信度,但是孤证不立,因此教师进一步追问:"仅仅是杨明轩一个人指出是匡互生,他的说法是否就一定可取呢?"这时,学生开始七嘴八舌地争论起来,在形成第一手史料的意识前提下,学生的问题意识和探究精神又调动了起来。就在学生争论不休的时候,教师展示如下二则史料:

材料三:"匡互生从西院窗口——从缺口爬进去——将大门打开。"(夏明钢《五四运动亲历记》)

材料四:"匡见曹家朱门紧闭,警卫守门,便攀上大门旁的小窗,击碎玻璃,掰开铁栏,挤进院内。匡在曹院内寻找曹汝霖,未见人影,即从卧室取出被褥等物,举火焚烧,火焰冲天而起。"(熊梦飞《忆亡友匡互生》)

夏明钢与熊梦飞二人均是五四运动当日的直接参与者,他们与匡互生等策划组织爱国学生火烧赵家楼和痛打章宗祥。看来结论有了进一步的定论。

最后,教师展示了第五则材料,其表述者是中国当代著名史学家周予同先生:"匡互生把曹宅窗户一拳打开——我在下面托了他一把,他就从小窗口爬进曹宅,群众蜂拥而入——放火烧了赵家楼。但事实是我们放的火,动手点火者就是匡互生。"(周予同《火烧赵家楼》)

深度分析:尽管当事人出于各种考虑,回避了这段史实,但是同时参与的其他当事人的旁证诸多且确凿,因此五四运动的"首功"非匡互生莫属,究竟谁是"火烧赵家楼"的英雄的谜团便迎刃而解。如此,教师在培养学生挖掘直接史料来求证历史真相的意识的同时,更树立了"孤证不立"的史学基本理念和提升了学生批判性思维的能力。

● **走进现场二**:在同一事件的不同陈述中掌握分析和解读史料的方法——"王安石变法"案例

教师在讲授"王安石变法"事件时,设计了如下几则材料:

材料一:苏辙说:"王介甫(安石)小丈夫也,不忍贫民而深嫉富民,志欲破富民以惠贫民,不知其不可也……及其得志,专以此为事,设青苗法以夺富民之利……"

——邓广铭《王安石》

材料二:南宋朱熹认为,王安石"以财利、兵革为先务,引用凶邪,排摈忠直,躁迫强戾使天下之人嚣然丧其乐生之心,卒之群奸肆虐,流毒四海"。

——《宋史》

材料三:明代思想家李贽在评价北宋亡于金时说:"实王安石有以启之……安石变法乱祖宗之法度,当时司马光已言其为害当见于数十年之后。"

——《史纲评要》

材料四:近代梁启超称王安石变法是"实(中)国史上,世界史上最有名誉之社会革命"。

——《饮冰室合集》

针对这四则材料,然后设计了如下问题:这些材料之中,哪些对王安石变法的评论是相接近的?哪些是不同的,为什么会有不同?在对材料的解读过程中,教师要求学生注意史料中带偏见的字眼,含有价值取向的主张、言论,含感情色彩的主张、言论,以偏概全的论述。

经过教师的引导,学生得出以下结论:前三则材料的认识是接近的,认为王安石变法是祸国殃民,第四则材料认为王安石变法是积极的社会革命。产生这些不同的原因是:苏辙站在当时大地主阶级立场和角度来看问题,认为其青苗法损害其利益,所以持否定态度。朱熹是站在王安石改革的内容角度,对其用人不当持有否定态度。李贽认为由于变法乱了祖宗之法度,导致北宋灭亡,因此对其持否定态度。梁启超为维新变法造舆论,从社会变革角度高度评价王安石变法。

深度分析:通过这则案例,有效地引导了学生透过史料来认知不同记录人的价值判断,提升了学生更高层次的批判性思维与能力,也使学生懂得了在对同一事件和历史人物进行历史评价时,会有不同的认识和感情倾向,要进入历史人物的角色中,设身处地认识历史,其结果可以是多元的。因此,对待历史事件和历史人物的评论我们要持有宽容和多元的态度与价值判断。

● **走进现场三**:"二重证据法"在历史教学中的运用——以《文献与考古中的夏文化》一课为例

中学历史课程改革的一个重要理念和目标,就是培养学生具备探索"如何知道"和"如何认识"历史的方式和方法。确立夏朝的信史地位,既要科学地整理文献材料,又要依靠考古成果的支持。华东师范大学松江实验高级中学沈文斌老师在这一课中有了新的尝试。

问题一:孔子的憧憬历史上存在吗?

材料一:孔子《礼记·礼运》曰:"大道之行也,天下为公,选贤与能,讲信修睦。……是谓大同。"

材料二：陕西临潼的姜寨遗址考古复原图（见图1-1），该遗址是黄河流域保存得较为完整的一个原始部落聚居遗址，处于公元前5000—3000年的原始社会阶段，是一种集体生产、平均分配的血缘共同体。

图1-1 姜寨遗址考古复原图

姜寨遗址的生活情景，有力地证实了孔子所说的"大同"时代，也即国家产生前的这一原始阶段的存在。

问题二：夏朝的存在有依据吗？

材料三：司马迁的《史记·夏本记》曰："帝舜荐禹於天，为嗣。十七年而帝舜崩。三年丧毕，禹辞辟舜之子商均於阳城。天下诸侯皆去商均而朝禹。禹於是遂即天子位，南面朝天下，国号曰夏后，姓姒氏。"

夏朝的存在还有其他依据可察吗？《史记·夏本纪》的记载能否被证明为可靠？孔子描述的"天下为家"的社会状况就是夏朝建立之后的真实吗？教师进一步提示学生关注本课的标题是"文献与考古中的夏文化"。经过教师的上述提问与提示，学生豁然明白，要说明这些问题，不可能单纯依靠文献，还需要像甲骨文这样的考古挖掘的资料来证实。寻找夏王朝存在的考古证据，就成为近半个世纪中国学者孜孜以求的目标。

材料四：1959年夏，中国科学院考古研究所徐旭生率队在传说中夏人活动的这片中心区域开始了对"夏墟"的考古发掘和田野调查。经过了近半个世纪的考古发掘和不懈努力，遗址内发现了大量文化遗迹和遗物。这为夏史探究开启了一扇大门。专家们断定，在时间与地域上与夏朝最吻合的河南偃师的二里头文化遗存，就是夏王朝的文化遗存。

深度分析：通过把传世文献与考古发现相结合的"二重证据法"的有效运用，既填补和重塑了人类发展中阶段性记述的空白，增强了历史的真实性和准确性，又引导学生具备了将材料（史料）作为"证据"的意识，培养他们养成初步的了解往事的方法，形成基本的思考历史往事的能力。

◆ **常见问题**

1. 教师并没有对史料教学给予充分理解或很少利用，运用史料于教学的方式纯粹是"装饰"性质，只是将片段的材料"对号入座"，单纯地视为"就是"某种证据。

案例：什么样的史料才成为有用的史料？

在上《戊戌变法》介绍维新变法代表人物康有为时，出现了康有为的照片和大量生平事迹的文字；或在上《俄国十月革命的胜利》时用一张俄国地图然后问这是哪一个国家？1917年在这个国家发生了什么事？

案例评析：以上史料出现在课堂，但并没有成为"有用"的史料。

2. 没有发挥史料的相应功能，没有彰显历史学的基本特性。

案例：史料功能的开发

在讲授"春秋战国社会变化"时，教师运用了如下材料：

"春秋时犹尊礼重信，而七国则绝不言礼与信矣；春秋时犹宗周王，而七国则绝不言王矣；春秋时犹论宗姓氏族，而七国则无一言及之矣。邦无定交，士无定主，此皆变于一百三十三年之间。"

——顾炎武：《日知录》卷一三《周末风俗》

教师设置了问题：材料中的内容反映了春秋战国时期的哪些变化？

案例评析：没有鼓励学生去分析史料的内容，从中引出推论，说明自己的观点，以及支持此观点的证据，而让他们只是去重复或摘史料的内容。

3. 对于史料的运用不恰当，无法有效地落实课程改革所倡言的各种学习能力。

或者是史料过短，无法为学生提供必要的思维空间；或者是史料过长，学生阅读所需时间长，影响历史课堂教学任务的完成；或者是使用史料"天女散花"没有围绕课的重点与难点，太多太杂的史料，反而让学生无所适从。

案例：史料的选择与运用

在讲授"明朝前期的经济与政治"时，教师选了如下材料：

朱元璋，原名重八，安徽凤阳人。出身：农民。职业：放牛娃。他建立大明政权，是明开国皇帝，他的名言"要么不做，要么做绝"。我们看，他是怎样成长起来的？

朱元璋出身贫寒，住在破茅草屋中，过着忍饥挨饿的日子。

······

——故事来源：当年明月的《明朝这些事儿》、李亚平《明朝帝国政界往事》、毛佩琦《细解明朝十七帝》等书

设计了如下问题：以上史料刻画了朱元璋怎样的性格和心路历程？对朱元璋在治理明朝所采取的政策有何影响？

案例评析：史料过长，学生阅读所需时间长，影响历史课堂教学任务的完成；

使用史料"天女散花",没有围绕课的重点与难点,太多太杂的史料,反而让学生无所适从。

◆ 一个尝试

体会本节相关内容,按照史料教学的要求,完成中国古代科举制度的史料收集以及相关问题设计。

第八节　史学理论与教学设计

从当前历史学科教学设计的情形看,普遍比较重视教育教学理论、学习理论的运用,而史学理论的运用却常常被忽略。一方面是由于中学历史教学长期处于"教教材"的状态,教师很少突破教科书的历史叙述;另一方面,不少中学历史教师常常用唯物史观及革命领袖的某些具体论述代替史学理论,造成对当今史学理论的研究不甚了了,更无从运用。事实上,唯物史观虽然是历史研究和历史教学的指导思想,但它不能代替具体的史学理论。适当借鉴现代史学理论不仅有利于深化教师的历史认识,树立"用教材教"的新课程理念,对教学设计的创新也有积极意义。

◆ 认识史学理论

● 什么是史学理论?

一般认为史学理论包括两个部分:一是关于客观历史的理论,也可称为"历史理论";二是关于历史学本身的理论,可称为"史学理论"。学者吴廷嘉认为,史学理论体系应该包括三个层次:一是历史观,它是人们对客观的历史总体运动及其规律的认识和哲学概括,是史学理论的核心,从我国历史研究和历史教学来说,马克思主义的唯物史观是其核心;二是历史学,是历史研究的目的、功能、社会作用和具体内容的逻辑概括;三是史学方法,是历史研究特有的认识工具,其作用是使历史研究的思维方式和研究方法科学化、规范化和多样化。由于人们常常依据史学家在上述问题的不同观点、方法来划分史学流派,因此,史学理论又常常和史学流派联系在一起。一般而言,中学历史教师在教学设计中借鉴史学理论,不必过于纠缠其中的理论分歧,也不必过于强调史学理论范畴的准确性。既可以运用现代史学流派中的某些因子,也可以借鉴现代史学研究范式转换带来的新视角。

● 教学设计为什么要借鉴史学理论?

1. 适当运用史学理论可以有效地整合教学内容

史学理论有时是宏观地归纳历史发展规律,有时是建立一种历史叙述的范式,因而有很强的整合功能。在课程改革的背景下,用不同的史学理论多角度地整合学习内容,就能够比较好地体现"用教材教"的理念。例如:中国近代史的学习,从鸦片战争、太平天国到新中国的成立,涉及的内容很多,如果运用一定的史学理论,就可以有效地整合这些教学内容。传统的历史教学中运用革命史范式来加以整合,把几次革命高潮作为中心来设计教学;现在,很多教师用现代化范式来整合内容,就能更好地将侵略战争、革命与改革、社会经济的发展等内容进行有效整合。

> **案例:运用现代化范式设计人民版必修三《马克思主义在中国的传播》的导入**
> 中国现代化道路的探索经历了"以日为师"到"以美为师"、"以俄为师"的变化,请同学们回忆:主张"以日为师"、"以美为师"的代表人物分别是谁?他们分别进行了哪些探索和实践?

案例评析:通过这一问题既复习了旧知识,很自然地切入"马克思主义的传播"这一教学内容,又使学生对中国早期现代化历程有了一种宏观的认识。

2. 史学理论可以有效地与"过程与方法"目标相衔接

史学理论中有关史学方法的运用可以使教学设计中的"过程与方法"目标更有效地实现。如运用统计史学的方法设计《近代民族工业的发展》,就要运用一系列反映民族工业发展的数据统计表,对这些统计表的解读,可以引导学生掌握数据处理和解读的方法,还可以提供相关的数据,由学生根据数据画出各种不同形式的统计表,同时掌握相关的历史统计方法。

3. 适当运用史学理论有利于适应新课程改革和高考改革

从高中历史课标的内容标准看,以政治文明、经济文明、精神文明三大模块组织必修课程,这本身就是史学理论创新的具体体现,如果历史教师不了解文明史范式的新视角,就很难适应历史课程改革。近几年来,高考改革不断深入,其中一个表现就是现代化范式、全球史范式、社会史理论、妇女史的视角等被不断运用。在教学设计中有意识地运用相关的史学理论,对于适应课程改革和高考改革无疑都有积极意义。

4. 现代史学理论的运用可以更新史学观念,开阔历史视野

要想有意识地运用一些现代史学理论来设计教学,教师必须有目的地涉猎相关史学理论,从而有效地更新史学观念,开阔历史视野,具备更丰厚的本体性知识,进而提升教学水平。同时,运用现代史学理论设计教学又可以打开学生的历史视野,避免历史思维的僵化。

● **运用史学理论进行教学设计的一般环节是什么?**

从本质上讲,史学理论在教学设计中的运用是教师在掌握相关史学理论的

基础上,对教科书、教学、历史资料的一种理解和驾驭,往往是"运用之妙,存乎一心",很难归纳出固定的步骤。一般地说,以下一些环节可能是必要的:

1. 熟悉和理解教学内容。

对教学内容的熟悉和理解程度决定了教师能否运用恰当的史学理论来驾驭它,具体地说,要理解教学内容在整个历史中的地位,明确教学目标。如《新中国初期的外交》这一教学内容,如果充分把握了中心问题,就会认识到"出访苏联"、"出席日内瓦会议"、"出席万隆会议"是反映新中国初期外交的中心事件,就可以从"叙事史"的相关理论出发,用周恩来三次出访的外交活动为中心事件来设计教学,使教学变得有血有肉。

2. 选择值得借鉴的史学理论。

教学设计中选择值得借鉴的史学理论,要考虑三个维度:一是教学内容和课型特点,如整体史的理论比较适合复习课的宏大叙事或有关新课的导入,社会史的理论和计量史学的方法适合在必修二经济模块中使用;二是学生的可接受性,一般而言,理论性太强的理论不宜在中学教学中运用;三是教师对相关理论和资料的掌握情况。

3. 温习相关的史学理论,寻找史学理论与教学内容的结合点。

案例:运用"叙事史"理论设计《新中国初期的外交》教学目标

　　通过对周恩来外交故事的解读,理解"一边倒"、"另起炉灶"、"独立自主"、"和平共处五项原则"、"求同存异"等相关历史概念;通过周恩来的三次出访的外交故事,体会周恩来的精神、品格和外交智慧。

4. 搜集相关的历史材料。

史学理论与教学内容的结合点确定后,就要围绕这些结合点去搜集相关的历史资料。如以叙事史学的理论设计《新中国初期的外交》一节,就要搜集周恩来访苏、周恩来出席日内瓦会议、周恩来出席万隆会议等外交活动的相关文献和"故事",当然也包括视频资料。

5. 结合史学理论,设计教学环节。这一环节要求与教育学理论和教学法结合起来。

案例:以叙事史学理论设计《新中国初期的外交》,采用神入教学法

　　从回顾周恩来的外交生涯入手,让学生穿过历史的时空,设想自己作为周恩来总理外交活动中的一位随行人员,参加周恩来总理的三次重要的出访活动:第一站,1950年,莫斯科;第二站,1954年,日内瓦;第三站,1955年,万隆,从而以叙事的角度实现教学内容的整合。并引入三段《周恩来外交风云》中的

相应视频材料,增强课堂的"叙事"功能。在出访的每一站,要求学生以外交部发言人的身份,阐述中华人民共和国政府的外交立场。

案例评析:这一设计中,学生"新闻发言人"的身份,突出了一种"叙事"的现场感,与视频材料一起构建起历史学习的情景,让学生感受经历历史的"生动",有效地实现了三维教学目标的整合。

◆ 走进现场

● **走进现场一**:浙江嘉兴秀州中学周崴老师的高三复习课《洋务运动》一课:

在讨论对洋务运动的评价时,呈现了三本教科书不同的评价:

洋务运动的产生是为了"继续镇压中国各族人民的武装起义,是用外国资本主义的技术巩固封建统治";官僚地主开办的工厂是"资本主义国家军需工业的附庸,充分表现了半殖民地的性质";而且这些官办工业"压制商办工业,阻碍了商办工业的发展,阻碍了中国社会向资本主义的发展"。进步作用是"由于新式机器的应用,产业工人的数量增多了,无产阶级的力量比以前壮大了"。

——人民教育出版社 1956 年版《中国历史》(第三册)

洋务派是"直接为外国侵略势力服务的、买办化的官僚军阀集团,是国际资产阶级的附庸";"洋务运动发展的过程,就是中国封建统治阶级逐渐买办化的过程,是中外反动势力进一步勾结的过程"。

——1978 年[湖北省初中试用课本]《中国历史》(第二册)

既剖析其封建专横、阻碍民族工业发展的消极面,又展露出其刺激中国资本主义发展、抵制外国势力扩张的客观进步性,不再斥责洋务派为"卖国贼"。

——人教社 1981 年[初级中学课本]《中国历史》(第三册)(概括)

组织学生讨论:三种不同时期的教科书对洋务运动的总体评价有什么不同? 然后,再呈现史学界关于洋务运动研究的新观点:

清季自强运动起于 1860 年英法联军入侵,迄于 1894 年中日甲午战争爆发,历时三十余年。这是一段非常重要的时期,因为这不仅是国人谋求对所谓中国数千年来的大变局所作有效应对求自强的开始,也是百余年来中国进行现代化所作种种努力的起步。

——1987 年 8 月,台湾"中央研究院"院长吴大猷在"清季自强运动研讨会"上的开幕词

清政府开始了近三十年的师夷努力,中国的近(现)代化之路终于艰难

地起步了。……作为清政府自上而下的改革,洋务运动虽然没有达到自强御侮的最终目的,但还是使中国迈入世界资本主义工业化潮流,尽管一切都是被动的,是被世界潮流推着走。

——刘宗绪《历史新知识 创新能力培养》

从世界文明史的视角来评价这一时期(19 世纪 60—90 年代)的自强运动,我们并不着重于它所提出的"求强"、"求富"的口号,也并不看重它的任务是否完成。我们看重的是,这场运动是否顺应了世界文明前进的大潮,是否代表着先进的社会生产力,是否为向现代化工业文明过渡作出了贡献。

——马克垚《世界文明史》

组织学生讨论分析:这些史家对洋务运动的评价与前面三种教科书中的评价相比,在评价的着眼点上有何不同?

深度分析:整个教学设计,通过不同时期、不同史家对洋务运动的不同认识,反映特定时代人们的特定史观,也反映了现代中国史学界从单一的阶级斗争范式,发展到现代化范式、文明史范式的综合运用,体现了对历史的认识不断深化的过程。这一设计中呈现了一系列关于洋务运动评价的历史评论,可谓是"头脑风暴",作为高三复习课,既有利于培养学生从材料中获取信息的能力,又非常有利于学生史识的形成,称得上是创新设计的典范。其成功之处就在于运用了历史阐释学这一现代史学理论。

历史阐释学强调历史是一种解释,认为"解释(to explain)是史学家的职务","历史事实微不足道,解释代表一切"(引自杜维运:《史学方法论》,北京大学出版社 2006 年版)。伽达默尔就认为,尽管作为历史研究对象的过去是一个先于解释的客观存在,但由于历史思维本身是历史性的,这就决定了对这个客观实在的认识是受一定的历史条件限制的,并且随着历史的变化而变化(引自严建强、王渊明:《西方历史哲学:从思辨的到分析的与批判的》,浙江人民出版社1997 年版)。历史阐释学作为一种历史哲学看似深奥和玄虚,但运用得当常常可以使教学设计新意迭出,尤其有助于引导学生在观点的碰撞中深化历史认识。

● **走进现场二**:浙江新昌知新中学徐金超老师的《第一次国共合作的实现》一课:

以《困惑与抉择:孙中山的 1923 年》为题,以"国民革命的目标是什么"、"国民革命应该依靠谁"、"建立怎样的革命武装"三大问题组织全课,解读了孙中山矢志革命的心路历程。例如在"国民革命的目标是什么"这一环节中,提供了以下材料:

1912 年,孙中山说,"今日共和初成,兴实业实为救贫之药剂,为当今最要之政策"。

1914 年，孙中山在《中华革命党宣言》中说，"吾党自第一次革命、国体与政体变更后，即以巩固共和、实行民主民生两主义为己任"。

1918 年，孙中山通电说，"吾国之大患，莫大于武人之争雄，南与北如一丘之貉"。

1923 年元旦，孙中山在上海发表宣言，指出应"修改不平等条约，恢复中国在国际上自由平等之地位"。

引导学生阅读史料归纳：孙中山在 1912 年、1914 年、1918 年、1923 年对革命目标的认识有什么样的变化？反映了孙中山怎样的心路历程？并进一步引导学生分析孙中山新三民主义革命理论的提出。

深度分析：本课的设计，借鉴了某些心理史学的理论因素，通过引导学生阅读反映孙中山所思、所想、所说的历史资料，引导学生走进孙中山的心路历程，不但使抽象的新三民主义变得容易理解，而且对孙中山与时俱进、勇于超越自我的革命家品格有了更深刻的理解。

心理史学，亦称"心态史学"，即运用心理学方法研究历史。心理史学认为历史不是僵死的事实的简单堆积，而是由活生生的人创造的，因此在历史研究中考察人的内心活动十分重要。心理史学包括社会心理和个人心理，个人心理史学重视"伟大人物"在历史进程中的作用，并认为历史研究首要的任务是分析历史"伟人"的动机与行为（引自杰里弗·巴勒克拉夫著，杨豫译：《当代史学主要趋势》，上海译文出版社 1987 年版）。虽然心理史学的观点有的时候会与唯物史观的基本原理相参商，但如果恰当地运用心理史学的方法，可以更好地引导学生神入历史，从而有利于学生把历史人物、历史事件放在具体的背景下，历史地分析问题，使学生对历史抱有一种"温情和敬意"（钱穆语）。

在历史教学设计中运用心理史学的理论，就是引导学生神入历史，通过心理角色的扮演，深入理解历史人物的思想、情感，体悟历史人物与历史发展的关系。

●**走进现场三**：浙江新昌知新中学的徐金超老师在《戊戌变法》一课的设计中，以"回到戊戌，反思戊戌"为主题，设计了"回到戊戌：甲午战后中国局面再认识"、"反思戊戌：康有为变法活动再检讨"两个主要环节：

在第一个环节中，着重从 19 世纪后半期的世界形势分析变法的背景：先由教师讲述近代社会的特征是工业化和民主化，再引导学生回忆建构知识，设计了三个问题：洋务运动做了些什么？维新变法应该做什么（从世界现代化历程中理解变法的任务）？康有为能够做什么（从中国面临的现实中分析变法的背景）？从而顺势导出"周围环境的历史"：在世界近代化的背景下，在民族危机加深的时刻，"救亡图存"成为时代的最强音。

在"反思戊戌：康有为变法活动再检讨"这一环节中，提供一系列材料，要求学生结合史实分析讨论：当时有没有可能出现"维新派＋洋务派 VS 顽固派"的形势？"维新派 VS 洋务派＋顽固派"局面的形成与康有为的宣传策略有没有关系？

　　在最后一个环节"改革千古事，得失寸心知"中，通过材料展示了康有为与同时代人的关系的"细节"。

深度分析：本课的设计有意借鉴年鉴学派整体史的理论。整体史最早是由法国年鉴学派创立的，年鉴学派的代表人物布罗代尔在其代表作《菲利普二世时代的地中海和地中海世界》的序言中提出：历史事件的写作可以从人与周围环境关系的历史、群体与团体的历史和细节的历史着手，主张用"三个时段"的方式来撰写历史。强调个人史和社会史可以说是整体史学的一大特征，布罗代尔指出他的第三部分"不是人类规模的历史，而是个人规模的历史，是保尔·拉孔布和弗朗索瓦·西米昂撰写的事件史。这是表面的骚动，是潮汐在其强有力的运动中激起的波涛，是一种短促迅速和动荡的历史。这种历史本质上是极端敏感的，最轻微的脚步也会使它所有的测量仪器警觉起来"。这一理论借鉴到中学历史教学，就是既关注宏观的历史视野，又要善于运用史料呈现历史细节。在这一案例的设计中，前面两个环节的设计其实是引导学生去理解在康有为所处的历史事变中的"群体和团体"，属于布罗代尔的第二时段；最后的环节，则属于布罗代尔所说的"第三个时段"的历史。这样的设计既能让学生明了戊戌变法在中国现代化历程中的地位和使命，也能让学生微观地反思戊戌变法在实践上的得失。在本课的教学设计中，"第三阶段"的部分安排了一些史料阅读和讨论的环节，在整节课中占的比重较大，似乎与整体史的理论有些出入，但也算是适合中学生认知水平的一种调整，中学历史教学中不一定要完整地反映某一种史学理论，根据学生的水平、兴趣和需求，借鉴某些合理的成分也未尝不可。

◆ 常见问题

1. 把现代史学理论与马克思主义唯物史观对立起来，偏离唯物史观的基本立场。

　　一些历史教师有时候会因为过于追求教学设计的新颖，在运用现代史学理论时，没有批判地借鉴，造成与唯物史观的冲突，不仅有违基础教育的要求，也容易给学生造成认识上的混乱。如布罗代尔整体史理论中非常强调"环境的作用"，把分析人们所处的周围环境和人与自然的相互作用作为历史研究的重要内容，"自然—地理环境"作为某种历史主题出现，借鉴这种理论对于"中国古代经济特点"、"希腊城邦制度"等内容的教学设计有借鉴意义，但不能将这一理论夸大为"地理环境决定论"，这不仅违背唯物史观的基本观点，也是对布罗代尔理论的一种误解。

> **案例：《近代中国思想解放的潮流》教学中的史学理论问题**
>
> 借鉴西方史学界"刺激—反应"分析理论设计中国近代史《近代中国思想解放的潮流》教学，从三个阶段来组织教学内容：两次鸦片战争——"师夷长技以制夷"和洋务思想；甲午战争——维新思想；八国联军侵华战争——资产阶级革命思想。

案例评析：这样的设计表面上使内容非常有条理，但既没有理清中国近代思想解放的内在理路，也很容易让学生产生"侵略有功论"的误解，违背唯物史观的基本原则。当然，这种分析理论有其合理性，但我们要注意到，过于强调事物发展的外在因素而忽略了事物发展的内因或内在动力，不利于阐述事物本身的发展历程。在本课的设计中，必须从经济结构的变化、民族危机的深化等角度全面分析思想解放不断深入的背景。

2. 对史学理论在教学中的作用定位不正确。

就中学历史教学而言，在教学设计中借鉴史学理论，是为了帮助学生学习历史，史学理论本身并非学生所要掌握的学习目标。所以运用史学理论既不能喧宾夺主，更不能因此拔高学习要求，加重学生负担。要正确定位史学理论的作用是整合知识；是打破思维束缚、启迪历史思考；是帮助学生获得历史学习的方法。运用史学理论一定要基于教学目标达成的有效性，考虑教学内容的适用性。

> **案例：妇女史理论的运用**
>
> 在《中国近现代社会生活的变迁》专题中，借鉴妇女史的理论，把妇女命运变化作为社会变迁的缩影来设计教学，选择相关材料，从妇女与婚姻、妇女与政治、妇女与教育等角度分析妇女解放的历程，并从中看出近代中国社会的进步。

案例评析：为了帮助学生理解课程标准中提出的"了解近代以来人们物质生活和社会习俗变化"的要求，引入妇女史的理论，把妇女的解放作为一个视角是可取的，从某个领域入手，从微观着手，实现见微知著，是值得提倡的。但要注意千万不能把妇女命运变化作为一个知识点让学生掌握。

3. 运用史学理论时忽视向教科书基本史实的回归。

很多情况下，在教学设计中运用史学理论要求对教科书的知识点进行重组，有时候会与教科书的叙述体系有较大出入。例如运用社会史、妇女史、叙事史的理论设计教学，可能导致历史知识的支离破碎，可能是细节的知识有了，大的背景知识反而没有系统讲解。因此,当运用史学理论对教材进行重组,与原有知识体系有较大出入时,可以通过课堂小结、知识归纳等方式对相关历史知识进行梳理。

案例:叙事史理论的运用

借鉴"叙事史"的理论,设计必修二《中国社会主义建设道路的探索》专题的教学,确定的叙事主题是"从鲁冠球的道路看中国的改革开放",从"创办乡镇企业—走上专业化道路—成为第一家上市的乡镇企业—资本式经营、国际化运作"四个阶段了解企业发展的过程,并通过探讨企业发展的国际国内背景,引导学生掌握十一届三中全会、经济体制改革、建立社会主义市场经济、加入WTO等中国改革历程中的重大基础知识。

案例评析: 运用鲁冠球和他的企业的发展历程作为叙事的载体,可以使经济改革这一理论性、政策性很强的内容变得容易理解,也容易激发学生的兴趣,是一个不错的思路。但这一个案并不能反映经济改革的全部内容,农村土地制度、国有企业改革、对外开放的历程等内容就不能涵盖,这就要求教学设计中把课堂探究与课外自学结合起来,帮助学生梳理知识框架,从而让学生对经济改革有一个全面的把握。

◆ **一个尝试**

学习历史阐释学的相关理论,并借鉴历史阐释学的理论设计高中历史选修四《孔子》一课。

第二章　初中通史教学与教学设计

第一节　中国通史的教学设计

◆ 纵观全局：知识结构特点

● **中国通史教学内容以中华文明的产生和发展为主线，反映了中华民族的兴衰历程。**

初中历史课程的编排除遵循历史发展的时序性外，还注重各历史时期的阶段性特征，以学习主题的形式构建新课程体系，把历史的时序性和主题性有机结合起来。这种结构体系已经与以前的课程结构有相当大的区别，似乎不像以前的历史课程一样过分强调学科的系统性、完整性，但我们只要综观全局细心分析，可以清晰感觉到一条"气韵相连"、"精神贯通"的时间和主题线索。

中国通史被分为中国古代史、中国近代史、中国现代史三大板块，三大板块下共细分为 23 个主题，其中中国古代史中确定了 9 个主题，中国近代史中确定了 7 个主题，中国现代史中确定了 7 个主题。23 个主题紧紧围绕中华民族的兴衰历程这一主题，组成了主题明确、线索清晰的教学内容。

● **中国通史教学坚持基础性和普及性特点，致力于培养合格的中国公民。**

初中通史教学是义务教育的一部分，是提高国民基本素质、培养合格中国公民的一门基本课程，所以它具有普及性和基础性的特点。

课标认为，首先应掌握中国通史的基础知识和基本历史技能。所谓中国通史的基础知识，主要包括在中国历史上起过重大作用和具有重要影响的历史人物、历史事件和历史现象，以及重要的历史概念和历史发展的基本线索。

基本历史技能是指历史学习必需的或者在历史学习过程中形成的基本技能。初中历史课标对于学生历史技能的要求是遵从循序渐进的原则。例如，对初一学生提出的能力目标是："能够阅读普及性的历史读物,识读历史图表,知道古代纪年方法,正确计算历史年代,描述历史事件,初步了解学习历史知识的基本技能和方法。"对初二学生提出的能力目标是："能够初步阅读、理解和归纳一些基本的历史材料,从不同角度思考和解释历史问题。"对初三学生提出的能力目标是:"能够阅读基本的历史文献资料,学会社会调查的基本方法,能运用所学知识分析和解释历史问题。"

● **中国通史教学内容以学生为本,从生活出发,注重培养学生学习兴趣。**

众所周知,过去的大纲强调教师如何教,而初中历史课标强调的是学生如何学。要引导学生进行有效学习,设计教学内容时必须要考虑学生的特点。

例如,初中历史课标中建议开展的活动非常注意把历史现象和现实生活结合起来。历史课标建议开展有关购物票证的搜寻和展示活动。过去的一些购物票证反映了计划经济时代的历史现象。学生能收集到的票证一定种类繁多,除了粮票、油票、布票以外,可能还会有肉类、豆制品、煤、火柴、盐、酱油、香烟、酒类等各种票证以及工业券等等,票证的年份可能 20 世纪五六十年代到八十年代初都有。这些票证的种类、年份和购物的限量等都可以与现实生活中的经济现象进行联系和比较,从中了解计划经济时代人们的生活水平、生活资料的短缺与紧张、社会生产力的水平等。

● **中国通史教学着力引领学生认识中国国情和中国未来的发展趋势,培养学生对国家和民族的认同感和自豪感。**

中国通史教育的基本目的是培养一个合格的中国公民。一个合格的中国公民有哪些基本的素养呢? 首要的素养就是要爱国。爱国的情感怎样培养呢? 在学习中国通史中逐渐形成。初中历史课标针对历史教育的社会功能,对学生的情感、态度与价值观的形成与升华提出了如下的要求:"形成对祖国历史与文化的认同感,初步树立对国家、民族的历史责任感和历史使命感,培养爱国主义情感,逐步确立为祖国的社会主义现代化建设、人类和平与进步事业作贡献的人生理想。"这里描述的爱国主义情感的发展遵循由浅入深的逻辑,即"认同感—责任感—使命感—国民意识—爱国行为",课程内容的安排也体现这种思路。

其次,中国通史着力引导学生对中国国情的认识和对中国未来发展的关注。初中历史课标为中国近代史确定了两条鲜明的主题线索:即外国列强的侵略与中国人民反抗和中国近代化的过程。初中历史课标选择了关于这两个主题的基本内容,目的在于让学生通过学习形成两个基本认识:(1)中国有屈辱的历史,我们要发奋图强、自强不息;(2)中华民族的独立解放是无数的仁人志士努力的结果,我们要倍加珍惜。中国通史中的现代史部分的主线是:中国共产党领导的社会主义现代化建设。中国进行社会主义建设是一项前无古人的伟大事业,中国共产党领导中国人民开展这项伟大的事业是摸着石头过河,有成功也有失败,有一帆风顺也有曲折。通过学习让学生形成如下几方面认识:(1)我国处于社会主义初级阶段,社会主义建设是一个漫长与曲折的过程,我们要勇于探索,认识社会主义建设的规律,才能更好地为社会主义建设贡献力量。(2)青年学生爱国就是不畏困难,艰苦奋斗,为国家发展添砖加瓦。

◆ 走进现场:方法技巧解读

1. 技巧一:帮助学生把握"历史"的含义,建构中国通史的时序观念

初一年级是对历史知识进行系统学习的起始年级,学生对什么是历史,为什么要学习历史,怎样学习历史等问题的认识比较模糊。尤其他们首先接触到中国通史的古代史部分,对古代历史的演变时序和中国古代史的朝代更迭顺序等基本概念学习起来感到困难,因此,精心设计导言课,帮助学生把握历史的含义,建构中国通史的时序观念显得尤为重要。

案例:中国古代史导言课的设计

师:同学们,今天,我们开始学习"历史"这门学科,相信你们小学的时候也学习过历史人物和历史故事,你们学习过哪些历史人物和历史故事呢?

生:(学生踊跃发言,介绍小学时候学习过的或者平时看书学习接触过的历史人物和历史故事)

师:你们都知道得很多,那你们知道什么是"历史"吗?

生:(学生讲出自己所理解的"历史"的含义)

师:(教师归纳)历史是过去发生的事情,这些事情都有发生、发展的过程。大到宇宙、地球、人类社会、国家、民族的产生和发展,小到乡镇、社区、家庭,甚至个人的诞生与发展过程。你们已经学习过很多历史知识,正是这些历史人物、历史现象、历史事件构成了历史的基本内容。既然历史都是过去发生的事情,那么,历史的发生、发展总有先有后,我们可以用你们刚刚学过的数轴来表示历史的发展顺序。

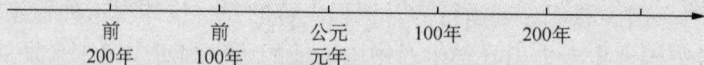

前200年	前100年	公元元年	100年	200年

师:(解释公元纪年方法)

师:我们即将学习中国古代史,中国古代史经历了哪些阶段呢?

生:(略)

师:从170万年前在中国云南地区诞生了元谋人,到四五千年以前传说在黄河流域诞生了中华民族的人文始祖——炎黄帝,到公元前21世纪产生了中国历史上第一个国家——夏朝。之后历经数千年时代的变换、朝代的更迭,中

华民族走过了风起云涌、波澜壮阔的漫长历程。中国王朝的更迭历史,我们可以用一首诗来概括:

中国历史朝代歌

夏商与西周,东周分两段,
春秋和战国,一统秦两汉,
三分魏蜀吴,两晋前后延,
南北朝并立,隋唐五代传,
宋元明清后,王朝至此完。

深度分析:本案例是一个面向初一学生的导言课。教师充分考虑到初一学生的心理特点和认识规律,首先向学生提出简单易答的问题,让学生讲出他们熟悉的"历史",接着根据学生的回答归纳出"历史"的含义,这是一个从具体到抽象的思维过程。然后,教师通过简单的时间数轴清楚明白地向学生介绍了公元纪年的基本方法,首先让学生明白历史是一门与时间变换有关的学科。最后,通过一首简单易记、脍炙人口的《中国历史朝代歌》勾勒出中国古代朝代更迭的基本情况。教师通过这节生动活泼的导言课让初入历史之门的初一学生了解了"历史"的概貌,在脑海中逐渐形成历史发展的时序观念,为今后继续进行历史学习培养了兴趣,奠定了基础。

2. 技巧二:引导学生通过"六要素"分析法掌握基本的历史史实

初中历史的课程内容是依照主题进行编制的,教材也根据各历史阶段的主要特征来剪裁教学内容。这种方式有它的好处,但也存在着难以克服的问题。教材的课文内容在叙述基本历史史实时时间跨度大,零散而不成系统,初学中国通史的学生可能会觉得不容易把握基本的历史史实,我们可以引导学生通过"六要素"分析法解析课文内容,掌握基本的历史史实。历史史实的基本要素包括时间、地点、人物、背景、经过、结果六方面,我们在解析教材内容的时候可以从这六个维度来进行。

案例:《三国鼎立局面的形成》课文内容的结构设计
本课主要是介绍三国鼎立局面的形成过程,时间跨度大,涉及人物较多,内容比较复杂,我们尝试用"六要素"分析法解析课文内容:
时间:东汉末年
地点:黄河流域、长江流域
人物:袁绍、曹操、刘备、孙权、诸葛亮
背景:东汉政权没落,天下分裂,军阀割据混战,争夺国家的统治权。

经过:200年,曹操通过官渡之战统一了黄河流域;208年,孙刘联军通过赤壁之战打败曹操,使曹操没有力量南下消灭蜀、吴政权。

结果:曹丕、刘备、孙权先后称王称帝,魏、蜀、吴三国鼎立局面最终形成。

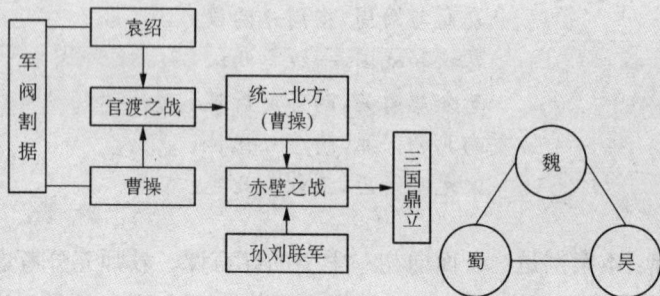

图2-1 "三国鼎立局面的形成"结构图

深度分析:通过"六要素"分析法把基本的历史史实简洁明了地归纳起来,通过结构图把三国鼎立形成过程展现出来,使复杂的关系简单呈现,便于学生清晰地把握三国鼎立的基本史实和过程。学生通过教师的示范引领掌握历史学习的基本方法,有利于今后对同类内容的举一反三的学习。

3. 技巧三:选择合适的教学策略

初中通史涉及的内容广泛、深浅度不一,对于逻辑思维能力较弱、注意力容易分散、良好的学习习惯尚未形成的初中学生来说的确是有点困难,因此选择合适的教学策略来激发学生的学习兴趣,培养学生的思维能力和学习能力尤为重要。

(1)问题探究和自主学习的教学策略

案例:小贤老师的《匈奴的兴起及与汉朝的和战》教学策略设计

A. 创设学生自主参与、探究发现、合作交流的教学情景。

本课分别设计三幅代表汉与匈奴关系三个时期的地图,让学生根据史实填写地图。学生在讨论探究的过程中,分析、归纳和总结出西汉时期民族关系"和—战—和"的整体线索,并由学生自主展示。

地图的题目是:①分别在空格内填写三个时期匈奴对西汉的政策;面对匈奴的政策,西汉所采取的相应措施。②填写西汉政策取得的效果。

西汉初年	汉武帝时期	汉元帝时期
西汉对匈奴的政策:	汉武帝对匈奴的政策:	汉元帝对匈奴的政策:
是否达到目的:_____	是否达到目的:_____	是否达到目的:_____
结果:_____	结果:_____	结果:_____

学生在小组的探究中,归纳出:

	西汉初年	汉武帝时期	汉元帝时期
国力情况	弱	强盛	强盛
民族政策	和亲	战争	和亲

采用分别代表汉与匈奴关系三个时期的地图,让学生在讨论探究与自主展示中,分析、归纳和总结出西汉时期民族关系的整体线索。

B. 精心设计课堂提问。

① 秦朝时候,秦始皇是如何对待匈奴的?

② 播放影片,提问影片的一句话,从而引入昭君出塞的内容。

"影片中有哪句话描写汉武帝在对匈奴的战争中所付出的代价?"

(生:许多勇敢的汉家将士牺牲了,白骨覆盖了草原。)

在学生回答的基础上,提问:"虽然在战争中西汉取胜了,但西汉也为此付出沉重的代价。说明战争肯定会有人员伤亡。这也是我们最不愿意见到的事情。战争是唯一解决冲突的手段吗?为维护边境的和平,汉元帝是如何做的?"

③ 为什么汉朝和匈奴会出现时战时和的情况?

④ 战与和反映了什么本质性问题?

⑤ 让学生学以致用,设问:"谈谈假如你是国家领导人,应如何更好地解决我国周边的地区冲突以及国内的民族关系呢?"

深度分析:初一的学生处于开始从直观形象思维向抽象逻辑思维转变的阶段。本课通过创设情景,采用分别代表汉与匈奴关系三个时期的地图,让学生在讨论探究与自主展示中,分析、归纳和总结出西汉时期民族关系的整体线索和历史规律,旨在逐步培养学生的分析综合、比较分类、抽象概括以及系统化具体化等能力。另外,通过精心设问、布疑设障激发学生求知欲望,引导学生多角度、多层次思考问题,让学生在思辩中体会探求真知的乐趣。

(2)情境体验式学习的教学策略

案例:《星罗棋布的氏族聚落》教学策略的设计

在讲到第二课"星罗棋布的氏族聚落"时,我没有照本宣科地跟学生介绍氏族部落生活、生产情况,而是设计出三道题目让学生自读课文,查找相关资料,发挥想象力,分组讨论完成:一、设计出半坡聚落的村落分布图及画出河姆渡聚落房子建筑图;二、假如你是半坡人或河姆渡人,简介一下你一天的生活、生产情况;三、细心观察你的家庭、你的生活周围,考究一下我们的生活习俗、习惯有哪些是留有氏族部落的烙印的。

深度分析:本案例在深入认识学生特点的基础上,抓住他们对新事物的强烈兴趣,创设了生动有趣的教学情境,设置的问题情景起点低、多角度、富有弹性、易于发挥,学生一定会意兴盎然地"神入"历史,感悟历史。

(3)情境思辨式学习的教学策略

案例:辩论课"曹操是英雄还是奸雄"教学设计

(一)基本教学设想:曹操是三国历史中为世人所熟识但却富有争议的历史人物。我们希望通过创设历史情景,通过话题为"曹操是英雄还是奸雄"的辩论激发学生学习历史的兴趣,培养学生自主探索、独立思考、批判学习的学习习惯,掌握评价历史人物的具体方法,并逐步形成对三国历史人物客观、理性、全面的认识。

(二)组织过程

1. 辩论正反方分组。把学生分成两个小组,分别代表正反方。正方:曹操是英雄;反方:曹操是奸雄。选出小组长,由小组长制定工作计划,分配任务,组织具体工作。

2. 教师将有关三国历史、人物的资料制作成网页课件,并搜寻有关三国历史的网站,向学生介绍;指导他们搜寻、整理素材。

3. 组织学生观看《官渡之战》、《赤壁之战》、《草船借箭》等三国历史影视片;组织学生对比阅读《三国志》、《三国演义》,指导学生去伪存真,区分真实历史和小说。

4. 指导学生撰写辩论稿,并围绕某些焦点作辩驳准备。

5. 组织辩论赛。

深度分析:寻找一个好的切入点,让学生在自主快乐的学习过程中既掌握基础知识,又提高能力,是需要历史教师不断研究的问题。"曹操是英雄还是奸雄"这一个话题是一个很好的切入点,该教师根据这个话题设计了一场辩论赛,有利于引导学生在活动过程中了解三国的重要史实,掌握辩证地评价历史人物的方法,培养自主搜寻资料、整理素材,自主探求知识、主动获取信息的意识和能力。

◆ **常见问题**

1. 中国通史的教学容易变成单一的朝代史、政治史、军事史教学,忽视了对经济、社会生活等过去被定位为非重点内容的关注。

案例：对社会生活的忽视

一位教师在进行中国通史教学的时候，从来不开展课标要求开展的学习和探究活动。一天，学生向老师提出要开展"了解身边的'历史'"的学习和探究活动。老师批评他说，你只要掌握课文提到的重要朝代、重大历史事件、重要的历史人物、重大的战争就可以了，历史从来就是由重要的历史人物和重大的历史事件组成的，其他老百姓的生活哪算什么历史？

案例评析：初中历史课标强调中国通史的教学既要关注重大的历史事件、重要的历史人物，也要关注社会生活的变迁。历史是包罗万象的，大到轰轰烈烈的农民起义和朝代的变更，小到老百姓的衣食住行的变化，教师在教学过程中既要强调掌握重要的历史人物和历史事件，也要引导学生从社会生活的点滴变化理解时代的大变迁。

2. 纠缠于中国古代某些艰涩难懂的历史概念，重概念而轻史实。

案例："夏商西周的社会与国家"的历史概念的解释

一位教师在设计"夏商西周的社会与国家"的教学过程时，仔细通读了课文后，从课文中"挖出"了他认为学生必须掌握的历史概念，例如：奴隶社会、封建社会、宗法制、分封制、天子、将军、大夫、士、奴隶等等。他认为这些概念是学生必须掌握的，考试一定会出现。但在进行历史概念教学的时候，为讲概念而讲概念，完全没有补充具体的史实进行说明，学生普遍感到枯燥、乏味、难懂。

案例评析：初中历史课标根据初中学生的特点和中国通史研究的最新动态，已经减少了许多"繁、难、偏、旧"的历史概念，精选出少数初中学生必须掌握的重要的历史概念。初中历史课标强调，在教学过程中，要把历史现象、历史事件、历史人物和历史概念结合起来进行教学，使历史概念教学能做到深入浅出。本案例反映了该教师仍然沉浸在过去僵化的教学理念中，缺乏新课程意识。

3. 片面强调创建历史情景拉近现代与古代的距离，片面强调用活动激活课堂，导致课堂"稚化"，失去了中国通史学习应有的深度。

案例："春秋五霸和战国七雄"一课的活动设计

某教师在设计《春秋五霸和战国七雄》这一课的时候，提出以活动激活历史课堂。一节课的活动包括：春秋战国成语问答比赛、讲东周列国故事比赛、历史话剧表演《卧薪尝胆》、模仿辩论：苏秦和张仪的舌战等等。整个课堂的确很活跃、很热闹，学生玩得很开心。但课堂好像变成了游乐场，学生闹哄哄一片，一节课下来没有什么收获。问问上课老师本节课的教学目标是什么，他也含糊其辞，说不清楚。问他为什么设计这么多活动，他说主要是为了活跃课堂。

案例评析：情景教学和活动教学固然有助于拉近学生与久远历史的距离，但要正确处理好"量"与"质"的关系。在本案例中，课堂教学几乎都被大量的活动所占据，完全失去了通史教学的味道，学生在喧闹嘈杂的活动中徒劳无获。教师在选择教学策略的时候要立足教学需要，要以教学的有效性为根本出发点，要根据教学目标的要求和学生的特点选择合适的而不是"花哨"的教学策略。

4. 未能掌握中国通史研究最新动态，未能更新过时、落后的史学观念。

案例："落后就一定要挨打吗？"

一位教师在上"鸦片战争的烽烟"这一节课的时候，在本节课接近尾声的时候出现了这样一个情景：

师：经过了上面的学习，请同学们归纳一下鸦片战争中国战败的原因？

生：中国政治腐败，国力衰弱……

师：归根结底是什么？

生：中国的落后。

师：因此，我们可以得出怎样一个规律？

生：落后就要挨打。

师：（露出非常满意的神色）对，说得真好。

生：（学生突然举手，大声问）那是不是意味着今天非洲落后了，我们中国强大了，中国就可以攻打非洲？大街上的乞丐，我们就可以任意欺凌？

师：（对这种"异端"的声音，老师倍感尴尬，一时语塞，后以一句话搪塞）这个问题不是我们今天讨论的范围。

案例评析：过去的初中通史教学，我们一直强调"落后就要挨打"是真理，目的在于激励青少年要不忘中国近现代的屈辱历史，要发奋有为，使国家强盛起来。但这种观点也存在着偏颇，它暗含着一种强盗主义逻辑：强大的就一定可以欺凌弱小的。因此，在近年来有不少人对此提出了不同的声音，教师应该及时更新自己的观念。学生提出了质疑，教师应该懂得因势利导，把学生的质疑转变成课堂生成性资源。

◆ **一些尝试**

1. 你认为怎样的情景设计既能激发学生的学习兴趣，又能保留中国通史的味道？请按照你的理解设计中国古代史《思想的活跃与百家争鸣》一课。

2. 你认为如何进行以社会生活为内容的教学设计？请尝试设计中国近代史《社会生活的变迁》一课。

第二节　世界通史的教学设计

◆ 纵观全局：知识结构特点

● 世界通史教学内容揭示了人类从低级向高级的发展历程。

在物质的层面，世界通史介绍了人类从野蛮步入文明、从蒙昧迈进科学的进步过程。国家的产生是人类从野蛮的状态步入文明的重要标志。人类的文明从古到今分为三大文明：农耕文明、海洋文明和工业文明。最早的文明有西亚的两河文明、古埃及文明、古印度文明、中国古代文明，这是农耕文明。随后在地中海地区出现了希腊、罗马文明，这是海洋文明。中古时期，亚洲产生了日本、阿拉伯文明，西罗马帝国的废墟上建立了英、法、德、意等国家，欧洲的基督教文明逐渐占据着主导地位。这些古代的文明通过一代代人薪火相传，已经深深印刻在人类的文化品格和基因里。

人类生产力的每次进步，人类文明每次跨越性的发展都跟技术的革命有关。第一次工业革命，人类发明了蒸汽机，人类首次用蒸汽动力取代人力，用大机器生产取代手工生产，人类从此迈进了工业时代。第二次工业革命，人类发现了电，从此以"电"为核心的新机器、新产品的创造，新的交通、通讯工具的发明极大地改变了人类的生产、生活方式。第三次科技革命以原子能、电子计算机和空间技术的发展为主要标志。在第三次科技革命的影响下，世界发生了前所未有的深刻变革，人类迈进了全新的现代文明生活。

在制度、思想的文化层面，世界通史介绍了人类世界从不平等到追求平等的演变、从专制和人治社会向民主与法治社会过渡的过程。西亚的两河文明、古埃及文明、古印度文明、中国古代文明无一不建立专制王权，构建森严的等级制度。古雅典文明建立了与古代东方迥然而异的民主政治制度，尽管这种民主政治有很大的局限性，但它为后世提供了一个值得参照的政体形式。从专制到民主是人类历史发展的必然趋势，但每次进步又和人类的思想解放有关系。在文艺复兴即后来的启蒙运动的影响下，西方世界开始了从专制和人治社会向民主与法治社会过渡的时期。英国责任制内阁的建立、美国建立在宪政基础上的资产阶级议会制度的形成、法国资产阶级共和制度的确立等，都是这种过渡的政治产物。

当然，人类追求民主、自由的步伐永不停息。马克思、恩格斯在批判资本主义制度的基础上给人类描绘了美好的蓝图。世界上许多国家在马克思、恩格斯思想的指引下，进行一系列革命斗争以争取实现美好的社会理想。这些过程充满艰辛和曲折,但无不显示人类为追求平等、民主、自由而舍生忘死的精神。

● **世界通史教学内容反映了人类从分散、孤立走向整体的发展历程。**

世界古代历史是世界各地域的人类在交通工具极其落后、简陋,文明交往非常艰难的情况下创造的,各大文明之花在相对封闭的世界各区域中独自绽放。各大文明的交往虽然少,但并不是完全没有。人类文明的交往方式大多以两种基本形式展开:和平往来与暴力冲突。

人类迈进近代社会,随着科学技术的革新,人类互相隔绝的局面被彻底打破。西欧的航海家在黄金的诱惑下,开辟了影响世界的新航路,世界从此在这些新航线的串联下成为一个真正意义上的整体。随着交通、通讯技术的不断更新,火车、轮船、汽车、飞机、电话、网络的先后出现,人与人之间的物理距离变得越来越短,经济、政治、文化的交流日益频繁,国与国之间变得相互依存、密不可分。世界经济全球化和国际政治多极化,是形成中的世界新格局的显著特征;和平与发展成为人类面临的共同问题,各国需要互相合作,共同维护人类的生存环境。

● **世界通史教学内容精选出知识,反映了人类文明发展的多元性与共容性,培养学生的国际意识和世界主义精神,培养合格的世界公民。**

首先要掌握基本的世界历史基础知识和世界历史发展的时代特征、基本线索。初中历史课标是这样规定的:"通过对世界通史内容标准所规定的内容的学习,从全球的空间角度和人类产生以来的时间角度逐步形成正确的历史时空概念;了解世界人类重要文明发展的一般概况和线索,知道重大的历史事件、历史现象和历史人物。"

其次,一个合格的世界公民应该拥有国际意识和世界主义精神,初中历史课标对此是这样规定的:"通过学习,感悟人类文明的多元性、共容性和发展的不平衡性;认识到世界各地区、各民族共同推动了人类文明的进步,他们创造的文明成就是人类的共同财富;树立正确的国际意识,培养理解、尊重和吸收其他民族文化精华的开放态度。"由于在时间和空间上存在着差异,世界文明的发展尽管存在共性,但更多地存在着特殊性、差异性和不均衡性。例如,产生在大河流域的四大文明,同是古代的文明,但无论在物质层次,还是在制度层次、思想文化层次上均存在很大的差异。因此,我们在引导学生学习各地区历史的时候,首先要引导学生以平常的目光、宽容的心态认可各种不同的文明,了解人类文明的多样性,尊重世界各个国家、各个地区、各个民族的文化传统,培养同世界上其他文明共容、共处的思想。

最后,要引导学生培育广阔的胸襟,善于学习和借鉴世界各地不同的文明。世界无数真切而确凿的史实明白无误地昭示给我们这样的经验和教训:开放宽容导致文明繁荣,保守狭隘致使文明衰落。任何一种文明都有它的独特之处和长处,海纳百川,善于借鉴和学习他人的长处才能使本国的文明保持长久的兴旺与繁盛。

◆ 走进现场：方法技巧解读

1. 技巧一：用主题线索来统摄世界通史教学

世界通史涉及的范围广、跨度大、知识点分散，要使教学内容形成系统，便于学生学习，教师可以通过主题线索来整合课堂教学结构、选取教学素材，用主题线索来统摄教学全程。

案例：《改变世界面貌的蒸汽革命》课堂结构的设计

本单元的主题是"近代社会的确立与动荡"，实质是围绕工业革命的产生与工业革命对世界产生的影响展开的，本课的主题词语是"工业革命"，所以我们把本课内容整合为三大部分：一、工业革命爆发的原因；二、工业革命发生的过程；三、工业革命产生的影响。

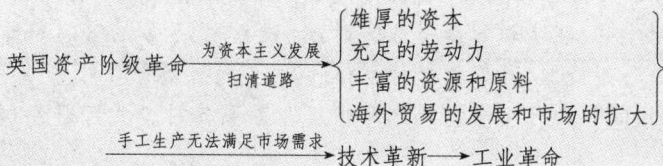

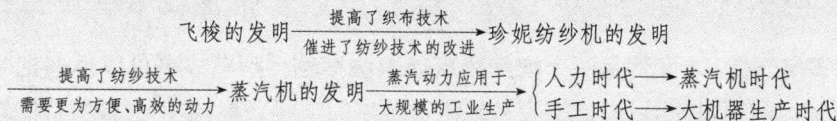

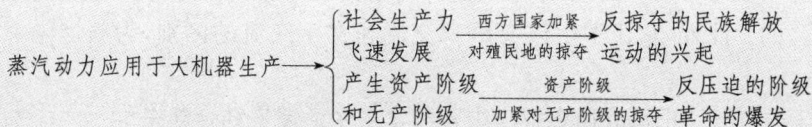

图2-2　《改变世界面貌的蒸汽革命》课堂结构图

深度分析：本案例能准确把握主题内容，即工业革命的爆发与工业革命对世界产生的影响，以工业革命为主题线索整合教学内容，构筑教学结构统摄教学全程，主题明确，思路清晰，层次分明。

2. 技巧二：克服世界史的陌生感

一般而言，世界史要学习的内容离学生的生活比较远，学生对这些内容普遍感到很陌生。因此，世界通史教学要能引起学生的注意力，激起他们的兴趣和求知欲望，活跃课堂气氛，从而有效提高学习效率和教学效果。

案例：肖美芳老师的《从刻划符号到象形文字》的导入设计

据说，美军1910年的一次部队的命令传递是这样的：

营长对值班军官：明晚大约8点钟左右，哈雷彗星将可能在这个地区看到，这种彗星每隔76年才能看见一次。命令所有士兵着野战服在操场上集合，我将向他们解释这一罕见的现象。如果下雨的话，就在礼堂集合，我将为他们放一部有关彗星的影片。

值班军官对连长：根据营长的命令，明晚8点哈雷彗星将在操场上空出现。如果下雨的话，就让士兵穿着野战服列队前往礼堂，这一罕见的现象将在那里出现。

连长对排长：根据营长的命令，明晚8点，非凡的哈雷彗星将身穿野战服在礼堂中出现。如果操场上下雨，营长将下达另一个命令，这种命令每隔76年才会出现一次。

排长对班长：明晚8点，营长将带着哈雷彗星在礼堂中出现，这是每隔76年才有的事。如果下雨的话，营长将命令彗星穿上野战服到操场上去。

班长对士兵：在明晚8点下雨的时候，著名的76岁的哈雷将军将在营长的陪同下身着野战服，开着他那彗星牌汽车，经过操场前往礼堂。

【教师设问】为什么会出现这种情况？采取何种方式可避免这种错误的出现？

【学生讨论】学生畅谈自己的想法，由此引出文字的话题。

深度分析：本案例是一个幽默故事导入法案例。幽默故事可以迅速把学生的注意力吸引过来，可以比较容易地激发学生的学习兴趣，学生会很快自然地投入到课堂学习中去。而且，故事的选择对于突破难点、说明文字产生的背景也是很恰当的。此外，它让学生体会语言交流和文字交流的区别，为新课学习打下基础。

3. 技巧三：把世界通史教学内容和学生生活情景结合起来

案例：肖美芳老师的《从刻划符号到象形文字》的小结设计

【教师设置情景】假如现在深圳博物馆要举办一次古老文字图片展览，展出的是中国甲骨文、埃及象形文字、西亚楔形文字，请你为该展览的海报配上一段简短的话。

【学生交流】学生交流自己的想法。

深度分析：把课堂小结情景化，避免枯燥单调，让学生在运用知识的活动中总结升华本课学习的内容。学生的答案将是丰富多彩的，充分发挥他们的个性与创造性。同时,通过具体的事例告诉学生,世界已经变成日渐一体化的世界,世界与我们的生活已经密不可分。

◆ 常见问题

1. 教师人为地把世界通史的教学和中国通史的教学完全割裂开来。

案例:明治维新和戊戌变法可对比吗?

曾经听某一位教师上《日本明治维新》这一课,教师按照常规介绍了日本明治维新的背景、明治维新的措施、明治维新的影响。这节课即将结束的时候,有一个学生突然举手提问:"老师,我认为日本的明治维新和中国的戊戌变法有很多相似之处,无论在改革背景还是改革措施方面,为什么日本的明治维新能够取得成功,而中国的戊戌变法却遭受到失败呢?"老师对学生的提问感到很惊讶,他说:"我们现在正在讲世界历史,而不是中国历史,世界历史与中国历史有很大区别,中国与日本属于不同的国家,能对比吗?"学生感到很困惑,但被老师生硬的回答弄得无言以对。

案例评析:世界通史和中国通史是紧密相连的,中国通史是世界通史的一部分。教师在讲中国通史的时候可以借助世界历史的大背景来加强理解,同样,在讲世界通史的时候也可以借助中国通史来参照,教师不能把中国通史和世界通史人为割裂开来。日本的明治维新和中国的戊戌变法虽然属于两个不同国家的改革,它们有许多不同点,也有许多共同点,通过对比可以让学生在深度思考中得到很多启发,这对于理解世界多元性有重要的意义。

2. 受狭隘的民族主义思想影响,教师没有充分利用世界通史的内容进行国际主义精神的培养。

案例:日本遭受到原子弹的袭击是活该吗?

有一位教师在介绍第二次世界大战的时候,满怀悲愤之情介绍了日本法西斯在中国犯下的滔天罪行。在讲到二战即将结束的时候,这位教师忽然兴奋起来,他兴高采烈地描述美国在日本扔下了两颗原子弹的情景和原子弹给日本人民带来的伤痛和损失,讲完后,他激动地说了一句话:"真爽,日本该死,中国人终于出了一口恶气。"学生在他的鼓动下也出现了幸灾乐祸的情绪。

案例评析:第二次世界大战是在少数军国主义分子的发动下,给包括中国人民、日本人民在内的全世界人民带来的灾难。教师应该引导学生在批判日本军国主义分子的暴行的同时,给予同样遭受到原子弹袭击造成致命性伤痛的部分日本人民以同情。教师应该利用这些内容培养国际主义精神,而不应该煽动起狭隘的民族主义情绪,否则,容易培养出新一代"愤青"。

3. 受机械的唯物主义思想影响,没有引导学生以宽容的心态理解、接受多元的世界文化。

案例：宗教真是"精神的鸦片"吗?

有一位教师给学生介绍有关基督教和伊斯兰教的起源、教义等文化,最后在小结的时候,他说,马克思曾经说过,宗教是"精神的鸦片"。宗教是意识形态的东西,是虚幻的、不存在的,世界上并不存在什么上帝,也不存在什么安拉。我们是以唯物主义思想为指导的,千万不要相信这些有关宗教的东西。

案例评析：宗教文化是在特定的地域、特定的时代背景下产生的文化,是多元的世界文化的一部分,基督教文明和伊斯兰教文明是世界文明的重要组成部分。教师应该引导学生以海纳百川的心态理解宗教文化、接受宗教文化,而不应该采用机械的唯物主义思想对宗教文化进行生硬的批判。

◆ **一些尝试**

1. 试用主题线索统领教学全过程的方法设计《第一次燃遍全球的战火》一课的课堂结构。

2. 围绕如何引导学生理解世界多元文化为主题设计《西欧的基督教文明》一课。

第三章　高中专题史教学与教学设计

第一节　政治史的教学设计

◆ 纵观全局：知识结构特点

● 政治史教学致力于培养学生的现代公民的政治素养。

必修课程政治文明史精选中外历史上一些具有代表性的重要政治制度、重大的政治事件及重要人物作为学生的学习内容，"重点反映的是中外历史政治领域的发展，特别是政治制度的发展轨迹，同时注意反映重大政治事件、主要历史人物及其在政治制度发展沿革过程中的作用。制度创新是贯穿始终的一条主线"。通过政治史古今贯通、中外关联的九个专题的学习，"在知识与能力方面，要能够了解人类历史上重要的政治制度、政治事件及其代表人物等基本史实，正确认识历史上的阶级、阶级关系和阶级斗争，认识人类社会发展的基本规则；在过程与方法方面，学会从历史的角度来看待不同政治制度的产生、发展及其历史影响，理解政治变革是社会历史发展多种因素共同作用的结果，并能对其进行科学的评价与解释；在情感、态度与价值观方面，理解从专制到民主、从人治到法治是人类社会一个漫长而艰难的历史过程，从而树立为社会主义政治文明建设而奋斗的人生理想"。

● 政治史教学内容着重传达人类政治文明史发展的基本规律和趋势。

高中历史课标明确指出，"从专制到民主，从人治到法治是人类社会一个漫长而艰难的历史过程"，这是政治文明史的主线。

这种规律和趋势从整个教学内容的安排和呈现方式上看是非常明显的，而且四个版本的教材无一例外。中国历史部分的专题是根据历史发展的进程，围绕某个历史阶段最为突出的政治主题，以时间为序来展开讲述的。其中，"专题一"主要是讲述古代中国政治制度的形成与发展过程；"专题二"重点是讲列强武装侵略与中国人民的反抗斗争；"专题三"近代中国的民主革命是以 20 世纪中国社会的两次历史性的巨大变化为重心,以辛亥革命、五四运动、中国共产党成立及新民主主义革命的基本过程为基础。"专题三"说明了这一历史任务最终由中国共产党领导的新民主主义革命完成,近代中国政治走向民主化是历史发展的必然。"专题四"和"专题五"是关于现代历史的部分,内政与外交是现代中国政治建设的两个重要方面。"专题四"重点介绍现代中国的政治建设与祖国统一问题,阐明了中国民主政治建设的必要性和艰巨性及其所取得的显著成就,同时也说明实现祖国完全统一对中华民族伟大复兴的历史意义;"专题五"主要是讲现代中国在对外关系中所奉行的方针政策,在外交上所取得的重大成就,以及中国积极参加的外交活动。

世界历史设有古代希腊罗马的政治制度、欧美资产阶级代议制的确立与发展、从科学社会主义理论到社会主义制度的建立和当今世界政治格局的多极化趋势等四个专题。各个专题间,特别是前三个专题之间,不但有着历史发展的时间逻辑,也有学科内部的科学逻辑。"专题六"论述的是西方古代民主与法制的起源与发展;"专题七"虽然跨过了欧洲的封建社会,但还是围绕主题,叙述欧洲近代资产阶级民主制度的发展。"专题八"叙述了随着资本主义社会的发展,无产阶级的成长壮大以及马克思主义的诞生,揭示了国际社会主义运动从理论的出现到社会主义制度成为现实的历史过程。"专题九"叙述了战后从资本主义阵营与社会主义阵营相对峙的两极格局到多极化格局的转变过程。

● **政治史教学内容反映了时代政治的多元性和不同国家政治发展的多样性。**

人类社会政治文明的演进分为古代政治文明和现代政治文明两个不同的发展阶段。古代政治文明有两个不同的文明范式(一个是以中国、古巴比伦、古埃及为代表的形态不同的君主专制制度;另一个是以古代雅典为代表的公民集体民主制)。现代政治文明同样有两种不同的文明范式,即近代资本主义政治文明和现代社会主义政治文明。

国家的政治制度通常由法律来反映和确认,并用国家的强制力来保障。迄今为止,在人类几千年的文明发展史上,先后出现过古代奴隶制政治制度、中世纪封建制政治制度、近现代资本主义政治制度和社会主义政治制度。当今世界政治制度是五光十色、丰富多彩的。就西方国家政体而言,可分为君主立宪制和民主共和制;就国家权力结构而言,可分为联邦制和单一制;就国家元首、立法机关和行政机关的关系而言,可分为内阁制、总统制、半内阁制半总统制、委员会制。从无产阶级政权发展历史来看,具有典型意义的就有巴黎公社政权、苏维埃政权和人民代表大会政权。

● **政治文明史教学内容充分体现了文明史观的基本观点。**

1. 高度重视政治文明

政治文明是整个社会文明的有机组成部分,是人类政治生活的进步状态,是人类创造的政治成果的总和,是人类政治智慧的结晶。高中历史课标不止一次使用了"政治文明"的概念,如"推动人类政治文明进程的民主思想与实践是一个不断变化的历史过程",强调指出通过政治史的学习,学生应"树立为社会主义政治文明建设而奋斗的人生理想"。"政治文明"是高中历史新课程中政治史部分的"关键词"。政治制度是政治文明的核心,相应地政治制度史也就是政治文明史的核心,"标准"对古今中外的政治制度作了相当详尽的讲述,鲜明地突出了政治文明史的核心。

2. 按照"厚今薄古,贴近时代"精选教学内容原则是文明史观的体现

文明史观强调应该着力研究那些对今天社会仍然起着重要作用的历史内容。据此,高中新课程在内容设置上已经作了很大的变革,对政治史内容进行了大胆取舍。例如,在必修的 9 个学习专题中,古代史仅有 2 个,近代史 7 个;在具体的专题内容上还要进一步优化选择,我们并不需要学生掌握完整的古希腊史和古罗马史的内容,只强调当中的民主精神和法律精神,因为这是古代文明留给我们的精神遗产,而且这些精神产品至今仍强烈地影响着我们的现代社会。

3. 课程内容渗透着"政治文明是在相互交融与借鉴中发展"的观点

不同文明所面对、所探索、所解决的与人类生存与发展攸关的问题,在最基本的层面上都是相同的。不同文明在解决这些问题的理论、理念、制度、规范、方式、方法和探索过程中的经验教训,理所当然是人类共有的财富,是可以互相借鉴的。例如,古希腊雅典的繁荣强盛使其创造的以公民大会、议事会、人民法院等政治制度为特点的直接民主制获得了超时空的影响力;罗马帝国保持稳定与强大的主要法宝——法治获得了突出的历史地位与历史影响;并成为西方政治文化的重要源头与组成部分。中国自鸦片战争以来的政治现代化,同样以借鉴西方的政治文明成果为主线。中国的民主思想来源于西方,以政党为核心政治组织的政治运作方式来源于西方,孙中山先生建立的中华民国的中央政府体制是美国式的总统制,新中国的人民代表人会制度直接来源于苏联,间接借鉴西方的议会制。

◆ **走进现场**

1. 技巧一:"前概念"教学分析

新课程教学的一个显著特点就是要注重课前分析,政治史专题里涉及到许多概念,对学生已有概念的了解与分析有助于教学目标的确定和教学策略的选

择,而且这一分析须是全面的、准确的、与课程内容密切相关的。在一定程度上说,课前分析的好坏,决定着这节课教学的有效性。

案例:李树全老师的《马克思主义的诞生》课前分析①

准备本课前,我对学生进行了一次调查,调查结果是:绝大多数学生对马克思主义很陌生,或者说根本就不了解马克思主义,甚至在认识上还存在着误区。在这样的情况下,如何开展本课教学、实现教学目标,主要做了以下思路梳理:

第一,马克思主义是一个科学的理论,要想通过一节课的教学,让学生全面掌握是不现实的。但如果在教学中重点突出其中的某一个点,而且是最有教育意义、最有现实意义的一个点,对学生理解马克思主义或许更有帮助,也更有利于课程目标的实现。我仔细研究课标和教材内容,认为重点突出《共产党宣言》中关于"未来共产主义原则"的阐述和巴黎公社关于"民主"的措施比较有效,也就是说,将本课的主题确立为:马克思主义倡导的"自由"与"民主",是人类历史宝贵的思想财富。在这一主题之下,适当挖掘相关资源,实现教学目标的有效突破。

第二,防止说教。从以往的情形来看,很多教师在处理本课的时候,往往是从理论到理论,上成理论说教课,课堂气氛压抑、沉闷,效果很不理想。为防止这种情况的出现,备课中我多准备了一些便于学生接受与理解的材料,而且特别注意材料的有效性和思想性。为此,我搜集了一些对学生可能会产生震撼作用的材料。

第三,在教学中一定要关注历史人物。本课内容虽然是马克思主义的诞生,但在教学中如果适当地介绍马克思的成长历程,也许对学生认识马克思主义有所帮助,对学生的人生成长也会有一定的帮助。这也应该是历史教学的根本目的所在。

第四,我认为本课的主要目标应该是"点燃火焰",即思想的洗礼,所以在教学中应该积极关注学生课堂的表现,激励学生思考,同时注意调整课堂气氛,调控课堂节奏,努力在一个比较轻松的课堂环境下来学习马克思主义。

深度分析:本案例中所作的课前分析比较完整,包括了教学主题的确定、教学内容的取舍、教学方式的选择和教学立意的追求。课前分析主要是解决这样几个问题:为什么要上这节课?怎样上这节课?用什么材料来上这节课?当我们把这些基本问题弄清楚以后,备课过程就会顺利得多。这就是一种有效的备课。

2. 技巧二:概念的准确理解

政治史教学内容中历史概念较多,如何讲解历史概念是政治史教学面临的

---

① 西安中学李树全老师提供,此案例发表在《中学历史教学参考》2008 年第 5 期。

重要问题。讲解历史概念的方法可谓很多,但首要的一条是对概念的准确理解,否则,方法越好错误就会越大。

案例:对"专制主义中央集权"的理解

师:请同学们回顾一下,从商、周到秦朝管理地方的制度分别是什么?

生:商是内外服制度,周是分封制,秦是郡县制。

师:很好。其实,中央政府如何管理地方是一个历史而又是现实的问题,这是古今中外的中央政府都必须面对的重大政治问题。现在我国中央管理地方的手段很多,设省,省下设市,除了省以外,省级单位还有直辖市、自治区,香港、澳门等特别行政区。当中央集权制度建立后,中央和地方的关系就成为一个永恒的问题,而且这种斗争从未停止过。这是中央集权制度发展中的一条主线,许许多多的政治事件、政治人物与解决这些问题有关。那么大家想一下,就中国历史来看,中央和地方关系发展的总趋势和最终结果是怎样的?

生:统一。

师:是地方分权还是中央集权?

生:中央集权。

师:总体趋势是中央集权,中央对地方的管理日趋加强,这个结果我们可以想见。但是这个过程非常复杂。同学们再考虑一个问题,对于一个政权来讲,是不是集权的程度越高越好?

生:是。

生:我觉得不是。

师:那你觉得分权越多越好吗?

生:应该是中央的权力大一些,地方相对也有一些自主权。

师:那你觉得中央的权力应该大到什么程度比较合适?

生:大到能够征收税款,下达一些行政命令。

师:大到能够征收税收,能够管理地方,中央要有权威。那反过来说,如果地方分权呢?

生:会导致国家分裂。

师:如果中央管得很死,地方所有的税收都要交给中央,地方没有一点主动权,所有权力都归中央,会怎么样?

生:地方官员肯定会心存不满,想要改变,想推翻中央的统治。

师:那请你总结一下什么样的中央和地方关系是比较理想的?

生:既不能统得过死,也不能绝对分权,而应该达到二者之间的一个相对的平衡。

师：很好，我们再看一个问题，中国历史上中央和地方的关系总体上的趋势是什么？尽管出现了分裂和统一。那应该怎样看待中国历史上的地方叛乱和分裂割据现象呢？

生：尽管矛盾存在，在斗争过程中矛盾得以不断调整解决。不管是秦皇、汉武、唐宗、宋祖，他们解决中央和地方的关系就是寻求中央与地方之间的一种平衡。如果中央统得过死，就像秦始皇的严刑峻法也不能使政权长久，如果管得过松又会出现地方的分裂，中央和地方权力要保持相对的平衡，但总体上中央要控制地方，这是趋势。

深度分析：在对"专制主义中央集权"的理解上，常常是强调"专制主义"而忽视了"中央集权"。中央集权，即国家权力集中由中央政府统一行使的制度，与地方分权对称。从历史上看，中央集权是一个国家存在的基本形式。区别只是集权的程度不同和集权后由谁来掌握权力及如何行使权力。15世纪后期到16世纪初，欧洲许多国家建立了中央集权制。随着自由资本主义向垄断资本主义发展，资本的集中要求政治权力的集中，更趋向于中央集权。采用单一制的资本主义国家，多实行中央集权。中国自秦始皇建立统一的中央集权制国家以后，两千多年来一直沿袭这一制度。

历史教学中如果不澄清对中央集权的认识，或者因为否定"专制主义"而连带了"中央集权"，不仅是不尊重史实，更是严重的失误。

3. 技巧三：线索的宏观把握

模块加专题的课程结构，注定了课程内容的跨度较大，在政治史中尤其如此。如果不能从宏观上把握政治制度演进的过程，就不能体会政治文明发展的规律和趋势；如果不能从长时段上把握治乱兴衰的变化，就难以理解政治制度革新的价值和要求；如果不能从整体上认识政治现象，就难以对历史事件作出准确的评价。因此，宏观地把握历史发展的线索是教学中的重要任务之一。政治文明一般可以从政治制度（如专制主义集权制度、人民代表大会制度、一国两制等）、政治现象（如阶级关系、改革、治乱兴衰、统一分裂、战争、政党、法律文献等）、政治思想（如治国思想、各阶级各派别主张等）、政治人物等方面进行整理，其中政治制度是政治文明的核心。

案例：《渐进的制度创新》一课的线索

岳麓版《政治文明历程》的《渐进的制度创新》一课，主要讲述的是英国君主立宪制确立的过程，教材内容从1215年的《大宪章》到1689年《权利法案》的颁布，时间跨度474年。一节课中如何把握这四百多年的历史中英国的"制度创新"？从课文中可发现两条线索：一是从《大宪章》到《权利法案》，反映的是不断加强对王权的限制;二是责任内阁制的形成,反映的是议会权力的扩大与行政权力实现从国王向议会的转移。最终,议会成为国家的权力中心,国王的权力被限制在宪法所规定的范围内,君主立宪得以确立。英国君主立宪制确立的近五百年时间里,我们可以用两句话来概括:议会努力地限制王权,议会全力地取代王权。

　　深度分析:有很多教师反映,"新课程教科书每一课的内容都很多,什么都提到了,但在课堂上根本讲不完"。其实,课时不足问题是大家都愿意谈的问题,因为它是一个客观问题,客观问题的存在就为主观的不作为找到了合理的理由。"什么都提到了,但在课堂上根本讲不完",这就是一个观念问题,因为大部分教师是要按某一知识点在老教材中的地位和要求来讲,而没有理解这一知识点在新课程中的价值和作用。就上面的案例来说,它不是要把每一点的来龙去脉都讲彻底,而是它对于"限制王权"所起到的作用,按照这一价值追求来理解一个具体的知识。

◆ 常见问题

　　1. 对中西方政治文明发展难以维持客观公允的态度。

案例:古代希腊和古代中国政治制度的比较

古　代　希　腊	古　代　中　国
多山、无大河平原,三面环海,多岛屿港湾	有大江大河、大平原
不宜农耕,宜航海通商	宜农耕,安土重迁
地狭人稠,殖民扩张	地广人稀,鼓励生育
商品经济需要自由、平等、个性	农耕自然经济需要强有力的中央政府保护
地缘割裂血缘,宗族被打破,个体导向的文化传统	血缘宗族关系始终牢固,家族集体导向的文化传统
一元化族权被分割,崇尚分权制衡	统治者集财、政、军、神、族权于一身,崇尚专制集权
城邦自治、公民政治	专制主义中央集权

　　师:从上表可知,古代希腊和古代中国由于自然地理条件的不同,社会经济活动的内容也因此不同,最终导致政治制度的不同。在古代希腊产生了民主制度,成为西方民主政治的源头;而古代中国形成了专制主义中央集权,造成中国长期的落后和封闭。

案例评析：这个案例中的明显错误有两个：一是这种表达方式有地理环境决定论的嫌疑；二是没有准确表明古代希腊民主制度的形成过程和规律，对中国古代的政治制度的评价也不准确。两千多年前在生产力极端落后的条件下，东西方不同的自然地理环境对当时的政治制度的形成，甚至社会各个方面有巨大的制约和影响，为了实现民众的团结、社会的稳定和谐、经济文化的发展，东西方的古代先民们创造出了各具特色的政治文明。不论这种政治文明存在着怎样的不足，它都在当时极大地推动了历史的进步。后来的人们，尤其是现代化、全球化的今天的我们，是不能轻视先辈们的创造和贡献的。

2. 从文明史的角度来把握重大历史事件。

案例：国民大革命失败后的中国革命

师：国民大革命失败后，为了反抗国民党的屠杀政策，中国共产党作出了怎样的反应？

生：武装起义。

师：对，为了对国民党的屠杀政策作出回应，中国共产党很快发动了反对国民党反动派的武装起义，走上了独立领导武装斗争的道路。中国共产党领导的第一次武装起义是八一南昌起义。（播放《武装反抗》影音资料）

师：8月7日，中国共产党在汉口召开"八七会议"，正式确立了土地革命和武装反抗国民党反动派的总方针。根据"八七会议"的精神，毛泽东回到湖南，领导了湘赣边秋收起义，起义失败后，他把剩余的部队开到了井冈山地区，创立了井冈山革命根据地。从此，找到了一条符合中国国情的井冈山道路。

井冈山革命根据地的星星之火，在中国很快发展为燎原之势。蒋介石为了扑灭这股革命的烈火，发动了一次又一次的反革命围剿。蒋介石发动的反革命围剿在毛泽东等人的正确领导下都被打败了，红军因此扩大了自己的根据地和革命力量。但是，当蒋介石发动了更大规模的第五次反革命围剿的时候，中共内部却犯了"左"倾错误。毛泽东对根据地的领导权被剥夺，由于王明"左"倾错误的影响，红军经过近一年的艰苦战斗也未能打退敌人的"围剿"，被迫进行战略大转移，进行了人类军事史上的壮举，二万五千里长征。

案例评析：国民革命运动的蓬勃开展，南昌起义、井冈山会师、西安事变、国共合作抗日，当这些历史事件出现在我们的课堂上时，很多教师会认为这是老教材就已经有的内容，就非常"娴熟"地凭着自己扎实的基础开讲了，结果发现这在一节课中是无论如何都无法讲完的。如果你要讲每一件事情的背景、经过和影响,那就肯定讲不完。就上面这个案例来说,重点应该落在"农村包围城市的道路"上,农村道路对于中国革命,以及以后的政治发展都有很重要的意义和影响;而抗日战争的学习重点,应该放在"国共合作抗日"上,这也是对中国政治走向有深远影响的内容。

3. 对政治制度不能做出历史的分析。

案例:对"宗法制"的理解

师:请同学们阅读教材,看宗法制度主要解决什么问题?

生:解决贵族之间在权力、财产和土地继承上的矛盾。

师:它是如何解决这一矛盾的?

生:嫡长子继承制,即嫡长子继承父亲的宗主地位,庶子进行分封。嫡长子(大宗)与庶子(小宗)有双重关系,既是家族等级关系,也是政治隶属关系。

师:从实质上看,继承的依据是什么?

生:血缘关系。

师:对,嫡长子继承制成为后来中国历史上王位继承的基本制度,它和后来秦始皇创立的皇帝制,共同成为专制主义中央集权制度的基本构成要素。

案例评析:教师的分析并没有错,但很不全面,且造成学生对宗法制的认识很不准确。宗法制是把血缘纽带同政治关系结合起来的一整套土地、财产和政治地位的分配与继承制度。它是当时的一种财产继承制度,上至君主,下至百姓都采用这种制度。它能起到凝聚宗族、防止内部纷争、强化王权的作用,它和分封制互为表里,共同构成了西周的政治主体。

◆ **一个尝试**

从政治文明史的角度,完成《太平天国运动》或《跨世界的世界格局》的课堂教学设计。

第二节　经济史的教学设计

◆ **纵观全局:知识结构特点**

● **模块设置上突出了经济史教学内容的重要地位和价值。**

高中历史课标独立设置了经济史模块,并对经济史的地位给予了充分的肯定:"在人类发展进程中,经济活动是人类赖以生存和发展的基础,它与社会生活息息相关,并在社会政治、文化的发展中起决定作用。"在当前加快社会主义现代化建设中,加强经济史的教学有着特别重要的现实意义。基于以上认识,经济史模块要求学生能"了解自古以来中外经济发展和社会生活的变迁,以及人类为发展社会经济、改善生活所做的努力,进一步加深对人类社会发展进程中经济和社会生活领域的认识"。另外,高中历史课标还为经济史必修模块列出了十条教学活动建议,"课标"对经济史内容的选择和对经济史教学的设计安排,有很多突破和创造,给人耳目一新的感觉,体现了"课标"对经济史的重视。

● **经济史教学内容展现了人类社会经济发展的一般过程和基本规律。**

经济史内容丰富,包括经济结构、经济政策和制度、经济发展原因、经济交往及社会生活等方面。高中历史课标对经济史教学内容的定位是"着重反映人类社会经济和社会生活领域的重要内容",所反映的是包括中国在内的世界社会经济发展和社会生活领域中的重要史实。按时间归类,可大致划为古代中国经济、近代世界经济、现代世界经济、当代世界经济四个前后相连的部分。这四个部分比较系统地展现了人类社会经济发展的一般过程和基本规律,古代主要讲述了以中国为代表的农耕经济,近代讲述了欧洲工业文明的兴起及对中国的冲击,现代讲述了以美国和苏俄为先导的经济体制改革,当代讲述了经济全球化的发展趋势。

● **传递了经济史教学的新理念。**

1. 深化的理念

课标指出,高中历史教学内容"既注意与初中课程的衔接,又避免简单重复"。课标强调,要通过中外经济史教学,"进一步加深对人类社会发展过程中经济领域的认识,进一步加深对我国国情和世界经济发展趋势的认识"。一句话,高中经济史教学要在初中教学的基础上深化。基于这一理念,课标构建了不同于初中的经济史体系,要求学生更多地认识、理解和分析历史上重要经济现象出现的原因及其作用、影响或意义。

2. 关注生活的理念

经济史实质上是物质文明史,而物质文明包括物质生产和物质生活两个层面。长期以来,我国的经济史教学,只讲物质生产史,不讲物质生活史,似乎关注物质生活发展过程,就是引导学生去追求生活享受。课标摒弃了这种陈腐理念,明确地将社会生活史纳入经济史领域,指出经济活动与"社会生活息息相关",要求学生了解"社会生活的变迁",了解人类为"改善生活所做的努力"。基于这一理念,课标在经济史模块中设置了"中国近现代社会生活的变迁"这样一个专题,在教学活动建议中一再提示活动要"结合生活实际"。

● **经济史教学内容体现了基础性、典型性、时代性、选择性的原则。**

要通过一个模块的内容来描绘人类社会经济和社会生活演进的轮廓和概

貌,难度相当大。只能采取以点带面、靠点连线的呈现方式。每一个点就是一个具体的学习专题。比如古代社会的经济,无论东方还是西方,在相当长的时期里,都是以自给自足的自然经济为基础。自然经济在中国持续时间长、发展程度高,所以更具有典型性。改革是现代社会的主题和特征,无论是资本主义社会还是社会主义社会,都在进行改革。那么,就通过"罗斯福新政"辩证地分析资本主义社会的改革;"苏联社会主义建设的经验与教训"和"中国特色社会主义建设的道路",就是介绍社会主义国家的改革。这就意味着,在学习某个具体内容时,就是在研究同一类的历史内容。教学设计中一定得考虑这种要求。

● 教学目标上明确了经济史学习的公民教育要求。

高中历史课标要求学生"了解历史上中外经济发展和社会变迁的基本史实","学会搜集、整理和运用人类经济活动和社会生活方面的相关资料,理解历史上不同国家与地区的社会经济发展模式,并对其做出科学的评价与解释","进一步认识我国的基本国情和世界经济发展趋势,培养为我国社会主义现代化建设而奋斗的社会责任感"。这样的学习要求固然是提高了经济史教学内容的课程地位,但更重要的是赋予了经济史教学的公民教育价值,这是教授经济史必须注意到的不同。也就是说,经济史和社会生活史不仅是政治史和文化史的基础,其本身也富有教育价值。

◆ 走进现场:教学设计案例

1. 技巧一:透析经济现象,抓住要害,探究本质

经济史教学内容中有很多是经济现象的描述,而经济史课程则要求从人类文明演进的角度深入理解这些现象。在教学实践中,教师能否理解经济现象是第一位的,理解之后要找好切入点,把经济现象与政治、文化、社会生活等联系在一起,层层深入,启导学生思考。

> **案例:全仁经老师:《鸦片战争后的中国社会经济》①**
>
> 顺德一中特级教师全仁经在讲授岳麓版必修二《鸦片战争后的中国社会经济》时,巧妙地设问和思维引导,可谓是"抓住了要害,探究了本质"。
>
> 师:课文中的标题是"大量洋货涌入中国",请问"洋货"为什么会"涌入"中国?
>
> 生:列强凭借从不平等条约中获得的政治经济特权。
>
> 师:那什么是"洋货"呢?
>
> 生:就是西方资本主义列强生产的商品。

---

① 中国历史课程网,http://hist.cersp.com。

师:西方列强使用什么生产方式生产这些商品呢?

生:机器生产。

师:那"洋货"究竟是什么样的商品?

生:工业产品。

师:与中国传统手工业品相比,"洋货"有什么优点?

生:物美价廉。

师:"洋货"只能靠特权才能涌入吗?

生:"洋货"物美价廉、技术先进的优势,注定了它比传统手工业品更有市场竞争力,"涌入"中国市场是迟早的事。

师:那我们要想改变这种现象的根本途径是什么?

生:学习西方先进技术,提高产品质量。

深度分析:全老师这一连串的问题,抓住了教材的本质和学生的思维兴奋点,深刻揭示出历史发展的实质,让学生听得津津有味,思维也在探寻的欲望中逐步深入。更重要的是,对学生情感、态度和价值观的培养,也在行云流水中自然形成,不留一丝一毫的痕迹。试想,如果我们只依据课文,将"洋货"的"涌入"简单地归因为"凭借从不平等条约中获得的政治经济特权",再把列强获得的这些特权归因为列强的侵华战争,那我们的结论就只能是反抗列强侵略。这当然是有其道理的,但并不能让学生认识到农业文明和工业文明相遇时作出正确选择的重要性,而近代的不断失败,恰恰是因为我们当时的统治者不会在世界发展潮流面前作出正确的选择。因此,这不仅是问题设计技巧问题,还是认识问题的技巧,没有认识问题的独特视角,就不会有设计问题的技巧。

2. 技巧二:抓住难点,从经济学角度深入理解

经济史教学内容中有许多经济学的概念和结论,而要真正理解课文中的历史结论,就有必要从经济学的角度理解这些内容。

案例: *如何理解"固定汇率制"?*①

岳麓版必修二《经济成长历程》的《战后资本主义世界经济体系的形成》一课,课文主要说明了战后美国通过建立以美国为中心的国际货币金融体系、国际贸易体系,以及国际货币基金组织、国际复兴开发银行、关税和贸易总协定三大支柱,建立起以美国为中心的资本主义世界经济体系。其中,美国为什么要规定"固定汇率制"呢?这是美国经济霸主地位确立的关键和突出表现。布雷顿森林体系规定,美元与黄金挂钩,1盎司黄金＝35美元的官定价格,每一

---

① 中国历史课程网,http://hist.cersp.com。

美元的含金量为 0.888671 克黄金,以黄金为价值基础,各国政府或中央银行可用美元按官价向美国兑换黄金,即美元黄金本位制。布雷顿森林体系同时规定,其他国家的货币与美元挂钩。把美元的含金量作为各国规定货币平价的标准,各国货币与美元的汇率可按各国货币含金量与美元含金量之比来确定,这称为法定汇率。例如,1946 年一英镑的含金量为 3.58134 克,一美元的含金量为 0.888671 克,则英镑和美元的含金量之比 1 英镑=4.03 美元就是法定汇率。这样美元就取得了高于其他货币的地位,"各个行星围绕着太阳转,各国货币围绕着美元转"。

由于美元与黄金挂钩,享有特殊地位,美国可以利用美元负债来弥补其国际收支赤字,从而使持有美元储备的国家的实际资产资源向美国转移;可以通过发行纸币而不动用黄金进行对外支付和资本输出,这就有利于美国的对外扩张和掠夺,极大地加强了美国对世界经济的影响。

深度分析:理解"固定汇率制"是理解"美国建立经济中心地位"的关键,也就为理解 20 世纪 70 年代以后布雷顿森林体系解体后,还有人会说布雷顿森林体系"死而不僵"了,甚至对现实中人民币升值也能有更深刻的认识和理解。

3. 技巧三:平中见奇,把握经济发展趋势

经济史专题课文的叙述是相对平淡的、固定的,很多经济现象甚至可以用生活语言来描述,但如何深入理解这些经济现象,运用所学的知识对这些司空见惯的经济现象进行历史性分析,这就要依靠教师的努力来建立新知识与所学知识的联系,这种"联系"的建立不是随意的、附会的,而是深层次、从历史发展的趋势上考虑的。

案例:**明清时期经济的发展与转折**①

在学习到岳麓版必修二《近代前夜的发展与迟滞》明清时期的经济时,一般都会说那是"农耕经济的高度发展"的历史时期,但同时,明清时期也是中国经济发展的转折时期。教学中应该从这种"高度发展"中认识历史的"发展转折"。

师:请同学阅读课文,看课文内容给了明清经济怎样的历史定位?

生:书上说"13—18 世纪明清两朝的鼎盛时期,出现了社会经济全面高涨的局面"。

师:能找些史实证明这一结论吗?

生:《天工开物》所涉及的约 30 种工农业生产技术,基本上处于世界领先地位;双季稻种植面积扩大,有的地方亩产达到了五六石;耕地面积增加,人口

---

① 中国历史课程网,http://hist.cersp.com。

增加；1720—1780 年间，中国国内生产总值在世界总值中所占比例的年增长率远高于整个欧洲地区；19 世纪初，世界 10 个拥有 50 万以上居民的城市中，中国就有 6 个。

师：很好。但请同学们都注意一下，以上这些成就都是用什么方式来表述的？

生：都是用数字表示的。

师：也就是说，从数量看，明清时期的经济仍然处在发展之中且出现了一个"全面高涨的局面"。现在请同学们分析，当时我们是用什么途径来取得这些成就的？也就是说，《天工开物》所涉及的那些技术都是什么时代的技术？

生：是用传统生产手段取得的。《天工开物》所反映的是农耕时代的技术。

师：那么，取得上述成就的方式没有变，其质量会不会有根本性提高？

生：不会，还停留在以往的质量和水平上。

师：而同一时期的西方呢？

生：已经开始工业革命了，机器生产开始成为主要的生产力。

师：现在我们可以用三句话来概括明清时期的经济发展：数量上的增加，质量上的停止，水平上的落后。

深度分析：这个案例的意义有三点：一是启发引导学生比较成功，问题的思辨性强，学生思维参与度较高；二是讲课内容源于教材但高于教材，对课文内容有整合、有深化理解；三是有助于学生从世界的视角理解中国，从时代的高度分析具体历史问题。此外，这个教学对话还有一个突出的价值就是让学生理解了历史发展的线索和相互关系，理解为什么在"经济高度发展"之后就是接二连三的战争失败，一切皆源自"文明水平的落后"。

◆ 常见问题

1. 不能从整体结构上把握教学内容的重点问题。

案例：如何学习"中国古代的农耕经济"？

在学习"中国古代的农耕经济"时，教师一般是按照课本从中国古代的农业、手工业、商业角度来安排课程的，农业里面又分为生产方式、生产工具、土地制度、赋税制度等内容进行学习，稍好一些的是用更丰富、形象的史料来表现上述内容，甚至还引入了一些课本以外的内容，拓展了教材。学习结果是对上述各方面进行了很系统的概括和归纳，看起来很完整。现举其中的一个教学片段：

师:请同学们看书回答,我国古代兴修了哪些著名的水利工程?分别起了怎样的作用?至今仍在起作用的有哪些?

生:郑国渠、都江堰、白渠……

师:我们以都江堰进行重点分析。

展示都江堰的图片,讲述都江堰—青城山成为世界文化遗产的原因和理由:

(1)为什么都江堰—青城山能成为世界文化遗产?

(2)如果你是联合国教科文组织的负责人,请你给都—青文化遗产写一个批准理由。

案例评析:这种教学方式非常普遍,但其旧课程的痕迹非常重,基本上是原来高考专题复习的主体内容,看起来课堂上内容丰富、材料多样、互动频繁,其实没有真正落实新课程的教学要求。高中历史课标要求"知道古代中国农业的主要耕作方式和土地制度,了解古代中国农业经济的基本特点。"结合这个要求和学习内容来看,本主题的核心学习价值应该是理解中国古代"精耕细作"的农业生产模式,问题就应该转化为:为什么中国古代会形成"精耕细作"的农业生产模式?其主要内容有哪些?对中国社会发展产生了什么深远影响?

2. 不能从本质上认识社会生活史的教学价值。

在历史教材中,政治史、经济史和科技文化史是传统的三大主要板块,而社会生活史一直是中学世界历史教学的一个薄弱环节,没有得到足够的重视。其实,政治、经济、科技文化对社会的影响,最终是要通过人们社会生活的变化体现出来的。因此,了解社会生活的变化是了解一个国家、一个时代变化的有效途径。

案例:"中国历代官服上'补子'图"的运用

师:请同学们观看下列一组图片。(幻灯片放映中国历代官服上"补子"图)

师:官服的颜色从唐代开始是:三品以上紫袍,佩金鱼袋;五品以上绯(大红)袍,佩银鱼袋;六品以下绿袍,无鱼袋。官吏有职务高而品级低的,仍须按照原品服色。如任宰相而不到三品的,其官衔中必带赐紫金鱼袋;州的长官刺史,亦不拘品级都穿绯袍。这种服色制度,到清代才完全废除,只在帽顶及补服上分别出品级。简言之,清代公服原则上都是蓝色,只在庆典时可以用绛色;外褂平时都是红青色,素服时改用黑色。

缝缀在官服的前胸和后背上的方补称为"补子",补子的图案主要有飞禽和走兽两种……

案例评析：这是"中国近现代社会生活的变迁"主题下的一节课的片段。这样细致的介绍和讲述古代官服的特点实无太大必要，严格说来，这应该属于学生课外学习或研究性学习的内容。课堂上宜采用以点带面，深入分析和对比不同历史时段的内容等方法，帮助学生认识服饰变化的深刻含义和掌握认识这种含义的方法。这样细致地介绍一节课，图文并茂很吸引学生眼球，但学习只停留在"欣赏"的层面上，并没有理解服饰变化为代表的社会生活史的学习价值，当然就不能引起学生对学习内容的重视。

3. 不能从文明演进上理解历史事件的转型意义。

案例：《罗斯福新政》的教学设计

一、"黑色星期四"

探讨"黑色星期四"这一天到来的必然性，即 1929—1933 年经济危机产生的原因，引导学生从资本主义国家表面的经济繁荣无法掩盖其根本矛盾这一线索来回答，并概括出危机爆发的原因。

二、经济危机横扫资本主义世界

经济危机的扩散席卷了整个资本主义国家，作为此次危机最先发生的国家——美国的政策又是什么样的呢？

三、罗斯福新政

1. 讲述罗斯福上台前的美国经济政策及其结果。

2. 介绍罗斯福新政的措施。

(1) 整顿财政金融；

(2) 调整工业生产，通过《全国工业复兴法》；

(3) 调节农业生产；

(4) 实行社会救济和以工代赈。

3. 分析罗斯福新政的特点（主要与新政前的经济政策比较）。

4. 通过分析帮助学生探讨罗斯福新政在资本主义自我调节机制形式中的作用。

案例评析：从掌握基本知识的角度讲，这样面面俱到地讲并没有错，但经济史还需要讲出经济发展的轨迹和社会发展的规律，特别是那些具有社会转型意义的历史事件，从中可以挖掘出在社会转型时期国家和政府的选择与智慧、被动与教训等，如鸦片战争之后中国经济结构的变动、新航路的开辟等。学习罗斯福新政时，既要看罗斯福采取了哪些措施，更要看哪些措施具有促进社会转型的意义。例如，其中一些措施曾有效地缓解了收入差距的矛盾，还有涉及救济政策和社会保障法案、公平劳动标准法等措施，为提高低收入阶层收入、缩小社会分配

差距、促进需求增加、促使美国向福利化社会转型发挥了重要作用。

◆ 一些尝试

1. 请从社会转型的角度设计苏联(俄)"战时共产主义政策和新经济政策"的教学设计。

2. 找一份他人的教学设计方案进行评价,并根据他人的评价改进自己的设计方案。

第三节 思想文化史的教学设计

◆ 纵观全局:知识结构特点

● 明确了思想文化史教学的定位和要求。

思想文化史可以了解人类的精神生活和精神追求,及其对当今时代发展的影响。高中历史思想文化史教学内容"着重反映人类社会思想文化和科学技术领域的发展进程及其重要内容",使学生认识到思想文化的发展从来不是孤立的,而是特定历史条件下人类社会经济政治活动的反映;使学生认识到人类思想文化经历了一个由低级到高级的发展历程,并呈现出多元化的特征。从而帮助学生树立正确的文化传承观念,理解不同的文化,并能够兼容并蓄创造属于我们自己的文化。

从中国方面看,古代中国的教学内容,不仅要学习具体的知识点,还要通过中国古代的思想文化史教学,使学生更好地了解什么是中国,什么是中国的传统,如何正确对待中国的传统,并在正确继承传统的基础上有所创新等。近现代部分的学习内容则要求学生认识到:思想解放的潮流如何冲破旧思想制度的束缚进而成为时代主旋律,近现代中国的思想文化史实际上主要就是走出封闭,学习西方,并在学习西方过程中不断结合自身实际而创造自己的新文化的历史过程。

世界思想文化史有三个专题,基本上是按照思想——人文精神、科技(从经典力学到网络技术)和文学艺术(文学、美术、音乐和影视艺术)三个角度介绍西方思想文化的主要成就的。反映的内容基本上都是世界思想文化的精髓,不仅对西方的历史和现实产生了重要影响,也影响了我们的历史和现实。使学生们能够正确看待异质文化,"认识人类思想文化发展的多样性,理解和尊重世界各地区、各国家、各民族的文化传统"。

● 体现了思想文化史的教育功能。

正确认识思想文化在人类历史发展中的重要作用和影响,理解和尊重世界各地区、各国家、各民族的文化传统,树立自觉传承祖国和人类思想文化遗产的意识,从历史中汲取文化的营养,创造我们时代的新文化。这就是思想文化史教学的价值追求。具体而言,文化史的主要功能表现在以下几个方面:

1. 热爱和继承中华民族的优秀文化传统,激发对祖国历史与文化的自豪感,逐步形成对国家、民族的历史使命感和社会责任感,培养爱国主义情感。

2. 确立积极进取的人生态度、坚强的意志和团结合作的精神,增强经受挫折、适应生存环境的能力,进一步让学生形成崇尚科学精神的意识,确立求真、求实和创新的科学态度。

3. 培养健康的审美情趣,陶冶性情,对学生进行美感教育。教科书中的音乐、绘画、书法、雕塑等方面,内容丰富,图文并茂,形象生动,能够让学生感受到文化艺术的魅力。

4. 汲取人类所创造的优秀文明成果,逐步形成面向世界、面向未来的开放的国际意识。

● 渗透了思想文化发展的基本规律和特征。

思想文化史教学内容涵盖了古今中外主流思想的演变、思想解放运动的历程、重大理论成果的创建、文学艺术的硕果、科学技术的成就等,其中渗透着思想文化发展的基本规律和特征。

1. 由低级向高级发展是人类思想文化发展呈现的一条根本规律。

这条规律在思想文化史的每个学习专题甚至每个知识点上都有不同程度的反映。例如"西方人文精神的起源与发展"这个专题,介绍了西方人文思想发展的三个重要阶段,即古希腊时期、文艺复兴时期和启蒙运动时期。再如"了解鸦片战争后中国人学习西方、寻求变革的思想历程"这个知识点,从鸦片战争中抵抗派提出"师夷长技以制夷",到洋务派的"中学为体,西学为用",再到康、梁的变法维新,最后到孙中山的民主革命,中国人在向西方学习的道路上不断前进,从学造器物向效法政治,由表及里,逐步深化。

2. 多元发生、多元组合是世界思想文化发展历程中呈现出来的最基本的特征。

思想文化史的教学内容反映出文明是由众多源头发生,然后合流、汇聚而成的。在世界思想文化发源阶段,各地相互隔绝,每个地方的文化都是独立发展的。因此,世界思想文化的源头不是唯一的,而是多元的。在认识和理解这一特征的过程中,可以使学生认识到世界思想文化发展的多样性,探究思想文化在人类历史发展中的重要作用和巨大影响,从而更好地理解、尊重世界各地区、各国家、各民族的文化传统,树立自觉传承祖国和人类优秀思想文化遗产的意识。

3. 互相交融、共同发展,应当成为人类社会思想文化发展的主流。

既然人类的思想文化具有多元发生、多元组合的特征,那么,不同特色的思想文化在接触的时候,理应互相尊重,通过和平友好的沟通,达到互相交融、共同发展的目的。然而,历史事实告诉我们,情况并不完全是这样。正反两方面历史经验表明,不同特色的思想文化通过互相交融,共同发展,是一条符合整个人类利益的正道。敌视、排斥异质文化的做法是错误的,不符合整个人类的利益。

◆ 走进现场

1. 技巧一:神入历史现场,深刻理解

准确理解思想理论必须要从历史实际出发,离开了思想产生的具体的政治、经济条件,对思想的理解都可能会偏离方向,尤其容易从学习者主观愿望出发、从当下的情况出发,以今天的标准去要求古人削足适履。

案例:认识孔子的"仁"与"礼"

材料一:樊迟问仁。子曰:"爱人。"子曰:"其恕乎! 己所不欲,勿施于人。"子曰:"……夫仁者,己欲立而立人,己欲达而达人。"

师:从以上材料可以看出"仁"的本质和基本内涵是什么?

生:仁,指仁爱,关爱别人。

师:从文字学的角度看,"仁,从人,从二",反映人与人的关系。怎样"爱人"?

生:孔子说要"己所不欲,勿施于人","己欲立而立人,己欲达而达人",也就是应将心比心,推己及人,设身处地考虑他人的需求,帮助别人实现其需求。

师:统治者心存"仁"的话会怎么做?

生:体察民情,反对苛政和任意刑杀。

师:孔子是在什么样的社会背景下提出"仁"的学说的?

生:春秋之际,战争不断,孔子寄希望于仁爱挽救社会动荡,趋向社会和谐。

材料二:齐景公问政于孔子。孔子对曰:"君君,臣臣,父父,子子。"公曰:"善哉! 信如君不君,臣不臣,父不父,子不子,虽有粟,吾得而食诸?"

师:从对话中我们可以看到孔子的"礼"是什么意思?

生:礼是指周礼,指西周的等级名分制度,是礼仪规范和良性化的社会秩序。

师:孔子关于"礼"的主张值得肯定吗?

生1:否定,孔子希望回到西周时的社会等级秩序,维持贵贱有序,有保守之处。

生2：肯定，因为它非常重视每个人的责任，要求人们按照自己的身份去承担相应的社会责任，履行相应的社会义务，这样，天下便会仁爱和睦，趋向和谐。

师：有道理。孔子的核心价值追求是社会和谐，"仁"是一种积极的追求，"礼"在强调个人的社会责任的同时，希望大家遵从周礼以达和谐，目的先进，方法保守，是一种相对消极的追求。

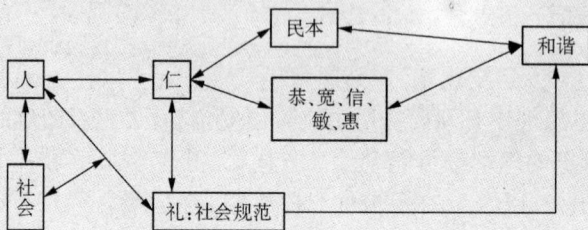

深度分析：理解"仁"和"礼"是重要的，但认识其本质，评判其价值更重要。在春秋争霸时代，诸侯们都在争夺土地和人口，孔子能从社会发展与稳定的角度思考现实问题，并提出自己的主张，这是难能可贵的。案例通过师生对话，在把握知识的同时，达成了理解和认识，是比较有效的教学。

2. 技巧二：理论阐述生动，深入浅出

面对深奥枯燥的思想理论，学生学习的兴趣不高，学习的难度较大。教学中要能把深奥的理论通俗化、笼统的表达条理化、书面的语言智慧化，于平淡之中见神奇，于深奥之中见通途。

案例：百家思想的新运用①

师：今天，每当现实中遇到难题的时候，我们往往要从那个时代中寻找解决现实问题的智慧灵感。

现在某校的水电浪费现象比较严重，水电部门通知，如果再超过一定的限度将停水停电。请从儒家、道家、法家、墨家等思想派别出发，分别给该校提出解决水电浪费问题的办法。

学生分组讨论后回答：

儒家代表：谁浪费水电，就要找他谈话，给他讲道理，让他意识到浪费水电是一件很不道德的事情，正所谓"己所不欲，勿施于人"嘛。只要内心意识到节约的重要性，并清楚浪费水电的行为是不符合礼的规范的，我想就能够在一定程度上解决这个问题了。

---

① 陈辉：《交流　碰撞　启迪——春秋战国时期的百家争鸣》，中国历史课程网。

　　道家代表：我们建议采用"无为"的办法，让这种浪费的行为再维持一段时间，等水电部门停水停电后自然就会让浪费者体会到浪费的后果，这样就会让其内心树立起节约的意识。

　　法家代表：我们觉得应该要制定一些具体的措施和制度，对浪费水电者采取严厉的惩罚措施。可以成立一个督察队，对浪费的行为进行有效的监管，一旦发现就采取有力的惩罚措施。

　　墨家代表：我们会加强节约意识的宣传，通过这种方式来树立他们的节约意识。另外，我们会身体力行自身做节约的典范，还会利用自身优势制作出节约水电的各项工具。

　　师：同学们的回答都非常到位，对儒、道、法、墨的思想也有了一个准确的理解。通过解决这个问题，我们可以看出我们的传统智慧精华是可以通过我们后人的发挥而为我们后人所用的，也能够为我们解决现代的问题提供某种启示。

　　深度分析：在学习了"诸子百家"之后，教师设计了"解决学校水电浪费严重的现象的办法"的课堂探究，把知识学习引入到现实生活，建立了历史与现实的联系，使学生意识到古老的思想依然散发着现实的光芒，现实社会依然有历史的脚步，从中体会古人对社会现实的深层关注和人生智慧。这样，深奥艰涩的理论不再是"事不关己"的过去，而是认识社会、增长智慧的营养。

　　3. 技巧三：发掘历史信息，深化认识

　　历史特级教师李惠军指出："在我看来，其中的文化史教学，的确是一种厚重的思想之学。它不是靠技巧，甚至也不只是靠简单的常识，而是要靠丰富的底蕴、理性的境界、高尚的情怀和辩证的智慧去完成的事情。知识是一种力量，思想更是一种力量，当思想敏锐地走动时，文化时空坐标中注入的生命关照的历史主题才能涌现出来。"这可能是大家共同的体会，文化史教学考验着教师的专业功底和非专业的功底，或者考验着教师的"大历史"教育功底。

　　案例：《清明上河图》里的细节①

　　师：(师生学习《清明上河图》)大家谁能看出这些店铺的主人姓什么？
　　生：刘、赵、孙……
　　师：这店铺是卖什么的呢？
　　生：卖药的。
　　师：你怎么知道是卖药的呢？
　　生：招牌、幌子上写着呢。

---

① 纪连海：《从〈清明上河图〉看北宋城市经济》课堂教学录像，中国历史课程网。

师:那你能否解释解释什么是招牌? 什么是幌子呢?

生:幌子就是挂一块布,招牌就是门上面的牌匾。

师:嗯,说的其实有点道理。什么叫招牌? 招牌过去是布做的,开始没有字,后来有了字。再后来呢,布做的飘飘的,容易坏,所以就换成了木牌。但是招牌和幌子有区别,比如说你到了咱们西安,请你上哪儿吃饭去? 去"老孙家羊肉泡馍"。如果上面写的内容既有店主的姓氏,又说出了卖的东西,这就叫招牌。什么叫幌子呢? 幌子呀,不见得是这七个字,有可能大大的一块布上写着一个字"孙",也有可能是大大的一块布上写着一个字"馍",或者干脆就画一碗,这就叫幌子。这个时期,招牌和幌子大行其道。大家再看图……

师:这说明在这个时期最典型的特点是,在经营上知道宣传,不像过去那种"酒香不怕巷子深"了,人们开始改变原来的那种传统思想,开始沿街设铺,并且有了原始的广告意识和商标意识,这种经营方式和观念的变化是非常重要的。

深度分析:课堂上给每一位学生发了三张《清明上河图》,教师以这三张《清明上河图》和补充的文字材料为依托,通过课堂提问,引导学生从图上寻找依据,一步一步地、有理有据地展现出了北宋经济发展的盛况,通过这节课,还培养了学生从图片和文字材料中获取有效信息的能力,还时不时地点拨答题方法。从一幅画上获取有效的历史信息,这对高二年级的学生来讲,要求的确非常高,学生不但要从整体上了解北宋的政治、经济、文化、对外贸易的发展状况以及当时的民风民俗,而且还必须准确判断出信息的可用性。从经济史角度对一幅艺术作品做出有效的解读,这正是思想文化史教学中可以借鉴的。

◆ 常见问题

1. 只有"思想"没有"人"。

案例:"明末清初民主思想"的学习

师:请同学整理一下明末清初民主思想家的主要观点。

生:李贽——批判孔子及儒家思想的正统地位,批判程朱理学;黄宗羲——猛烈抨击君主专制;顾炎武——大力提倡经世致用;王夫之——具有唯物思想。

师:这些思想产生的共同根源是什么呢?

生:商品经济的发展。

案例评析:这样的教学是从教材到教材,从结论到结论,毫无创造,索然寡味,听起来味同嚼蜡。其根本原因就是教学只讲教材不管学生,只有"思想"没有"人",简直就是"目中无人"。应该怎么做呢?试举一例:在君主专制的时代,是什么让黄宗羲有那么大的勇气喊出"君主是天下之大害"呢?一方面,他是受到时代的影响,商品经济发展和君主专制的黑暗,作为一个有良知、有追求的知识分子,他这样讲是他的责任;另一方面,他的父亲是东林党人,为宦官所害,对有杀父之仇的君主专制来说,反对它是自然的事情。从中可以看出,黄宗羲有追求、有勇气,同时又有境界,他能跳出一般的报私仇,上升到制度层面进行思考。

　　2. 只有"发展"没有"历史"。

案例：**文化史中文学、艺术、科技的发展**

　　讲到文字的演变时,教师从殷商的甲骨文,讲到商周刻在青铜器上的金文,再到用毛笔书写在竹简或丝帛上的竹书和帛书。后来,随着书写工具的变化和纸的发明改进,字体也不断变化,由大篆,到秦统一为小篆,后不断演化成隶书、楷书、行书和草书,书法也逐渐成为一门艺术。又如中国的文学,从春秋时期的《诗经》,战国时期的"楚辞",到南北朝时期的民歌,再发展到唐诗、宋词、元曲,以至明清时期的小说,构成了一部我国古代的古典文学史。再如中国古代的小说是从变文到传奇,再到话本,最后到小说。还有科学技术,从蒸汽时代到电气时代,再到网络时代的技术变革,其中科技的继承与发展,始终贯穿在我们教材的科学技术史中。这些科技成就,都是在前人的基础上不断发明创造的结果。

　　案例评析：在文化史中,无论思想、文学、艺术,还是科学技术,都有自身独立发展的过程。这个过程是文化自身新陈代谢、不断创新的过程。同类内容在不同的历史时期,表现形式不同,也就是说富有时代特色。但它们彼此之间都有联系性和继承性。在教学中,不仅要讲清这些内容自身的发展过程,还要与具体的历史结合起来,否则就成了语文课、艺术课、技术课,唯独不是历史课。

　　3. 只有"树木"没有"森林"。

案例：**西方人文精神的发展**

　　师:这节课我们对"从人文主义之源到科学理性时代"进行复习总结,请同学们根据课本完成下表:

发　展　阶　段		具　体　表　现
人文起源	希腊哲学	智者学派:强调人的价值。人是万物尺度。 苏格拉底:知识即美德。认识人自己。

续　表

发　展　阶　段		具　体　表　现
人文发展	文艺复兴	文学：肯定人的价值，歌颂人的伟大。 艺术：刻画人的思想、精神、表情。
	宗教改革	因信称义。信仰得救、个人奋斗。
科学理性	启蒙运动	不唯上帝，不唯权威，一切唯理性是从。
	近代科学	日心说、进化论。

师：（在学生完成表格的基础上）同学们对本单元的基础知识掌握得很好。从这些知识中我们可以发现，西方的"人文主义"思想源远流长，经历三个主要发展阶段，最终它成为人类思想宝库中的一块瑰宝，我们要善于学习其精华为今天的社会主义建设服务。

案例评析：古典文化、文艺复兴和宗教改革、启蒙运动属于不同的历史阶段，虽然人文主义将这三个阶段联接为一个整体，但是，人文主义在各个阶段的表现与内涵是有差别的。具体地说，古希腊时期是人文主义的起源，文艺复兴和宗教改革是人文主义的发展，而启蒙运动则是人文主义的高峰。"人文主义"是人类自己对自己的要求，其本质是解决人应该如何生活的问题：希腊先哲的精神觉醒解决的是人活着的意义是什么；文艺复兴回答的是人应该过怎样的生活；宗教改革回应的是人应该过怎样的宗教生活；启蒙运动解决的是人应该过怎样的政治生活。人应该怎样生活是人类亘古永存的话题。不讲到这个层面，就不会明白历代哲人们为什么会如此孜孜以求、永不懈怠，就不能体会这种探索的价值和意义。

◆ 一些尝试

1. 按照思想文化史的教学要求，做出《西学东渐》的课堂教学设计。
2. 谈谈如何教授拜伦和雪莱这两位诗人。

第三篇

案 例 篇

　　教师在日常教学中运用自己的智慧,构造出多种多样、形态与主旨各异的设计方案。本篇为读者提供了十个教学设计实例,这些案例设计者的着眼角度各有不同:不同中心的结构、不同理论的指导、不同方法的运用……这些案例都不是完全"成功"的,但案例的设计者都努力通过每一个细节来实现自己的意图;这些案例的着眼点与设计方式也并不是可简单照搬的,有适合与不适合的情况。这些都是希望读者在阅读本篇时能加以注意的地方。

第一章 以情感目标的实现为中心的教学设计

　　教学设计的中心最初是由上海著名特级教师包启昌先生在20世纪80年代提出的,通常的表述是"一堂课只能有一个中心"。本书对此试作出以下的定义:教学设计的中心是所有其他目标所指向的、在教学结构上处于中心地位的、所有教学环节都为之服务的特定教学目标。当教学设计以情感、态度与价值观维度的目标作为中心时,也被称为教学设计的灵魂。

◆ 什么是以情感目标的实现为中心的教学设计?

　　情感、态度与价值观目标是以激起学生心底的震撼、感动以及促成学生人生观、世界观、价值观的形成或改变为指向的。如果一节课的全部内容,无论是知识的铺垫还是对知识的认知方法的指引运用,都以对学生的情感触动为最终指向,我们就可以说这节课是以情感目标的实现为全课的中心。

◆ 为什么要以情感目标的实现为中心?

　　有些教师认为,从教育理想上来说,情感目标是课堂教学的最高目标。以此为中心的设计,可以在最大限度上激发学生在情绪上的投入,可以对学生产生持久而有益的影响,这种影响是教师职业成就感的重要来源。

◆ 什么时候适合这样做?

　　进行以情感目标的实现为中心的设计时,需要考虑以下因素:
- 教师的口头、表情与肢体语言是否具有感染力与煽动力?
- 教师是否能够准备足够的能激起学生情绪反应的材料?
- 作为授课对象的学生是更乐于接受情绪的感染还是智力的挑战?
- 本节课试图指向的情感、态度与价值观是否能与学生原有情绪顺利衔接?
- 本节课的教学是否没有太大的知识、方法层面的教学任务压力?
- 本节课是否可以找到适当的进行即时课堂评价的手段?
- 在本节课中为了情感目标的实现而必须作出的知识与方法上的牺牲是否在可容忍的范围内?

● 学生在未来是否有可能遇到反向的情感、态度与价值观的冲击？

以上因素并没有具体量化的标准，也没有进行重要性的优先度排序，仅仅作为教师进行备课时的参考，但是要注意的是，如果以上因素中，大部分的答案都是否定的，那么本课可能是不适合以情感熏陶为设计中心的（对于一些教师来说，只要有一条就够了），教师应当考虑其他层面的目标。

《文艺复兴》

广东深圳市宝安中学　唐云波

教学目标

【知识与技能】

① 知道薄伽丘等人的主要作品；

② 认识文艺复兴时期人文主义的含义。

【过程与方法】

① 通过探析文艺复兴的背景，进一步掌握根据史料分析历史问题的方法；

② 通过探究文艺复兴代表人物的作品的内涵，初步理解结合作者经历、作品背景理解艺术作品的方法。

【情感、态度与价值观】

感受文艺复兴积极、进步的时代特征，认同文艺复兴时期人文主义的历史价值。

> **评注**：请注意这里前两个层次的目标是如何为最终的情感目标服务的。

教学过程

课前渲染：《我的太阳》

由帕瓦罗蒂《我的太阳》引起对意大利自由、浪漫、艺术、文明的色彩联想。

展示：意大利人挖掘并修复雕塑。使当时意大利人感到震惊的希腊雕塑《拉奥孔》。

过渡：我们现在看到这座雕像感到震惊吗？不一定感到震惊。但是，当年的意大利人为什么会对这座雕像感到震惊呢？为什么他们会觉得"不可思议"？这就要追溯到当时特定的时代背景，去体验当年意大利人的感受，去追问在那个时代为什么会兴起伟大的文艺复兴运动。

> **评注**：以情感目标的实现为中心的教学设计应较多地考虑对学生情绪的调动，这里从一开始就以"自由、浪漫、艺术、文明"给文艺复兴定下了基调，实际上已经不给学生探讨的空间，但是使整节课的方向从一开始就很明确，和之后的环节配合，可以取得比较好的效果。

一、探源文艺复兴

（一）探思想之源——宗教神学束缚下的欧洲

从公元 5 世纪到公元 14 世纪，史学界称之为"中世纪"。那时，欧洲是一个基督教神学无处不在的宗教世界。那时，人们的生活状态是怎样的呢？请看视频《文艺复兴前的欧洲》：

"文艺复兴前的欧洲社会处于中世纪基督教神学统治之下，那时人们的生活是完全以神为中心的。各个阶层的人，无论是国王还是普通百姓，只能在宗教的框架内麻木地思想与生活，绝对不能够超越。

"圣奥古斯丁是中世纪之初著名的神学家，他教导人们：由于人类的先祖亚当与夏娃偷吃了禁果，这桩原罪遗传给他们所有的后代，由于人生来就是有罪的，所以人的一生就是要受苦的，不可以有任何的欲望与情绪。

"这是中世纪的一群苦行僧，为了救赎自身的罪孽，他们不断地鞭打自己，以期找到通往天国的道路。

"相比这些人，另外一类人的下场更加悲惨，那就是对宗教持怀疑态度的人。在那个时代被称为'异端'。他们会被专门审判异端的机构——宗教裁判所——羁押，受到鞭打，甚至是处以火刑，著名的科学家布鲁诺、伽利略都是受害者。"

评注：教师使用了一个 1′24″的视频，请注意课堂开头形成的明朗的基调与这段解说词的阴沉、晦暗所形成的反差对比，导入中的"自由、浪漫、艺术、文明"将和这里的"麻木"、"悲惨"形成对比。情绪的产生需要一个适当的波动，教师所刻意选择的有关中世纪的负面材料在这里将产生一个情感引导，通过言语、声音、画面的配合，使学生从《我的太阳》所引发的高昂情绪走入一个低谷，我们今天知道的中世纪并非如此简单，但这种对于中世纪的负面印象将非常有助于学生在下一阶段的学习中自然地产生对人文主义的同情与共鸣。

看完视频，请看幻灯片上的这些词汇，你们觉得哪些可以用来形容中世纪人们的生活？

学生回答，教师板书。

这些词汇大致勾勒出中世纪时期，

随心所欲	禁欲苦行	无拘无束
压抑人生	张扬个性	麻木顺从
思想开放	愚昧迷信	以人为本
言论自由	神权至上	追求享乐

人们在宗教神学的束缚下，麻木、窒息的思想状况。

评注：从表格上选取词汇的手段是一种很巧妙的方法，首先，这在最大限度上防止了学生思维的发散，学生的情绪也因此不至于因为发散性的讨论而被转移；其次，由于之前视频的运用，学生已经形成了对中世纪欧洲生活的负面看法,所以,这里的选取词汇的环节其实是对之前情绪的巩固;第三,在提供出的范围内选取词汇比要求学生凭各自的见解来发表意见要可控而且有效率得多。

在这种情况下,当人们看到了从地底下挖出的古代罗马、古代希腊时代的雕塑作品,看到了这些作品体现出的自然的人性,就唤醒了人们渴望复苏人性、尊重人性的精神要求。由于当时还缺乏成熟的思想体系,所以人们就借助复兴古希腊、古罗马文化的手段来表达自己的精神诉求,掀起了文艺复兴运动。

评注:在以上的第一个讨论环节里,教师牺牲了学生对中世纪的客观而全面的认识,也牺牲了在这里教会学生对历史进行辩证认知的方法的可能,但是成功地营造出了一种急于摆脱中世纪阴郁氛围的情感空间,也成功地为之后教学尽量地渲染人文主义的积极向上争取到了足够的时间。教学设计不能面面俱到,得失之间正是教师发挥个性、见地之处。

……

(二)探现实之源——资本主义萌芽中的意大利

……

(三)小结:文艺复兴的概况

……

二、感受文艺复兴

……

(一)薄伽丘与《十日谈》 从禁欲苦行到顺从人性

1. 简介薄伽丘与《十日谈》。

……

2. 视频《一对父子的故事》(《十日谈·第四天·故事一》)。

提问:父亲将女人形容为"祸水"、"绿鹅"是受到什么观念的束缚？儿子在五光十色的世界里独独看中了"绿鹅"(女人),这说明什么问题？

(学生回答)

从这则故事中,我们明白了,《十日谈》在当时为什么被多次列为禁书,原因正在于薄伽丘通过这个故事,嘲讽了宗教神学的伪善与荒谬,引导人们要摆脱中世纪禁欲苦行的束缚,顺从人性。

评注:选择这样一个故事并不是因为这是《十日谈》中少数适合中学生阅读的篇章之一。故事中代表旧的教诲的父亲和代表自然人性的儿子之间的对比十分鲜明,主题也是昭然若揭的。

......

（二）拉斐尔 从压抑人性到人性回归

1. 简介拉斐尔：七岁丧母，十一岁丧父，三十七岁离开人间。他继承了父亲的绘画天斌，最擅长画圣母圣子图。下面，我们来欣赏一下拉斐尔的《圣母圣子图》。

2. 呈现拉斐尔的《圣母圣子图》。

再同时呈现中世纪的《圣母圣子图》。

引导：表情有什么不同？背景有什么不同？情感状态有什么不同？产生不同的原因？

> **评注**：之前对薄伽丘作品的评价只需要理解作品本身就足够了，但理解拉斐尔的《圣母圣子图》必须结合拉斐尔个人的经历，"感受文艺复兴"由五个类似的环节组成，除了角度不同之外，方法上的递进也是避免学生出现疲劳感的好办法。

中世纪的《圣母圣子图》表情严肃，没有母子间的那种温情。而拉斐尔体现出自然的美、母子间的亲情。因为中世纪对人性是压抑的。拉斐尔通过他的画作希望回归自然人性。

老师每次看到拉斐尔的这幅图都会很感动，我总在想是什么力量促使拉斐尔画出这么具有感染力的《圣母圣子图》？

拉斐尔七岁丧母，十一岁丧父。正是画家这样一种特殊的经历，使你们看到他笔下的圣母洋溢着浓浓的母爱，他笔下的圣子充满了对母爱的依恋。这种人间的母子情感，正是拉斐尔特殊经历、内心情感的真实流露。文艺复兴的巨人大多都有一些特殊的经历，同学们不妨动手去查查资料，这对于你们更好地欣赏他们的作品是有帮助的。

欣赏完拉斐尔的画作,我们再来欣赏米开朗琪罗的雕塑作品。

(三)米开朗琪罗 从麻木顺从到追求自由

1. 简介米开朗琪罗:在采石场边长大的米开朗琪罗,从小就和石头和凿子结下了不解之缘。正是他用手中的凿子,从石头中雕刻出了"青春的凛然"和"生命的珍贵",这就是他那流传至今的惊世之作——《大卫》和《摩西》。现在,我们来欣赏一下这两幅作品。

2. 展示《大卫》、《摩西》(图略)。

简介:《大卫》——古以色列犹太国王,传说是一个杀死入侵巨人的英雄。《摩西》——先知,拯救在埃及做奴隶的犹太人,也是一个英雄。

同学们,从他们身上,你看到了什么?(从他们的眼神和神情中)

力量、希望、勇气

人物为什么会散发出这样的气质?

提炼结论。

原来,米开朗琪罗如此出神入化地雕刻了这样两个英雄人物,其实是想表达追求自由的信念!而我们看到作品背后的这层含义也是通过首先了解作品本身的背景知识。这也是欣赏作品的一种方法,希望同学们在今后的类似的活动中,注意到这点。

同学们,刚才我们感受了文艺复兴时期三位巨人的文学艺术成就。在文艺复兴时期的巨人之中,还有一位伟人,他不单是伟大的艺术家,还是一位伟大的科学家,当人们一提到他的名字,就自然地与神奇、睿智联系了起来,这位神奇、睿智的长发老人——就是达·芬奇。

(四)达·芬奇 从盲从迷信到追求真理

1. 简介达·芬奇:达·芬奇让人感到神奇、睿智的地方,首先来源于他的传世之作——《蒙娜丽莎》,蒙娜丽莎那摄人心魄的微笑。

2. 展示《蒙娜丽莎》(图略)。

同学们,从《蒙娜丽莎》的微笑和蒙娜丽莎的形象中,你能感受到什么?(学生回答)

我们能够从中感受到一个自然、清纯、恬静、幸福、神秘的贵妇形象,她来源于人世,超脱于人世。

对《蒙娜丽莎》的微笑,专家还有这样的解读:"对象的表情和含义,完全跟着你的情绪而转移。你悲哀吗?这微笑就变成感伤的,和你一起悲哀了。你快乐了吗?她的口角似乎在牵动,笑容在扩大,她面前的世界好像与你同样的光明同样的快乐。"(傅雷《世界美术名作二十讲》)

达·芬奇的神奇、睿智并不仅限于他的绘画成就,而让人称奇的是,他对自然科学的许多探索和建树,催生和促进了近代自然科学的发展。

3. 展示:达·芬奇在自然科学方面的成就和探索。

达·芬奇的《蒙娜丽莎》之所以摄人心脾,除了达·芬奇的艺术天才,还得益于他对自然规律的探索。正是由于达·芬奇注重对自然规律的探索在这幅画中得到体现,才使他的画作自然逼真、栩栩如生。

格言:"真理只有一个,他不是在宗教之中,而是在科学之中。"

得出结论:达·芬奇不仅是艺术家,还是工程师、科学家。从他的成就中,我们可以看到文艺复兴时期从盲从迷信到追求真理的发展历程。

15、16世纪,发端于意大利的文艺复兴运动,逐渐扩展到了欧洲其他国家。一时间,欧罗巴的天空,星光灿烂。在英国,一颗明星冉冉升起,他就是伟大的戏剧家、文学家——莎士比亚。

(五)莎士比亚 从神权至上到人性至美

1. 简介莎士比亚与《哈姆雷特》:戏剧天才莎士比亚创作了许多脍炙人口的悲剧、喜剧作品,《哈姆雷特》是莎士比亚最杰出的悲剧作品。

哈姆雷特是古丹麦王国王子,哈姆雷特求学回国后,发现父亲已被叔父害死,叔父篡夺了王位,还强娶了他的母亲。哈姆雷特决心复仇,杀死奸王……最终与敌人同归于尽。

在这部作品中,莎士比亚借哈姆雷特之口,表达对人的赞美和对人性的反思。现在,我们来体会一段哈姆雷特的经典独白。

2. 展示哈姆雷特的经典独白,让学生朗读。

人是一件多么了不起的杰作! 多么高贵的理想! 多么伟大的力量! 多么优美的仪表! 多么文雅的举动! 在行为上多么像一个天使! 在智慧上多么像一个天神! 宇宙的精华! 万物的灵长!

提出问题:从哈姆雷特的话中,你能感受到什么?(赞美人,肯定人,肯定人性。)

教师:从神权至上到人性至上。

(六)段落小结:文艺复兴的精神

上面我们通过对五位文学家和艺术家的生平和作品的解读,感受到了文艺复兴和人文主义的思想内核。结合并读出五点结论。

现在我们来归纳一下,什么是文艺复兴? 什么是人文主义?

展示人文主义的总结:

> **评注**:这里并不是简单地在做一个知识的归纳,更为重要的是,这个环节将学生可能仍然停留在之前的某个作品上的思绪收拢过来,并且通过中世纪思想与人文主义的对比,通过对人文主义影响的描述,将学生的情感推向最后的高潮。

核心是注重人性,要求把人从宗教束缚中解放出来。否定神的绝对权威,肯定人的价值,颂扬人的力量。反对神学的禁欲主义和来世观,肯定人追求现世财富、幸福、享乐的权利;反对宗教束缚下的麻木顺从,要求自由平等和个性解放;反对蒙昧与迷信,追求知识,探索自然,研究科学。

人文主义精神,使欧洲人重新以人的眼光定位自己、探索世界。在这一过程中,涌现出了:发现新大陆的哥伦布、提出"日心说"的哥白尼,掀起科学革命的牛顿。于是,近代自然科学体系建立,人类文明迈入了工业文明时代!

文艺复兴的重大历史意义在于它促使欧洲人从以神为中心过渡到以人为中心,在于人的觉醒,在于人们把重点从来世转移到现世。

它唤醒了人们积极进取的精神、创造精神以及科学实验的精神,从而在精神方面为新时代的到来开辟了道路。

同学们,前面我们探源了文艺复兴,感受了文艺复兴,完成了我们今天的学习过程。现在,请同学们结合对文艺复兴运动的学习,用一句话来概括你心中的文艺复兴——你心中的文艺复兴是什么呢?请把你今天的认识,写在老师发给的卡片纸上。

三、回味文艺复兴——我心中的文艺复兴

教师:表述对文艺复兴的认识。

文艺复兴的伟大在于人的精神觉醒,它使欧洲人从以神为中心过渡到以人为中心,在思想上,为新时代的到来开辟了道路。

学生活动:写出认识,表达认识。

结语:法国文豪雨果曾经说过:比大地更广阔的是海洋,比海洋更广阔的是天空,比天空更广阔的是人的心灵。大家要记住,正是文艺复兴运动,解放了人的心灵,宣扬了人的理性,人类才步入了今天这个思想解放、行动自由的现代社会。

◆ 本书意见

对本课设计的赞扬:

一些教师认为,本课充分调动了学生的情绪,教学手法多样、丰富,在内容上,既有细微的对文艺复兴艺术家生平的简介,也有明确的知人论世方法的指导,而最后的互动参与环节则把学生对文艺复兴的认同提升到了理性认知的层面。就教学目标的实现来说,本课是充分的。

对本课设计的批评:

一些教师认为,这一设计在知识、方法层面的目标上牺牲太多,使得本课缺少历史课应有的思辨性。有些教师认为应当补充有关中世纪黑死病方面的内容,正是黑死病的肆虐,使得欧洲一部分人被迫反思人生,从而有了在思想上突破宗教框架、走出中世纪的可能。一些教师提出了应当补充其他他们认为在讲授文艺复兴时不可或缺的内容,也有些教师认为这样的设计方式存在低龄化的倾向,更适合用于初中教学。

进一步认识:

首先,完美无缺的教学设计是不存在的,但是,任何一份可以被认为是"好"的教学设计都应当具备明确的目标,而且能够设计出合理的充分实现目标的教学环节。

所以,无论是在进行设计之初还是对一份完成的设计进行评价的时候,目标设定是否合理,以及教学环节是否充分围绕设计环节展开并有利于目标的实现,是两个最重要的评价尺度。事实上,我们可以发现,对上面这份教学设计的赞扬与批评都是围绕着这两个环节进行的。支持者更多地注意了教学设计对目标毫无偏离的贯彻,而批评者则更多地认为目标设定本身还不够合理。

在教师以从目标出发或者从问题出发这两种殊途同归的设计思路进入起点的时候,都会面临同一个问题,这也是在上面这份设计中表现得很突出的一个问题:学生究竟会得到和失去什么? 由于课堂教学不可避免地受到时间的制约,因而教师也就几乎不可避免地面临这样一种尴尬:每提高一个教学目标的层次,就要降低另一个或一些目标的实现水平。尤其当教师试图设计出一份能够让课堂变得鲜活、有感染力,并具有灵魂作用的教学设计时,这种尴尬就会变得更加明显。在上面这份设计中,教师将注意力完全集中在如何让学生"从情感上认同文艺复兴中人文主义的历史价值"这一目标上,并将这一目标上升到全课灵魂的高度。为了达到这一目标,学生所必需的知识准备是对于文艺复兴背景的感性的认知,对文艺复兴代表人物及其作品的较充分的认知,初步理解从作者生平、作品背景来理解文学艺术作品的方法。如果学生能够对中世纪的社会生活、精神世界以及文艺复兴前意大利经济发展、社会生活的变化有更深入的理解当然很好,但是却有可能超出 40 分钟的课堂的承载量。如果强行增添这些目标的话,有可能造成最终教学中心的改变或者偏移。

所以,无论这份设计牺牲了什么,在教学的中心不发生改变的情况下,仍然是一份相当成功的设计。

◆ 如何进行以情感为中心的教学设计?

在类似的设计中,重要的不是如何促进学生知识结构的生成,而是课堂气氛的营造。

设计的前半段必须做好充分的铺垫,并形成节奏感。有经验的教师会利用有节奏的连续的短流程教学来保持学生的情绪,并利用语言、材料的变化使学生的情绪逐渐接近适合引出高潮的状态。

在类似的设计中,课堂的后半部分成为重点。这一部分的教学环节的分割需要根据具体的教学内容而定,在前述的设计中,教师利用五个人物,从五个侧面彰显文艺复兴中人文主义的积极价值,反复强化学生对人文主义的认同感,将学生的情绪推向高潮,并借助一个课堂即时评价的方式将学生积蓄起来的情感充分地释放出来。最后,教师以富有情感的华丽语言结束教学。

在类似的教学设计中,特别需要注意的是贯穿始终的对于学生情绪走向的控制,如果学生的情绪从一开始就朝向了教师预设的方向,而且中途不发生偏差,那么,经过最后的高潮之后,学生将会对这节课所带来的情感经历留下难以磨灭的印象。在前述的设计中,教师在导入部分就对人文主义定下了肯定的基调,利用音乐、画面、语言造成学生对欧洲中世纪的反感,从而使基调得到强化。在之后的教学中,教师利用限定性选择、语言的暗示反复强化了文艺复兴的进步形象,从而使后半部分对人文主义的正面解读呼之欲出。而最后的即时课堂评价中的教师示范也是一种很巧妙的技巧,在教师进行示范的情况下,学生一般会按照教师示范的轨迹做进一步发挥而很少会反其道而行之。

由于整节课需要在同一种情绪下进行,如何防止学生出现疲劳感就成为必须考虑的一个问题。在前述设计中,教师不断地改变教学手段:动态视频、带有评论性的叙述、讲故事、静态画面的对比、讨论……几乎在每一个教学环节中都使用一个新的样式,以求有效地保持学生的新鲜感。从实践效果来看,这样的做法是相当成功的。

◆ 风险须知

在以下情况下,教学可能会遭遇挫折:
- 学生可能是较冷静而不易被调动情绪的;
- 学生可能已经养成了不断进行质疑的批判性思维习惯;
- 学生可能具有能够将情感引向非教师预设方向的背景知识;
- 学生可能甚至不能达到为了最终的情感体验所必需的知识与方法的目标。

◆ 一个尝试

仍以本课为教学内容,完成一份以形成"认同文艺复兴,走出文艺复兴"的较复杂的情感为目标的教学设计。

第二章　以方法训练为中心的教学设计

教学设计的"中心"或者"灵魂"并不是已经非常成熟的理论体系,仍然有非常大的可探索的空间。一般说来,知识或者价值观更加容易吸引教师的注意力,而下面这个案例提供了比较少见的着重于思想方法的形成的设计方案。

◆ 什么是以方法训练为中心的教学设计?

"过程与方法"目标的提出,使课堂的设计者看到了这样一种可能,即全课围绕着某一个特定的思想方法来进行设计。如果教学设计以使学生形成某种审视、解决历史问题的思想方法为最终的目标,我们就可以说这是一份以方法训练为中心的设计了。

◆ 为什么要以方法目标的实现为中心?

有些教师认为方法目标比情感层面的目标更适合作为中心目标。使学生掌握一种思想方法似乎更加合乎"授人以鱼,不如授人以渔"的教育理念。

◆ 什么时候适合这样做?

进行以方法目标的实现为中心的设计时,需要考虑以下因素:

● 教师是否准备好了足够充分的史料或教学内容来体现预期的思想方法?
● 教师是否能够驾驭自己将要传授的思想方法?
● 作为授课对象的学生是否乐于接受一种智力的挑战?
● 学生是否已经具有了相当的知识储备?
● 本节课是否可以找到适当的课堂评价的手段?

《张居正改革》

广东东莞教育局教研室　夏辉辉
上海交通大学附中　彭　禹

教学目标

由浅入深、由微观到宏观地了解张居正其人、其事、其时。从"改革之新"、

"改革之难"、"改革之功"三个方面学习改革内容,从而形成认识改革的一般方法,感悟改革人物创新精神之可贵、不畏艰难之可嘉,体会改革对社会发展的作用;把张居正改革分别放入"内外交困的明代中晚期"、"君主专制日益强化的明清时期"、"世界日益连成一个整体的16世纪"三个维度的时代背景中进行评析,培养评价改革及历史人物的基本方法。

教学过程

(一)课前渲染,导入新课

以《张居正》、《张居正大传》等书籍封面图片,《万历首辅张居正》电视剧照配合教师对张居正"成也改革,败也改革"的生平总括,作简洁明快的导入,以求渲染气氛,激发兴趣,尽快进入正课。

(二)张居正其人

通过展示幻灯片《张居正个人小档案》建立学生对张居正相对良好的第一印象,讲述张居正死后其家属、部下乃至于本人的悲惨境遇,以此与张居正作为一个有魅力的改革家的形象产生冲突,激发学生进一步了解其人、其事的兴趣。

> **评注**:设计的开头,设计者制造了两个悬念:首先是为什么张居正是一个能够引起广泛关注的历史人物;其次是张居正个人命运的跌宕究竟由何而起。悬念是营造课堂气氛的好手段,很容易造成认知上的冲突,并且引发学生的求知欲。

(三)张居正其事:改革

1. 布置任务,分组学习

学生分组(分成三组)阅读教材,学习讨论张居正改革的内容,要求"探改革之新,议改革之难,悟居正之功",可以要求各小组派同学发言。

评注：分组讨论、探究有些时候可以被利用来加快课堂节奏，请注意教师是如何指定学生阅读的主题与角度的。这种方式可以把教师的讲授时间节约下来。

2. 学生发言，师生对话，学习张居正改革的内容

（1）整顿吏治

教师设问：新在何处？有何效果？有何困难？

（2）施边防新政

教师设问：以反蒙起家的明朝，在明蒙关系上一直比较紧张，不肯作丝毫让步，张居正的哪些措施体现了新意？又难在何处？

（3）理财新法

教师：课前预习中有同学问道，为什么张居正不像王安石那样触动农民的利益却可以达到聚富的目的？理财之法新在何处？

3. 寻找规律，明"改革之要"

引导学生从财政角度理解改革措施的内容与效果。

过渡：这样一场富国强兵的改革，好评如潮（史料展示），但是张居正死后旋即告败，这是为什么？是不是改革不得其时？是不是有更好的办法或更好的人选？让我们分析其时代背景，解开心中的谜团。

（四）张居正其时

评注：其人、其事、其时是一种从微观到宏观的渐次推进的思想方法，更多的是一种研究方法，一般人总是容易就事论事，在这里，设计者试图把张居正改革放在明代中晚期这样一个相对宏观的历史背景下审视，使学生能够加深对某些问题的认识。

1. 内外交困的明代中晚期

史料呈现：官方征收赋税的在册土地数量、文书传递速度、蒙古铁骑南下劫掠次数。

要求学生结合课本知识，分析明代中期在政治、经济与边境问题上存在的危机。

通过讲述人物故事的"时人面面观"加深学生对时代危机的认识。指出在国家形势危急、众人都很麻木的情况下，张居正以"苟利国家生死已，岂因祸福避趋

张居正其时：
内外交困的明代中晚期

时人面面观
• "哑巴"皇帝——隆庆
• 贪污的严嵩
• 愚蠢的仇鸾
• 迂腐的海瑞
• 手握大权的太监冯保

之"的豪情勇敢地担起了救时的大任,以其坚定的意志、雷厉风行的作风、博弈官场的政治权谋,给这个朝代带来了十年"中兴",所以谓之为时代的呼唤,"救时宰相"应运而生,时代的黑暗也决定了他是一个寸石补天的独行者,他自喻为"急风中的蜡烛"。

过渡:这样一个"救时宰相",我们对其命运扼腕叹息之时,不禁要痛恨对他痛下毒手的人,难道反对他的人都是坏人吗?反对改革的都是坏人吗?张居正本人有没有做得不够好的地方呢?我们把张居正改革放到更大的背景,即整个明清时期来考察。

2. 君主专制日益强化的明清时期

展示材料:

材料一:截取凤凰卫视纪录片《故宫》4 分钟,介绍张居正利用内阁漏洞弄权的内幕。

材料二:明朝中央机构示意图。

材料三:史学家钱穆认为:张居正是"权臣",因为张居正只是内阁大学士,不是政府中的最高领袖(宰相)。

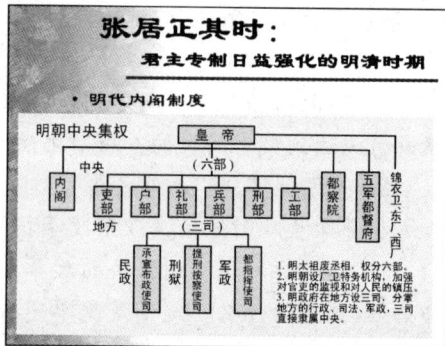

张居正其时:
君主专制日益强化的明清时期

• 明代内阁制度

教师设问:通过看录像和以上材料,我们可知张居正是如何贯彻自己的改革方针的?为了保证改革措施有效实行,他会采取哪些措施?这些措施有何恶果?

评注:这里把视野再次扩大了。如果说前一次是为了加深学生对于张居正改革所面临的困难的理解的话,这里就是为了使学生能够了解为什么张居正改革会采取一种特殊手段来进行。这种视野变化带来的对同一问题的理解变化会使人意识到某种思想方法的存在,但是还需要教师点出。

学生回答后指出:结合必修一中国古代政治制度,大家已经看到了内阁制度的漏洞与陷阱,所以张居正之祸既有个人操守的原因,更多是专制制度缺陷所设的陷阱,张居正充分利用"人治"所带来的便利达到"以法理政"的目的,也就造成了"为政在人"、"人亡政息",这成为张居正改革失败及个人悲剧的根源。

过渡:"救时宰相"为明朝带来了十年的"中兴",如果他的寿命长一些,反对派的反攻倒算可能要破产或者要推迟,那么他会成为一个"救世宰相"么?让我们从更大的历史范围来看这场改革。

3. 世界日益连成一个整体的 16 世纪

要求学生回顾与此同一时期的欧洲,并以填写关键词的方式,完成下列表格。

　　填写表格后,教师指出:通过东西方的对比,我们可以看到张居正改革所强化的体制是一个日渐落后的体制。因此,张居正只能是"救时",而不能"救世",既无法挽救明朝灭亡的命运,也不能改变16世纪东西方先进与落后易位的发展趋势。当然,这样宏观的分析方法在张居正的时代是做不到的,因为当时并不知道外界发生了什么,但是今天回过头看,一定要能比古人看到更多的东西,否则这五百年不是白过了?

	欧　洲	中　国
政治	封建社会逐步解体 荷兰资产阶级革命	强化专制皇权
经济	资本主义经济发展	维护小农经济
思想	思想解放　人文主义	文化专制　宋明理学
对外关系	开拓海外殖民地	海禁　羁縻政策
科技	近代科学　哥白尼	传统科技总结性著作
教育	综合性大学　培养人才	八股取士　培养奴才

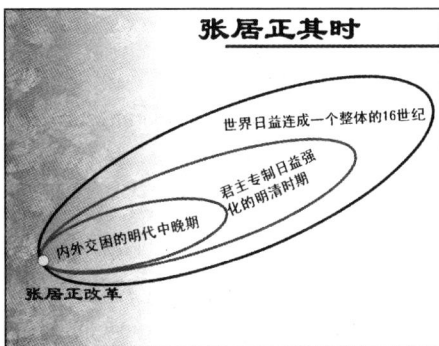

张居正其时:
世界日益连成一个整体的16世纪

　　小结:我们从三个维度来考察张居正改革成败的原因,不但学习了张居正的智慧与勇气,进一步分析了明代政治制度的特点,同时剖析了16世纪以来世界发展格局的变化。历史学家黄仁宇在《万历十五年》中写道"世间已无张居正",明朝的颓势实际上是从万历中期开始的,甚至有人认为,随着张居正及其改革措施的被清算,明朝实际上已走向灭亡了;进一步说,16世纪张居正改革也可以成为研究东西方的一衰一兴的重要一站。

张居正其时

世界日益连成一个整体的16世纪

君主专制日益强化的明清时期

内外交困的明代中晚期

张居正改革

　　评注:第三次扩大视野,这一次要求学生从世界历史发展进程来评价张居正改革。思维程度要求很高,投影中设计的三个环形将对学生跟上思路有非常大的帮助。

　　(五)评价与反馈:运用及拓展——汲取历史的养分

　　"我"为什么写张居正?

　　展示材料:朱东润的《张居正大传》,始写于1939年,于抗战末期1945年出版;熊召政的长篇历史小说《张居正》,获得2005年茅盾文学奖,结合时代背景分析张居正改革给了两位作者以怎样的启迪?

　　要求学生能够比较准确地运用材料中所提供的年份,从抗日战争全民族抗战决心和改革开放注重发展经济等角度来阐发观点。

> **评注**：改换历史情境，保留相似视角，这是一种常见的即时检验学生对方法掌握水平的手段。

◆ 本书意见

对本课设计的赞扬：

一些教师认为，本课独辟蹊径，表现了教师对于思想方法的关注，体现了历史的智慧，而且力图将历史思想所特有的智慧传达给学生。当学生随着教学进程的推进，视野不断被打开，对问题的看法不断地发生改变的时候，学生（甚至听课教师）都为之感到震撼。

对本课设计的批评：

一些教师认为这一设计实际包含的目标太多，而学生实际能够达到的目标很少，本设计超过了学生能够承受的能力。而且过于突出方法的地位，使这节课看上去不像是历史课，而更像是一节历史哲学课。

进一步认识：

"过程与方法"是在21世纪初伴随着新课程改革提出"三维目标"而出现的。对于这一维度目标的定义、概念梳理、应用，乃至于存在的合理性，仍然存在很多争论。这份设计的确拿出了一个很具有程序性和可操作性的思想方法，如果确能实现，学生是会受益终身的。但是这节课也面临着设计者始料未及的一些问题：首先，这节课中涉及到的历史知识并不是按照历史时间的先后顺序出现的，所以学生必须要随着教师的思路经常地做思维的跳跃；其次，学生对于一个历史事件的看法在不断地发生改变，他们会形成与不同历史背景有关的对张居正改革的看法，但是这些看法之间的关联是什么？设计的最后没有进行综合，这是多少让人觉得有些遗憾的。但无论如何，这是一份非常大胆的、带有实验性质的设计，从这份设计中体现出的经验与问题，是值得思考与借鉴的。

◆ 如何进行以方法训练为中心的教学设计？

在类似的设计中，首先需要考虑是：教师能够驾驭的思想方法是什么？这个说法看起来不完全符合一般的教育理念，但是这是目前任何试图在这方面进行尝试的设计者必须首先面对的现实。

设计时必须考虑学生在知识上的储备，因为在以一种方法剖析历史的时候，叙述常常不是按照历史的时间脉络来进行的，依照的是设计者所使用的方法自身的内在逻辑，一般来说，越是宏观的方法越是如此。学生在学习的时候，往往需要来回地在几个历史事件或者历史进程中进行思维的跳跃，在这种情况下，幻灯通常必不可少，一些需要学生回顾的内容应当在幻灯中反复出现，以降低学生思考的难度。

设计时应当尽量减少倒叙技巧的运用,由于前述的原因,倒叙会额外地增加学生思维时的障碍。

要充分考虑运用的思想方法所包含的步骤,尽量让每个步骤都显得突出、明晰,这会有助于学生掌握教师示范的方法。

总的来说,这一类型的设计并不像情感型设计已经在长时间的实践中形成了相对固定的模式,仍然有很多可探索的空间。

◆ 风险须知

在以下情况下,教学可能会遭遇挫折:

● 学生没有足够的知识储备,无法随着教学环节的推进完成思维跳跃。

◆ 一个尝试

仍以本课为教学内容,试着仍然以进行某种思想方法的教学为中心的教学设计,尽量使历史事件在教学过程中按照自身发生时间的先后顺序出现。

第三章　以知识整合为主要策略的教学设计

日本教育界把"integration"译为"整合",指的是一个系统内各要素的整体协调、相互渗透,使系统发挥最大效益。整合强调了对个体特征的承继性,即被整合的个体并不丧失自身特性,使当前行为保持在过去已经形成的某些理念之下的同时,又强调了个体中一些要素的交叉与融合,使处于同一过程的不同个体在某种目标的导引与要求下,呈现出高度的和谐与自然。教育界引用"整合"一词通常表示整体综合、渗透、重组、互补、凝聚等意思。

◆ 什么是以知识整合为主要策略的历史教学设计?

一般认为,"知识整合"是指将不同来源、不同载体、不同内容、不同形态的知识,通过新的排列组合、交叉和创造,实现知识应用和产生新知识的过程。由以上定义可以推出,"以知识整合为主要策略的历史教学设计"是指以课程标准作为出发点,将分化了的历史知识系统的各要素及其各成分形成有机联系,使之成为一个整体协调、相互渗透的系统的历史教学设计。

◆ 为什么要以知识整合为主要策略?

历史知识整合教学过程中,课程各要素形成了有机的联系和有机的结构,在将课程看成一个整体的前提下,将不同的知识整合在一起,使学生在学习过程中自然、有机地掌握不同的知识,从而提高综合素质。知识的整合也有利于梳理、发现更深层次问题的规律性、趋势性和线索性因素。

◆ 何种情况适合这样做?

进行以知识整合为主要策略的历史教学设计时,需要考虑以下因素:
- 教科书中是否欠缺了课程标准已经规定了的内容?
- 本节课学生的知识背景是否适于知识整合?
- 教师所准备的资料是否足以帮助学生完成相关内容的整合?
- 在未加知识整合的情况下,学生是否对相关知识的理解感到困难?

如果以上因素大部分的答案都是肯定的,那么本课就适合进行以知识整合为主要策略的教学设计。

《从蒸汽机到互联网》与环境保护知识的整合

广东省珠海市斗门一中　张振鸿

教学目标

> **评注**：教学目标中应当体现出知识整合的目的以及涉及的相关内容。在这里，教师将环境相关问题列入了各个层面的教学目标中。

【知识与技能】

识记：瓦特对蒸汽机的改良步骤及作用；电力的发现与发展，电进入了人们生产和生活的各个领域；互联网的产生和发展及其作用；环境问题。

理解："蒸汽时代"和"电气时代"到来的必然性；科学技术的进步和互联网对社会发展的巨大作用；环境污染的过去和将来。

运用：能够结合具体材料，就如何处理发展与环境的关系提出自己的建议。

【过程与方法】

通过查阅环境污染的相关知识，感受从图书馆、网络等不同途径获取信息并加以甄别的方法，并在课堂教学的展示中，习得表达个人观点的方法。

【情感、态度与价值观目标】

在展示个人观点的过程中增强自信，并通过全课的学习进一步认识到技术进步对社会发展的巨大推动力，同时因认识到生产力发展可能付出的巨大环境代价而激发出相应的忧患意识。

教学过程

导入：

……

一、"蒸汽时代"的到来

投影以下问题，学生自主学习、讨论。

1. 蒸汽机是在怎样的背景下问世的？（进一步提问：原来可利用的动力有哪些缺点？）

2. 瓦特对蒸汽机进行了哪些改进？（投影 Flash 短片"瓦特蒸汽机工作原理图示"。）

3. 为何瓦特蒸汽机称为"万能蒸汽机"？（引导学生就其原理、使用情况、性能等几个角度进行思考；并以此为基础，进一步讨论英国历史中使瓦特在这几方面得以突破的历史因素，如手工工场的积累、科学理论的创新等。）

4. 举例说明蒸汽机问世后与之相关的发明。（学生展示课前通过网络等途径获取的信息。)

二、"电气革命"的出现

1. 结合课本,说出对电的使用作出突出贡献的科学家有哪些?从中说明了什么问题?(投影补充:"法拉第和电磁感应实验"。除了课本所列科学家外,补充爱迪生等人。说明:电力的发现及应用凝聚着几代科学家的不懈努力。)

2. 20世纪电力取代蒸汽动力而成为工业发展重要动力的原因是什么?(学生讨论后回答)结合前一环节对瓦特的讨论,可从理论与经济发展的两个角度进一步归结为:科学技术的进步需要历史的积累。

3. 有关电力的重要发明有哪些?

4. 电气技术的应用使人们生活变得丰富多彩,体现在哪些方面?

5. 蒸汽机、电力应用带来的影响有哪些共同点?

评注:上面整合了对蒸汽机、电力应用作用的比较,引导学生习得分析科技作用的方法,比起教科书单独介绍二者的作用和学生死记硬背要好得多,是针对培养学生能力的一种整合。

三、信息技术的发展

提出下列问题,要求学生小组讨论,结合课本,每小组选派代表回答。

1. 互联网是如何发展起来的?

2. 结合必修二所学,互联网有哪些优势?

3. 互联网有什么作用?

(在学生回答有困难时,提示下列角度:社会演进、日常生活、新经济领域的开拓、对传统产业的冲击与改变等等。可提示学生注意回想在学习必修二时学习过的相应内容。)

四、工业革命后的环境问题

评注:由于内容比较多,由学生分组探究比较符合。虽然在必修二教科书中相关章节的练习里有一些涉及到了环境保护,但因为零散出现,所以学生不会有很深的印象。这里主要由学生解决关于环境污染的定义、分类、历史事件。所整合的环境保护知识置于历史课堂中,不能把它变成地理课,它要体现出历史课的时代背景性和经验总结。而要做到这一点,单纯依靠学生去做是无法达到预期目标的。所以,由学生完成知识的分列展示,而教师通过引导作进一步整合。

学生分小组展示课前探究到的结果。

课前要求学生分组从以下角度进行准备：

1. 什么叫环境污染？

（提示：环境污染是指有害物质或因子进入环境，并在环境中扩散、迁移、转化，使环境系统结构与功能发生变化，对人类以及其他生物的生存和发展产生不利影响的现象。在通常情况下，环境污染主要是指人类活动所引起的环境质量下降而有害于人类及其他生物的正常生存和发展的现象。）

2. 环境污染有哪些分类？

（提示：环境污染有不同的类型，因目的、角度的不同有不同的划分方法。按环境要素可分大气污染、水体污染和土壤污染等；按污染物的性质可分为生物污染、化学污染和物理污染；按污染物的形态可分为废气污染、废水污染和固体废弃物污染，以及噪声污染、辐射污染等等；按污染产生的原因可分为生产污染和生活污染，生产污染又可分为工业污染、农业污染、交通污染等等；按污染涉及范围又可分为全球性污染、区域性污染、局部污染等。）

3. 历史上有什么表现？

（学生在展示的过程中应对相关事件进行描述。）

（1）马斯河谷事件：1930 年 12 月 1—5 日，比利时马斯河谷地区；

（2）多诺拉事件：1948 年 10 月 26—31 日，美国宾夕法尼亚的多诺拉镇；

（3）洛杉矶光化学烟雾事件：20 世纪 40 年代初期，美国洛杉矶市；

（4）伦敦毒雾事件：1952 年 12 月 5—8 日，英国伦敦；

（5）四日市哮喘事件：1961 年日本四日市；

（6）水俣病事件：1953—1956，日本熊本县水俣市；

（7）痛痛病事件：1955—1957 年，日本富山县神通川流域；

（8）米糠油事件：1968 年 3 月，日本九州市爱知县一带。

在学生完成展示后，教师通过投影出示关于环境和环境污染的图片。

提问：同学们看了后，有什么感想？

生：（讨论）

师：如果从历史的角度去认识环境污染，我们大概可以划分为以下几个阶段：（教师发放如下表格资料，要求学生仔细阅读后思考教师所给出的问题。）

评注：下面的表格是总括式的，这种形式学生通常不一定能全部独自完成。因此，课堂中展示整合知识的过程，既要有学生，又要有教师参与其中，体现出以学生为主体、教师为主导的理念。

阶 段	主要能源	主要污染源	主要污染事件	影 响
第一次工业革命后：公害发生期	煤	(1)煤烟燃烧物：烟尘、二氧化硫、二氧化碳、一氧化碳和其他有害的污染物质；(2)冶金业排放的废水和重金属；(3)城市人口急剧增多，生活污水、垃圾大量废弃。	伦敦煤烟污染加重。	工业革命是人类环境污染史的分水岭。
第二次工业革命后：公害发展期	煤、石油等	(1)煤、石油燃烧物；(2)有机化工（合成橡胶、塑料和纤维三大高分子合成材料、有机化学制品合成洗涤剂、合成油脂、有机农药、食品与饲料添加剂等）；(3)石油化工；(4)工业粉尘与废液、重金属；(5)生活污水、垃圾。	美国、德国的工业中心城市，煤烟污染也相当严重；工业区的河流也变成了污水沟。1892年，汉堡因水污染而致霍乱流行；日本足尾事件、比利时马斯河谷事件、美国多诺拉事件、洛杉矶光化学烟雾事件。	水质污染和大气污染严重，动植物灭绝速度加快。污染源增多，污染范围增广，污染事件扩大。环境污染危机愈加明显和深重。
20世纪50—70年代环境污染的大爆发：公害泛滥期	煤、石油、核能等	(1)煤、石油燃烧物；(2)有机化工；(3)石油化工；(4)水泥工业的粉尘与造纸工业的废液；(5)工业粉尘与废液、重金属；(6)放射性污染和有机氯化物污染。	赤潮；八大公害事件中的四件；日本广岛和长崎在原子弹爆炸之后的幸存者中出现了所谓的"原子病"；美国宾州哈里斯堡东南一核电厂反应堆发生放射性物质外泄事故。	海洋污染和海洋生态、大气污染增多。水质污染和大气污染泛滥，动植物灭绝速度加快。污染源增多，污染范围增广，污染事件扩大。
信息时代	煤、石油、核能、太阳能等	(1)煤、石油燃烧物；(2)有机化工；(3)石油化工；(4)工业粉尘与废液、重金属；(5)生活污水、废气、垃圾；(6)放射性污染和有机氯化物污染；(7)电子产品、辐射。	除了以往的污染加重外，发展中国家洋垃圾事件增多。	能源紧缺；地球严重超负荷，生态受到极严重破坏，人类疾病增加，人类环境面临考验。

提问：上面这个表反映出了什么问题？从中可以得到什么启示呢？

生：（回答）

师：下面请同学们思考三个问题：1.如何处理好生产力的发展与人类环境的关系？（学生课前探究了第一个问题，可邀请校环保小组的学生进行简单展示。）

2.在实际生活的小事中我们如何做好环境保护？3.如果你要办一个企业,结合环境保护说说你的思路(提示学生从节能、治污系统等方面进行思考。)

生:(讨论,分小组作答。)

小结:这节课我们结合了高一所学知识,对人类社会发展史上三次生产力飞跃的重大发明:蒸汽机、电的广泛使用、互联网进行了学习,还从历史的角度增加了环保问题,思考了生产力的发展与人类环境的关系。环境保护是全球的责任,是每一个人的责任,是你我的责任。

> **评注:** 此处设问点出了本节课整合的目标,通过讨论,达到了整合知识的知识与能力目标,培养了学生通过史料分析问题的能力;情感态度价值观目标,得出这样的价值观:我们要注意处理好生产力发展与环境保护的关系,走可持续发展的道路;并要求学生学以致用,解决教师提出的三个问题,这几个问题是对之前整合的内容的更深入的思考,是结合现实生活解决问题。教师在本课中还整合了其他教学资源,如邀请学校环保小组的学生展示相关内容。
>
> 不过,后面的三个设问与历史课堂的结合度不是很高,尤其是最后一个问题,学生是否能在没有预习的情况下作出回答? 设计者当时没有能很好地考虑这一问题。

◆ 本书意见

对本课设计的赞扬:

本课体现了新课程的理念、方法和要求。本教学设计在分析了《课程标准》和教科书的编写后,与高一历史必修二知识进行了整合,并重点以环境保护为出发点进行本课的整合。学生课前广泛收集资料,课堂中还运用了一些社会资源(如邀请了校环保小组的学生)。其中环境污染史以教师讲授为主,最后由学生得出结论,并结合实际让学生进行了思考。本课充分分析了学情,采用了新课程的理念,有着明确的整合内容,既考虑到了学科内部的知识整合,又做到了与地理学科、化学学科关于环境保护知识的整合。整合的知识在展示时形式多样,学生对整合的内容可接受性强,易于理解,最后还创设情景,要求学生结合现实问题作思考,引导自主、合作、探究活动,对学生的现实生活有一定的指导意义。

对本课设计的批评:

有些教师认为本课课堂气氛的活跃是表象,分组探究与展示结果使得学生并没有都参与到每一个教学过程中,全体学生的积极性虽然有被调动起来,但没有鼓励学生大胆质疑与创新表现,整个课堂给人的感觉是为整合而整合,是把整合的环境保护知识硬塞进历史课堂中来。事实上学生学得并不主动,除了分到任务的探究组之外,其他学生都处于被动学习之中,只不过形式上由教师灌输转向了由学生灌输。在这堂课内,学生除了听讲解以外就是回答"连珠炮"似的问题,实际上思维活动的余地非常狭窄。

进一步认识:

本节课是以知识整合作为主要教学策略的,虽然可能引来"手段大于目的"的批评,但是我们认为有时从手段、策略出发可以使设计者有可能跳出具体课程内容的束缚,从更加宏观的角度来对教育、教学进行思考与建构。知识整合有利于开拓学生的思维跨度,使学生能够将分散的知识在整合的过程中联接成一个有意义的整体,从知识的层面来说,有利于学生系统的记忆,从能力来说,有利于学生更宏观也更深入地剖析一些具体的历史问题。这节整合课有它勇于开创的一面。本节课的遗憾在于一则比较多的学生活动分散了评价者(当然也有学生)对分析对象的注意,节奏感也欠明快,另外在整合有跨度的知识以有利于深度分析方面,也还嫌不够有力。但是无论如何,本课作为一个示范,还是有它的积极意义的。

◆ 如何进行以知识整合为主要策略的教学设计?

首先,整合的内容务必要符合课程标准相关培养目标,尤其在进行跨学科整合时,要特别注意目标的主次层次。

其次,在进行这样的设计时,先要做好学情分析,了解学生是否具备了整合的基础,知识整合意味着思维的跨度,用于整合的知识里常常会既有分属不同记忆领域的旧有知识,又有新增知识,在这些知识之间,通过巧妙的、有梯度的问题设置铺路架桥就成为关键。

再次,如上所述,知识整合的过程中,学生会需要回忆相当数量的旧有知识,避免"炒冷饭"也是教师必须加以考量的问题之一。通常的做法是设置一些必须同时调用多领域知识才能够进行回答的问题,既有利于加深思维,也有利于避免疲劳。

最后,在知识整合的过程中要尽量教会学生如何进行知识建构、如何进行知识整合的方法。本案例中采取的是事前布置与课堂讨论相结合的方法,学生搜集、回忆,而教师通过问题、表格来完成整合。如果有时间的话,建议让学生在观摩教师示范之后,自行完成某一部分的知识整合。

◆ 风险须知

在以下情况下,教学可能会遭遇挫折:

● 学生可能不具备进行知识整合时所需的知识基础;

- 学生可能缺乏对所整合知识的兴趣；
- 整合后的知识可能因高于学生的理解能力而造成理解混乱。

◆ 一个尝试

试将"文化大革命"的知识整合到高中人教版必修一《民主政治建设的曲折发展》中。

第四章　以历史反思为中心的教学设计

人们常说历史是由六个 W 构成的：When，Where，Who，What，How，Why。前五项可以说是对于历史的描述，而最后的 Why 则是对于历史的反思。对"为什么"的追问，使历史学家乐于埋首青灯黄卷，也造就了历史课堂恒久的魅力。对于追求赋予学生历史智慧的教师来说，以反思为中心是一个重要的设计角度。

◆ 什么是以历史反思为中心的教学设计？

针对历史的反思可以说有两种：一种是针对人们过去行为的反思，也就是常说的反思历史；一种是对历史观念和历史认识的再思考。这里所说的历史反思主要指后者。

历史，一般意义上具有三重含义：客观的人类过去的活动；对客观的人类活动的主观记载、分析和评价；一门学科。我们也可以这样认为：历史就是一种主观认识客观的人类过去活动的系统知识。但是，由于主观，就难免犯错误，难免产生偏差。因此，我们需要不断反省自己对历史的认识，反思自己对历史的观念。

我们认为，一堂课从学生既有的历史认识、观念出发，能够围绕学生这些偏颇、狭隘、不成熟的思想设计教学，最终形成较高级的历史认识和历史观念，这样的教学设计就是以历史反思为中心的教学设计。

◆ 为什么要以历史反思为中心？

历史反思既是一个过程，也是一种历史学习的素养，同时直接服务学生的人生。在历史学习培养上，具有重要地位。

历史反思不但是一种结果，也是一种历史学习品质。欲破除旧有的、错误的观念和认识，不以历史知识作基础，难达成新的开阔的视野；不以历史认识作终极目标，难有收效。所以，历史反思大到一节课，小到某个环节，都应该是很完整的。

◆ **什么时候适合这样做？**

学情需要：

（1）学生群体对某一重大历史问题存在普遍或较大程度的认识上的误区，且这一认识会影响他们当下和今后的行为。如：部分学生崇拜希特勒等。

（2）学生对于某一历史问题的分析存在思维方式方法的不当，且这种思维偏差对于其理解、认识历史有错误导向。如：学生在评价历史人物时以今非古、片面、绝对化等。

现实权衡：

（1）如果学生的认识误区和思维偏差点正好处于正规教学计划内容中，可以考虑以历史反思为核心，调整新课的教学。

（2）在校本课、选修课中，可以针对认识误区和思维偏差设计以历史反思为核心的课程。

教师储备：

（1）教师应对该问题有高出于学生的理性认识。

（2）教师应占有足够的改变学生历史认识的材料。

以上因素应从现实出发，整体考虑。需要指出的是，学情是首要的，所以学情判断要确有把握。

《南京大屠杀——七十周年的纪念》

北京昌平二中分校　暴玉果

一、设计立意

1. 课程立意——突出校本特色

这是北京昌平二中分校校本课程《重大历史事件回眸》中的一课。在遵从课程标准指导思想的基础上，设计者按照下面的思路选取重大历史事件：第一，它们应是课程标准中有所涉及但在教材中叙述并不透彻的；第二，它们应是学生所关注的热点；第三，它们也是社会热议的话题；第四，新课程实施前，历史教学界对这些事件的探讨已经形成一定的成果；第五，反映这些事件的新的资源品种日益增多；第六，教师本人对这些事件有一定的研究。把这些重大历史事件作为课程内容的主干，既能激发学生对历史学习的兴趣，也能使新课程的教学更加丰富，还能结合学生的实际，并可以呼应社会的认识，尽可能地使历史教学具有时代性和精选性。

2. 主题立意——蕴涵"人性解读"

在回顾南京大屠杀的历史时，长期以来的主导情感是"血泪控诉、愤怒声讨";而在谈到该事件的启示是，又大多是"勿忘国耻、振兴中华"的程式化表述。在这一令中华民族刻骨铭心的国耻已经过去七十周年的今天，我们对它的认识，能否有一些新意？实际上，近些年在学生中已经出现了太多的"反日、仇日"的情绪，"愤青"的大量出现也令我们检省：以往的教学是否存在误区？的确，单纯的仇恨和诱导仇恨并不能理性地认识南京大屠杀。更重要的是，当这一事件成为世界性话题时，如果不能体现我们这个民族在70年后反思历史伤痛时所彰显的理性，那么必然在参与探讨这一话题时显得落伍，甚至失去表达这一历史问题的话语权。今天的历史教育应该塑造的是具有世界意识的国民，借用学者的一语，即"我们的历史检讨，不仅仅只是为了对得起过去的一切受害者，更是为了未来的人类自救"（华东师范大学王家范先生语）。

> **评注**：要使学生反思，教师自己先要反思，如此，才能够给出恰如其分的材料，作出顺势自然的引导；教师的反思也一定要达到一定的深度与高度，具有比较大的包容性，否则一节严肃的反思课很容易在学生情绪的激愤中变成愤怒声讨的发泄课。

二、教学目标

【知识与能力】

辨析南京大屠杀中日军兽行的成因，理解军国主义的概念，通过概括、分析视频文献中的有效信息，提高分析历史问题的能力；

了解南京国际安全区的基本史实，提高阅读和初步整理文献的能力；

了解今年全球热拍南京大屠杀的情况，通过综合、归纳学习信息，提高认识历史和认识社会的能力。

【过程与方法】

通过查找、搜集和整理南京国际安全区的相关史料，体验主动参与的学习过程；

通过观看、分析视频，思考教师的引导问题，体验历史学习中问题意识的重要性；

通过阅读不同作者叙述撰写、制作南京大屠杀的作品的主题意图，感悟"由个性中寻找共性"既是一种历史学习也是一种认识社会的方法。

【情感、态度与价值观】

通过辨析南京大屠杀中日军兽行的成因，深刻认识并批判军国主义的危害，坚定同此种与人类公理相违背的邪恶力量作斗争的信念；

通过感悟南京大屠杀的人性解读，反省单纯的"愤青"思维，理性而人性地看待南京大屠杀，感受人性的力量与光辉；

通过了解2008年全球热拍南京大屠杀的情况,感受它已成为一个全球性的话题,今天对它的纪念应突破单纯民族主义的范畴,建立初步的国际意识。

导入:

再过两天就是南京大屠杀70周年纪念日,今天让我们通过这节课共同纪念南京大屠杀。

请大家先看一幅画(配乐下展示)

《南京大屠杀》(李自健)

> **评注**:该幅画极具震撼力,视觉上给学生以深刻的印象。而以配乐图片展示的方式,又能使学生陷入沉思之中,给学生提供了一个很好的思考的起点与环境。

这幅画的创作者是中国画家李自健,此画一经问世,震惊世界画坛。十多年来,李自健已经举行了四次环球巡展,有150万人亲临这幅巨画前驻足观瞻,8万多人写下了真挚的感言。

70年过去了,这一伤痛仍深植于人们的记忆中,大家仍会感到愤怒与痛恨。但在今天的课上,我们试图以新的角度,更加理性地去解读这一历史悲剧。

新视角:

凤凰卫视视频一:"日军兽性成因"

提问1:什么力量让日本军队丧失了人性,变成了一群魔鬼?

(参考:为实现统治全世界这样一个难以达到的目的,日本法西斯体制硬要把日本军队训练成一支完全没有人性的部队。)

但单纯谴责军队是不够的。实际上,日本的国民对战争也负有不可推卸的责任。正如学者所言:"日本国民整体上配合了被称为总力战的侵略战争。但日本人为什么能够那样丧失理智而全力地配合战争? ⋯⋯需要从日本的天皇

制……以及对国民的军国主义教育角度进行思考。"(《东亚三国的近现代史》)

(播放视频二：《南京梦魇》片段)

提问2：军国主义有哪些表现？

(参考：出示材料——"所谓军国主义，是指崇尚武力和军事扩张，将穷兵黩武和侵略扩张作为立国之本，把国家完全置于军事控制之下，并使政治、经济、文教等国家生活的各个方面均服务于扩军备战和对外战争的思想和政治制度。它的基本理论包括对和平的否认，坚持战争是不可避免的，甚至认为战争本身是美好和令人神往的。在军国主义国家，战争成为国家的主要目的。国家的生存和发展主要依靠对外掠夺和扩张"。)

提问3：军国主义有哪些主张是同人类的普遍观念相违背的？

(参考：和平、民主、国家主权、人的生命权等。)

今天，日本早已废除了天皇制，整个社会已步入民主轨道，但这种军国主义思想还没有被肃清。请大家看两幅图片：

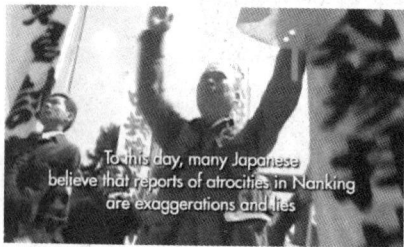

两幅图片中出现的场景时隔几十年，但请仔细倾听他们发出的呼喊。

(播放视频三："天皇万岁")

提问4：你听到、看到了什么？你的感受是什么？

(参考：日本的军国主义思想曾经扭曲过日本的军人与国民。今天，它仍然在继续扭曲着人性，这种思想如果不加以批判肃清，则悲剧还会重现。我们应坚定同此种人类邪恶力量作斗争的信念。)

评注：南京大屠杀，给中国人直接伤害的是日本军人，支持日本军人的是日本国民和军国主义制度，而军国主义制度与人类的普世价值存在何种冲突是问题的要害，不批驳到这种层面，深刻的、具有世界意识的历史认识仍然难以达成。本环节的层层设问颇有章法和技巧，值得体味。最后一问时两幅照片的对比具有强烈的历史感与现实感。

新发现：

教师简介南京安全区，部分学生根据课前的准备作进一步介绍。

教师应对发言的学生进行鼓励,并将对安全区的介绍引入对安全区存在的反思,即人类人性中善的光辉。

新局面:

随着时间的推移,人们已经能够从更理性、更人性的角度看待和反思战争。对南京大屠杀的认识和研究已经呈现出全新的局面。

1. 中国人:铭记＋理性认识

材料阅读:

我们创办"918爱国网"的初衷都起源于一个"恨"字——一个对当年侵华倭寇在中国所犯下滔天罪行的国仇家恨,对当前日本国内一小撮极右势力恶意篡改历史、拒不悔改的痛恨……但现在,我越发感觉到对于中日两国那段特殊的历史,我们国人除却一个"恨"之外,更多的是要认真地加以总结和冷静思考,要从单纯的"恨"逐渐过渡、深化为一种如何反省人类的战争罪行,怎样防止战争,诉求和平的思考。在中日两国如何长期和平共处的问题上,中日两国要实现长期的睦邻友好,要依靠两国和平力量的不断增长和对既往历史的深刻反省,要依靠两国人民之间加强沟通,增进了解。

——918爱国网编辑部总编吴祖康文

提问5:这段话中,有哪句或哪些话给你留下深刻印象? 为什么?

> **评注:** "留下深刻印象",问的是学生的感性认识。如果是"你觉得这段材料对你有哪些启示"就是问学生的理性认识了。学生从感性认识上升到理性认识是需要一个过程的。教学设计中这样提问,先叩开学生的感性认识之门,然后再通过师生交流引导学生的理性认识,这样符合学生的认知规律。

2. 日本人:(越来越多地在)反省

(出示材料《东亚三国的近现代史》)

它的出版有力地打击了日本国内右翼势力否定历史的嚣张气焰,更为关键的是,它为三国青少年以及东亚人民认知东亚近代以来的历史提供了权威读本。

3. 西方人:大多数人对南京大屠杀"无知"的局面正在改变

材料:《南京暴行——被遗忘的大屠杀》

(《南京暴行——被遗忘的大屠杀》(1997)是首部全面记录当年日军血洗南京城暴行的英文著作,作者张纯如,美籍华人。作品一经问世,极大地改变了西方人对南京大屠杀知之甚少的面貌。但更可贵的是,张纯如写作《南京暴行——被遗忘的大屠杀》的目的,是为了避免悲剧重演,是为了拯救包括日本人在内的全人类的未来。)

4. 全球范围内掀起拍摄热潮

简单介绍2007—2008年几部公映或引起关注的以南京大屠杀为题材的影片。

（出示材料）

《南京暴行——被遗忘的大屠杀》的目的,是为了避免悲剧重演,是为了拯救包括日本人在内的全人类的未来。

——张纯如《南京暴行——被遗忘的大屠杀》作者1997

南京大屠杀不是一次孤立的暴行,也不仅是中国人的劫难,而是全人类。

——朗恩·乔瑟夫《南京梦魇》制片人2007

我们不想做一部反日的电影,而是要做一部反战的电影。我们希望通过表演和片中传达的情感力量带给观众深入心灵的震撼。

——丹·史度曼《南京》导演2007

《南京! 南京!》不仅仅是记录,更着重于反思战争,讨论战争中人性的变化。

——陆川《南京! 南京!》导演2008

提问6:这几部作品目的是什么?

（参考:第一,叙述的目的都不是为了反日、煽动复仇情绪,而是为了反对侵略战争;第二,把南京大屠杀作为一个全人类的惨剧来看待,在作品中揭示人性。）

教师结语:的确,对于今人来说,珍视这份历史遗产应站在人类普遍意义的高度,它已经完全突破民族主义的范畴,成为一个全球性的话题。

结尾:

电影《南京》视频剪辑:

"憎恨日本吗? 不,我只憎恨邪恶的力量。如果我是一个日本国民,那么,我愿意对中国人民说,永远不要让悲剧再次发生。"

提问7:在这一视频中,此国际友人表达了他对于日本人的态度,那么,你的态度是什么呢? 请对日本国民,对南京安全区的国际友人,对以张纯如为代表的学者,对自己各写一句你此时最想说的话。

（电影《辛德勒的名单》配乐响起,学生书写自己的话。）

评注: 书面表达是把认识固化的常用方式,是提升学生认识的重要途径,也是学生情感宣泄的一个通道。以此来作为一节以历史反思为核心的课的收尾,比较恰当。

◆ 本书意见

对本课设计的赞扬：

本课以对历史的反思为设计的中心，选取了对中学生具有震撼力与冲击力的绘画、音乐、视频、文献材料，在问题设计上层层深入，使学生得以不断超越原有认识，最终达到从人性、从全人类的历史发展上去认识历史事件的高度。显然设计者考虑的不仅仅是一节课，更多地着眼于学生人生的发展，这样的高屋建瓴是具有启发意义的。

对本课设计的批评：

有些教师不能接受本课的价值立意，认为是否需要从爱国主义提升到"人性"的高度值得商榷。也有教师质疑：南京大屠杀的史实在本节课交代不够，浓描重抹的谈反思是有些舍本逐末的行为。

进一步认识：

本课的设计是以"反思"为设计的中心的，所有的环节、提问都必须围绕着这一目标进行。读者需要认识到的是：反思是带有"再认识"的性质的，是通过对已经有一定认知的对象进行再认知的思考过程；并且在这样一个再认知的过程里加强、超越或者颠覆原有的某些看法。在南京大屠杀这一历史问题上，"爱国主义"是一般学生对这一历史事件都会有的原有认知，设计者正是以此为起点先于学生，以一个更广阔的人类视野与历史视野进行反思，从而使学生通过在这一节课的学习与思考能够把将南京大屠杀认为是"国耻"与"人类的悲剧"两种不同视角下的体认协调起来。

本课试图从人性视角去诠释悲剧，全课分为三部分：第一篇——"新视角"，实质上是探讨"人性的泯灭"的成因，重在解读"是什么力量使人变成了魔鬼"。里面既提到了日本法西斯军政体制硬把军队训练成一支没有人性的部队，也指出在日本的天皇制和军国主义教育下日本普通国民已经丧失理性成为战争的加害者，而今天，肃清军国主义思想仍是一个现实问题。第二篇——"新发现"则意在感受"人性的光辉"，重在透视人性中"善"的一面，张纯如在她的作品中提到"在黑暗的年代往往使人们麻木不仁，但是仍有极少数人，出于我们大多数普通人永远无法理解的原因，不顾所有的警告去从事在正常年代中连他们本人都无法相信自己可以做到的事情"。在这一环节中以学生为主体介绍展示"南京安全区"，使学生了解在血腥屠戮的同时，有 22 个外国人，他们完全出于人性中善的本性在南京奋不顾身地保护了 25 万中国人，充分展现了"人性的光辉"。第三篇——新局面，让学生体验到的是"人性的呼唤"，重在诠释南京大屠杀作为宝贵的历史遗产，已经完全突破民族主义的范畴，成为一个全球性的话题，珍视这份历史遗产应站在人类普遍意义的高度，正如张纯如写作《南京大屠杀》的目的，是为了避免悲剧重演,是为了拯救包括日本人在内的全人类的未来。

但是,我们也应看到,"人性"这个概念很复杂。本课最值得探讨的是"人性",这个表达也是本课没有澄清的。就这点来说,我们认为批评者的意见是有道理的。下面我们以本课的主干内容为基本,谈谈一些想法与改进思路。

在该课的第一段落,也就是"人性的泯灭"中,固然设问有梯度,挖掘得很深刻,但当揭示了日本右翼势力否定南京大屠杀,在他们心中军国主义亡灵不死的现实及其危害后,仅以"我们应坚定同此种人类邪恶力量作斗争的信念"表达作为结束,显得草率。这个地方还应深入下去——不仅要坚定"应"同邪恶力量斗争的信念,而且要想"如何"同邪恶力量斗争的方式方法。这里不妨把一部海外华人拍摄的纪录片片段引用过来:"……1946 年 2 月,南京成立战争罪犯军事法庭。依法向东京的远东国际军事法庭申请引渡南京大屠杀元凶谷寿夫……1947年 2 月,公开提审谷寿夫,为时三天之久。呈堂文件以及审理过程记录今天仍完好如初地保存在南京二档馆。回想当初日军残杀中国同胞,一刀一条命,一梭子弹一排活人,从未经大脑思考,而今我们仍然赋予一个十恶不赦的战犯以人的基本尊严与权利去接受依法审理,什么叫野蛮? 什么叫文明? 两者之间的区别往往不是表面可以看得出来的。"播出纪录片后,可以引导学生思考在过去我们是如何对待日本战犯的? 结合前面所学,你怎样认识这里的野蛮和文明? 今天我们应当如何做? 可以让学生进一步认识到军国主义泯灭人性,而现代的法制精神还人的基本尊严。这里进行较量的不仅是两国的国民,也是两种意识观念。持不同意识观念的人分别书写自己的历史,也书写自己的未来。这样的价值引领是比较完整的,能够使学生的认识清晰。

就本课的第二段落,即"人性的光辉"中,我们与其说是想要有什么改进的设计方案,不如说是在思考这段历史的研究。其实,让学生得出这些国际友人持有国际主义、人道主义和博爱的精神的认识并不难,这些当然是人性光辉中的组成部分。不过这样是不是有些流于表面? 我们认为,本课的这一段落处理还是比较到位的,但我们更认为,在对南京国际安全区的研究中,心态史学的成分不足,这也值得人们重视。张纯如在《南京暴行——被遗忘的大屠杀》中这样感叹道:"(南京安全区的国际友人)出于我们大多数普通人永远无法理解的原因"(从事了)"在正常年代中连他们本人都无法相信自己可以做到的事情"。我们的历史研究能否将这"永远无法理解"改变为"至少可以部分理解"? 我们期待历史学界的研究进展。

第三个段落,也就是"人性的呼唤"部分,应当明确让学生得出结论:以人性的视角审视南京大屠杀是一种世界潮流,在全球化的今天我们要树立一种国际意识。在勿忘国耻的同时,我们今天纪念南京大屠杀也要提倡人类的共同价值观念,这是同他国进行交流的必需,也是吸取人类文明成果的直接行为。

◆ 如何进行以历史反思为中心的教学设计？

历史反思,需要把握一些原则。一是要破立结合,扬立隐破。即以不点明却使学生能意识到自己学习思维、认识上的误区为好——点明,总是难免带有说教的意味。反思就是再认识,再认识中更大的意义是新的认识。因此,反思往往是新认识的副产品。在我们所举的案例中,教师几乎一直没有如下的语言:"同学们你们是不是有过如此的认识?"这就比较好地把握了扬立隐破的原则。

再者,学生之所以会产生认识上的误区,也多是由于历史材料占有不够导致思路不够开阔。因此,以历史反思为中心的教学设计应出示适量的新鲜史料。当然,这里的新,只是相对学生而言。案例中,教师不仅自己出示了大量的材料,还引导学生自己搜集史料——让事实说话,这是最有力度的。

接下来,可能也是最重要的,就是教师应有历史的理智。否则,破的是什么未必看得到,立的是什么也容易陷入极端。教师历史理智的提高之根本是广泛的阅读,也就是教师的学术积累。其实准备该课时,教师的认识也有一个随着广泛阅读而逐渐提高的过程。

最后,把握适度的原则。在主观认识上,我们都会存在这样那样的问题,话说得过满,以权威自居,一时可能"唬"得住学生,但因轻视真理的重量,砸了自己的脚就是早晚的事了。

◆ 风险须知

●"彰往而察来"是教学中引导学生反思历史的重要目的,如果不能正视历史,不敢剖析自己的问题,没有实事求是和批判的精神,这样的历史反思课教学效果可以预见不会理想。

● 必须以理性的思维,而非狭隘、极端的感情去指导历史反思课的教学。如果做不到这一点,容易引起学生思想上产生偏激性的结论。

● 这类课对历史教师的专业素养和教学机智提出了一个非常显著的挑战,除此之外,历史教师还要善于组织学生对于不良历史认识的讨论(不是批判),通过民主讨论,让有思想问题的学生纠正认识。否则,一旦问题讨论开展后,教学场面将难以收拾。

◆ 一个尝试

阅读《从"火烧曹宅对不对?"看中学历史学科研究性学习》(载《历史教学》2004 年第 9 期)。结合本校学生具体情况,参考华东师范大学聂幼犁教授"研究性学习的具体目标",尝试完成一份以历史反思为中心的教学设计。

第五章 以人格养成为中心的教学设计

从历史教育本义看,著名特级教师齐健曾说:"如果要问历史教育的根本是什么？或者说,历史教育改革与前进的终极目标究竟在哪里？我认为,答案就是一句话,历史教育应当以陶冶和升华人的精神境界为根本。"从这个意义上说,历史教育的本质在于人格教育。

◆ 什么是以人格养成为中心的教学设计？

如果一节课的全部内容,无论是介绍历史人物所作所为的史实铺垫还是对所作所为的史实认知方法的指引运用,都是围绕如何彰显历史人物的精神品质而展开,都以让学生养成人格为最终指向,我们就可以说这节课是以人格养成为全课的中心。

◆ 为什么要以人格养成为中心？

高中《历史课程标准》指出:"通过高中历史课程的学习,培养学生健全的人格,促进个性的健康发展。"也就是说,学习历史,就是要让学生从历史中汲取成长的营养,促进学生的发展。就人物史教学而言,最丰富、最有用的营养莫过于蕴藏在人物行为背后的智慧和精神品质,这些智慧和品质是历史人物对自身生活意义透彻领悟的集中的、典型的反映。

◆ 什么时候适合这样做？

进行以人格养成为中心的设计时,需要考虑以下因素:
- 教师是否认同以人格养成为中心进行教学设计？
- 教师是否能够准确把握人物精神品质的内涵？
- 教师是否能够准备足够的用来反映人物精神品质的细节材料？
- 教师的口头、表情与肢体语言是否具有足够的表现力和感染力？
- 本节课对教学内容、顺序的调整和整合是否在学生的认知能力范围内？
- 本节课试图指向的情感、态度与价值观是否能与学生原有的情感、态度与价值观顺利衔接？

● 本节课的教学是否没有太大的知识、方法层面的教学任务和压力？

● 在本节课中为了彰显人物精神品质而必须作出的知识与方法上的舍弃是否在可容忍的范围内？

● 学生在未来是否有可能遇到反向的情感、态度与价值观的冲击？

以上因素仅仅作为教师进行备课时的参考，但是要注意的是，如果以上因素中，大部分的答案都是否定的，尤其是人物精神品质内涵的把握以及反映精神品质的材料的准备存在问题，那么本课可能是不适合以人格养成为设计中心的（对于一些教师来说，只要有一条就够了），教师应当考虑其他层面的目标。

《美国国父华盛顿》

浙江苍南龙港高级中学 卢成烽

教学目标

【知识与技能】

概述华盛顿领导独立战争、主持制宪、首任美国总统的主要事迹。

评价华盛顿的历史贡献。

【过程与方法】

通过阅读教材及相关的图片，了解华盛顿的主要活动经历，培养列大事年表的能力、概述历史事件的能力；通过对材料的讨论、分析，全方位掌握华盛顿对美国的历史贡献，并形成获取信息和合作探究的能力；通过用一句话来表达对华盛顿的感受及教师的引导，进一步培养全面评价历史人物的能力。

【情感、态度与价值观】

感受华盛顿英勇顽强的斗争毅力，将国家、民族利益置于个人幸福之上的崇高品质；体验华盛顿不贪恋权力，追求和自觉维护民主和法治的精神。

教学过程

幻灯：在美国众多的开国元勋中，说聪明，他不如富兰克林；比才华，他远逊汉密尔顿；谈学识，杰弗逊比他更精深；论政治，麦迪逊比他还精明，但这些杰出人物却一致肯定他才是最为杰出的。

教师导语：他是谁？——他就是美国首任总统华盛顿。这些杰出人物对他推崇备至，那么他在美国人民的心目中又具有怎样的地位呢？请同学们看几幅图片。

幻灯：图片中第一幅是美国著名的总统山，左边第一人是华盛顿；第二幅是华盛顿纪念碑，世界上最高的石刻建筑；第三幅地图红圈标注的是华盛顿州和华盛顿特区。

教师：为什么他会具有如此崇高的地位，他到底做了什么使美国从上到下都对他如此尊重呢?

> **评注**:在学生的心目中,华盛顿应该是很崇高的。但本课开始,教师就连用了四个排比句,从"聪明"、"才华"、"学识"、"政治"四个方面将华盛顿与美国其他四位开国元勋进行对比,一方面指出华盛顿的不足,一方面又点出华盛顿是他们中最杰出的一位,这样看似矛盾的表述,加上专门用幻灯打出字幕,给学生造成了强烈的认知冲突:"华盛顿到底杰出在什么地方?"这就为本课的中心"华盛顿的精神品质"的揭示埋下伏笔。

接着教师又通过三幅典型图片,让学生直观感受到华盛顿在美国人民心目中的崇高地位,与前面形成呼应,进一步增强学生的探究欲望,也为接下来的事迹介绍做好准备。

一、华盛顿的主要事迹

幻灯:根据图片并结合教材子目,概述华盛顿的主要事迹。

(学生看书,回答,教师概括并板书。)

(1)领导独立战争

(2)主持制宪

(3)首任总统

1. 领导独立战争

······

2. 主持制宪

教师简单介绍制宪会议的背景。

材料:在制宪会议上,对于如何设计一个完善的国家,代表们进行了激烈的辩论。这一辩论,口沫横飞历时三个半月。这也是迄今为止,美国历史上最长的一次会议,共计116天。

——《大国崛起·美国》

(学生看材料)

教师导语:在会议上,代表们唇枪舌剑,争论不已,但身为会议主席的华盛顿又有什么表现呢?

材料:华盛顿只在每天开会和散会时就座主席台,作为会议开始和结束时的司仪。其他时间,他都坐在弗吉尼亚代表团的桌子旁,以普通代表的身份参加讨论和投票。他在会上一共发言三次。第一次是在第一天,当选主席后致简短的答谢辞。第二次是在最后一天,问由他保存的会议记录以后怎么办。第三次也是最后一天,对戈汉姆的一项动议表示附议。

——易中天《美国宪法的诞生和我们的反思》

（学生阅读材料）

提问：为什么身为主席的华盛顿在会上不多发言呢？

（参考：如果华盛顿在会上讲得过多，由于他具有崇高的威望，肯定会影响其他代表的畅所欲言，这样制定出来的宪法就不能充分代表民意。）

提问：从中反映了华盛顿具有怎样的精神呢？

（参考：民主精神。）

教师：正因为华盛顿以及他的同事们这种对民主的不懈追求，所以制定出来的《1787 年宪法》也彰显民主特色。同学们在高一已经学过了《1787 年宪法》，它主要的内容有哪些，产生了什么影响？

（参考：确定了联邦体制和三权分立体制，它为美国的持续繁荣发展奠定了重要基础。）

> **评注**：一个唇枪舌剑三个半月、事关美国前途命运和根本利益的制宪会议，作为主持人的华盛顿，居然只在大会上发言三次，而且都没有涉及重大原则问题，这充分体现了华盛顿的民主精神。教师在这里仅仅提供一则相当简单的材料，但抓住了问题的关键，很能说明问题，很有震撼力。这样的设计很巧妙，有四两拨千斤的效果。

3. 首任总统

......

教师导语：华盛顿领导独立战争，主持制宪并首任总统，取得了巨大的成就。但是，他这些成就的取得绝不是一帆风顺的，在整个过程中，他遇到了种种困难，甚至有时还陷入了绝境。在他担任大陆军总司令的时候，大陆军军备简陋，物资缺乏，三个士兵才有一把枪和一条被子，而他们面对的是强大的英军。还比如在他知道自己被选为美国首任总统时，内心非常的惶恐，在他的一篇日记里真实记录了他内心的独白：

（学生朗读）幻灯："大约在十点左右，我告别了弗农山庄，告别了平民的生活，告别了家庭的幸福，带着无法用言语形容的忧虑不安的心情，动身前往纽约，虽然我极其乐意响应祖国的号召为祖国服务，但是却没有多大希望不辜负祖国的期待。"

> **评注**：在这里，教师呈现了两个历史细节：（1）独立战争时大陆军的装备；（2）华盛顿当选总统赴任前的心情。前一个细节，与独立战争的胜利形成强烈对比，衬托出了华盛顿领导独立战争时英勇顽强的斗争毅力。第二个细节，与全票当选总统的巨大荣耀对比，隐含着三方面的信息：一、体现了华盛顿淡泊

权力的高贵品质;二、体现了华盛顿将国家、民族利益置于个人幸福之上的崇高品质;三、反映了建国初期美国的困境。第三方面的信息又与前面"首任总统"的业绩形成鲜明反差,进一步说明华盛顿对美国的贡献。

二、华盛顿的选择

1. 选择坚持

幻灯:在美国数十位历任总统中,华盛顿和林肯是受后人崇敬的两位最伟大的总统。然而,两人造就自己历史英名的行为模式,却不尽相同。林肯依靠"有所为"而成就英名。……华盛顿的历史英名造就,主要靠的却是他终身一贯的"有所不为"……

——张光《谁造就了华盛顿不朽的英名》

提问:华盛顿有没有"有所为"呢?

(领导了独立战争、主持制宪、首任总统等等。)

2. 选择放弃

幻灯:三幅图片(略)

(学生看图、书,回答,教师一一板书。)

(学生回答后概括,教师一一板书。)

有所不为:

(1) 拒绝当国王

(2) 辞去大陆军总司令

(3) 不当终身总统

材料展示:华盛顿拒绝当国王

材料一:1783年3月11日,独立战争刚刚胜利,一部分军队由于没有得到任何报酬,开始策划起事,并计划进攻国会。他们宣称只认可华盛顿的领导。

他们委托一名叫尼古拉的军官写信给华盛顿,建议他拥兵自立当国王,成为美国的恺撒。

——《大国崛起·美国》

材料二:而华盛顿的选择是痛斥这些起事军官,告诉他们:"我想不出我有哪些举动会鼓励你写这样的一封信,我认为这封信包含着可能降到我国头上的最大的危害。……你不可能找到一个比我更讨厌你的计划的人了。"

——《大国崛起·美国》

教师导语:当听说此事后,英王乔治三世惊叹道:"啊,上帝!如果这么做,他就是全世界最伟大的人!"在一个专制制度盛行的世界,在一个国王和君主充当主宰的世界,华盛顿不当国王,选择民主,不当终身总统,选择急流勇退,这是一般的伟人所不能做到的,这也正是那些美国杰出的开国元勋一致肯定"华盛顿才是最为杰出"的真正原因所在。

在华盛顿不断的坚持和放弃的选择中,美国人民的收获是:

材料一:"英王陛下承认合众国为自由、自主和独立的国家。"

——《1783 年英美巴黎和约》

材料二:人民的人身、住宅、文件和财产不受无理搜查和扣押的权利,不得侵犯。

——宪法修正案(1789 年)

材料三:杰斐逊在第二届总统任期届满时,两党都要求他连任第三届。杰斐逊表示:"华盛顿将军在任总统八年后自愿放弃竞选,树立了榜样,我要仿效他。再多几个这样的先例,就会对任何一个想要极力延长总统任期的后继者排除惯例的企图增加障碍。"

——《大国崛起·美国》

(学生阅读材料,讨论并回答,教师进行适当的引导和总结。)

(参考:美国人民得到了独立和自由、人身自由等权利。开创了美国总统不超过两届的先例,有效地防止专制和独裁,促进了美国民主法制的发展。为美国经济的持续繁荣和国家富强奠定了重要的基础。)

板书:美国独立、自由、民主、富强

教师:正因为这样,他赢得了美国人民深深的热爱,赢得了世界人民的尊重,所以才会出现总统山、华盛顿纪念碑、华盛顿城、华盛顿大学等众多的纪念行为,所以才会使他获得了美国国父的称号。

教师导语:华盛顿虽然已经离我们远去,但是他的精神风范永在,永远留在美国人民的心中,那么,华盛顿给我们留下了什么呢? 请同学们用一句话来谈谈华盛顿给自己留下了什么,并把这句话写在纸上。

(学生思考、书写,教师巡视并和学生交流。)

教师:请几位同学把自己的成果与我们大家共享好吗?

◆ 本书意见

对本课设计的赞扬:

本节课设计巧妙,通过"华盛顿做了什么",在做的过程中"选择了什么",在选择中"美国人民得到了什么"这样一种人物解读过程,使学生学会掌握历史人物的一般方法。以"有所为"与"有所不为"为主线,配以细节展现与分析,把史料解读(包括课文)和历史结论的得出结合起来,从而对历史人物的活动、贡献及所体现的精神品质等有一个系统的把握和理解,使整节课形成一个有机的整体。这样的处理既可以使知识体系更紧凑、条理更清晰、结构更严谨,同时又更能彰显和品味华盛顿的精神品质。

对本课设计的批评：

一些教师认为本课没有准确把握课标要求，设计中心偏离。认为本课的设计应着眼于华盛顿的所作所为，从他的事迹和贡献出发，凸显华盛顿作为"美国国父"的历史地位；有些教师认为，教学的重点应该放在，概述华盛顿领导独立战争的主要事迹与贡献，理解华盛顿在建国初期美国的稳定和民主政治的确立中所起的作用，了解华盛顿在首任总统时期从美国利益出发采取的正确对内对外措施；有些教师认为本课缺少历史课应有的思辨性，特别是对历史人物的评价不够全面，没有进行一分为二的辩证评价，更缺乏历史人物评价方法论的指导，没有让学生学会科学正确评价历史人物的方法，过于突出华盛顿的精神品质；也有一些教师认为本课的能力培养要求过低，材料过于简单、明了，思维含量不高。

进一步认识：

本节课几乎所有的环节都是围绕着如何彰显华盛顿的精神品质而展开的，从导入的美国人民对华盛顿的崇敬之情，到华盛顿一生中的有所为和有所不为，以及从中反映出来的坚持和放弃的精神，再到这种精神对美国的影响的分析，直至最后让学生用一句话来表述自己对华盛顿最大的感受等，无一不是彰显华盛顿的精神品质，无一不是让学生从中感悟华盛顿的精神品质。这样的设计符合"人格养成"这一主题，虽然在能力培养上有所欠缺，但不失为一个好的教学设计。

◆ 如何进行以人格养成为中心的教学设计？

首先要明确历史人物精神品质的内涵。教师要根据课程标准和教材具体内容，全面分析历史人物的所作所为，这是进行以人格养成为中心的教学设计的前提和基础，否则，人物精神品质的教学就会失去依托，成为无源之水、无本之木，变成空洞说教，或者可能会出现所提炼的精神品质与所介绍的人物事迹不相一致，表里不统一。在对人物的行为作出分析后，教师要准确判断历史人物所体现的精神品质，要做到准确把握人物精神品质的内涵。

其次，要善于选择恰当的材料来反映人物的精神品质。彰显人物的精神品质用说教的方式肯定是行不通的，因为任何说教都是空洞和苍白无力的，而且还极易让学生产生反感。让史料说话，是一种行之有效的做法。所选材料不在于数量的多少，而在于质量的好坏，所谓好材料应该是典型的、能充分表现人物精神品质的。那么，哪些材料算是典型的？我们认为，当事人或同时代人形成的第一手材料，最接近真实，最有说服力，其中，又以生活化的材料、反映细节的材料最传神，也最感人。人物教学应回归人物生活，教学中要善用细节，让人物"鲜活"起来。人物的某些细节活动最能展现他的品质，最能感染人，最能打动人，尤其是那些在特定的历史背景下的生活细节的描述。

第三,围绕精神品质设计具体的教学环节。设计时要紧扣人物的精神品质这一核心,所有的教学内容都围绕着如何彰显人物的精神品质而展开。在类似的设计中,重要的不是如何促进学生知识结构的生成,而是精神品质的呈现。所以,有必要对教学内容进行适当的整合,而不是按照教材的顺序呈现。

第四,在类似的教学设计中,特别需要注意避免出现千人一面、千篇一律的现象。每一位历史人物,既有其成为伟大人物的共性的地方,但更多的是其独特的个性,伟人之所以成为伟人,这种独特的精神品质恐怕更加重要。所以,在设计中,既要呈现共性的一面,更要呈现个性的一面。这样,历史人物才会鲜活、生动,历史舞台才会丰富多彩,历史才能魅力无穷!

第五,要善于采用丰富多彩的方式,吸引学生参与情感体验和价值认同。由于整节课需要在同一种情感和同一种价值取向下进行,如何防止学生出现情感倦怠或逆反心理就成为必须考虑的一个问题。在前述设计中,教师不断地改变教学手段:多样化的材料呈现、朗读、带有评论性的叙述、讲故事、静态画面的对比、讨论……几乎在每一个教学环节中都使用一个新的样式,以求有效地保持学生的新鲜感。从实践效果来看,这样的做法是相当成功的。

◆ 风险须知

在以下情况下,教学可能会遭遇挫折:

● 学生可能已经形成相同的价值认同,而对所学内容不再产生新鲜感,甚至出现厌倦情绪;

● 学生可能更加喜欢有质疑的批判性思维和具体知识,而不愿接受情感型的教学方式和内容;

● 学生可能具有相反的情感体验或价值判断。

◆ 一个尝试

仍以本课为教学内容,完成一份以“精神品质”为中心,以体现“民主精神”为核心的人物史教学设计,要求思想丰满、深刻。

第六章 以建构主义为指导的教学设计

建构主义又译作结构主义,是认知心理学的一个分支,在西方已经过了数十年的研究与实践,开发出不少新的教学模式和方法,是一种已经成熟运用于教育领域的心理学理论。对于国内的中学历史教学,也不无启发。

◆ 什么是以建构主义为指导的教学设计?

简单地说,历史教学中的建构主义可以理解为主张学习者把新知识与已有的知识经验相结合,在已有的知识经验基础上形成新的知识结构,创新或"建构"学习者自己的知识。

◆ 为什么要以建构主义为指导进行教学设计?

行为主义、认知主义和人本主义是建构主义出现之前的重要教育心理学流派,行为主义关注强化手段在学习过程中的作用而忽视了人在学习过程中的主体地位;认知主义强调关注学生在学习中的主体地位,重视学生已有的知识结构,但忽略了人类的情感、价值、态度等方面对学习的影响;人本主义重视人的学习情感态度,是对认知主义学习观的重大发展。建构主义是目前最热门的理论,它肯定了学习者是学习的主体,重视学生已有的知识经验,注重情感态度对学习的重要作用,特别关注学生已有的知识经验。通过情境创设和问题设计,将学生已有的知识经验和学习的中心目标巧妙地联系起来,然后以学习的中心目标为核心,自上而下地建构知识网络,在各个子目知识的建构过程中强调情境的创设和问题的设计,从而在很大程度上突破了原有教学理论的局限,成为目前更具优势的教学理论。

《百家争鸣》

浙江省浦江中学 王 涛

教学目标

【知识与能力】

知道并理解:①百家争鸣出现的原因;②百家争鸣出现的意义;③孔子的思

想和贡献；④孟子如何发展儒家思想及其贡献；⑤荀子如何发展儒家思想及其贡献；⑥老子、庄子、韩非子和墨子的思想。

【过程与方法】

在教师精心设计的教学情境下主动探究问题，并掌握观察法、比较法、辩论法等学习方法。

【情感、态度与价值观】

感受诸子百家为人类思想宝库所作出的卓越贡献，体会人类优秀思想传承对人类文明演变的价值，从而激发学生对祖国历史与文化的热爱。

学情分析

【学习对象分析】

(1) 高一学生学习自觉性增强，可以采用自学—指导的教学模式。

(2) 所带班级学生思维活跃，参与意识强烈，为适度的探究性学习提供了可能性。

【知识背景分析】

(1) 高一学生初步具备了运用历史唯物主义和辩证法分析问题的能力。

(2) 初中相关知识学生已经学习，但是知识掌握程度不够扎实，遗忘较多，而且知识零散，缺乏系统性。因此，建立结构化的知识系统是教学的重点。

(3) 学生缺乏与思想文化史规律性有关的个人经验，这是本课教学的最大困难。因此，教师需要创设情境、设计活动，帮助学生获得相关经验。

教学过程

(一) 导入设计

材料呈现：两会剪影

温家宝总理的文学素养深厚，每次在记者招待会上，出口成章、妙语连珠，给全国人民留下深刻印象。下面是关于温总理讲话的新闻节选：

在回答《人民日报》记者关于控制物价增幅问题时，温总理说道："我一边上网，一边脑子里想起一段话，就是'民之所忧，我之所思；民之所思，我之所行'。"

教师：文中粗体字部分的含义是什么？反映了哪个学派的思想？

学生：关注民生，反映了儒家思想。

　　评注：导入有效性的评价标准在于导入能否有效地沟通学生已有的知识经验和知识目标，一般要求做到"凝神、起兴、点题"。凝神指吸引学生注意力；起兴指为沟通已有知识经验和目标知识做铺垫；点题指点明主题，这是导入的最后环节，实现把学生的注意力引导到该课的中心问题上。

　　该导入通过典型新闻材料，具有强烈的趣味性和现实性，而且贴近学生的知识经验,通过师生互动,成功地将学生从现实带入春秋战国时期波澜壮阔的历史场景之中,并点明了这节课的中心词——儒家思想。

（二）百家争鸣背景和概况的介绍

教师:儒学是春秋战国时期诸子百家中的主要学派之一。春秋战国是一个什么样的时代? 阅读下列材料,并回答问题:

材料呈现:

春秋战国时期是中国古代历史上社会政治经济急剧变动的时代,也是哲人辈出的时代,又是中国古代文化思想兴盛和发展的重要时期,国家靠什么治理,需要建立怎样的社会秩序,人的本性是什么……围绕这些问题,诸子各派纷纷亮出自己的观点,各抒己见,争鸣辩论,为后世留下了一座极其丰富珍贵的思想宝库。

……特别是在面对相同的社会政治问题时,古代哲人们所进行的思考即所得出的答案,往往是你中有我,我中有你,相互补充,相互吸收,这不仅表现在同家而不同派的思想中,也表现在不同家的思想中。

——《高中语文读本（必修三）》第 23 页

教师:根据材料,诸子百家在哪些问题上进行争鸣?

学生:国家靠什么治理,需要建立怎样的社会秩序,人的本性是什么?

教师:各个学派对相异于自己的观点持什么态度?

学生:争论和借鉴（相互补充,相互吸收）。

教师:回答得很精彩! 我们这一节课主要学习诸子百家,特别是儒家思想如何在借鉴中发展。

评注: 这节课的中心是儒家思想在借鉴中发展。思想史比较抽象,需要寻找新材料作为建构新知的支撑。先秦诸子的文章片段学生初高中阶段均有所接触,相关知识有一定储备,但是由于学生缺乏文化史的一些基本理论知识,因此仅据此学生难以获得对该课中心内容的理解。恰好高一语文课本的辅助读物有段典型材料,该材料表述简洁,条理清楚,内涵丰富,且和该课的中心内容契合度高,如果改造恰当,利用价值较大。

（三）主体部分知识的建构

1. 政治观

教师:诸子百家争论的焦点问题比较多,我们着重看三个方面的问题:政治观、哲学观和民生观。围绕这几个方面的问题,各个学派观点有何不同? 有何联系? 大家在阅读教材的过程中进行思考。（教师给学生大约 5 分钟左右的预习时间,并指出孔子、老子部分内容略读,孟子、荀子、韩非子、墨子相关内容详读,李悝变法、商鞅变法不读。)

(教师展示表格,以及待选词语。)

(1)选词填空

孔子	孟子	荀子	老子	韩非子	墨子

A.德仁礼　B.仁政　C.仁义;礼(法)　D.无为;小国寡民　E.中央集权;法制;改革　F.尚同;尚贤;非攻;兼爱

学生选词填空,教师随时进行说明深化。

(2)思想交流

材料一:姜伯勤教授新近也下了个定义云:"礼是一种规范性的行为。"

材料二:荀子主张礼法并举,认为"礼"是制定法律的根据,"法"是为了维护"礼"而制订的。

材料三:管仲是法家的先驱,荀子的礼与法继承发展了管仲礼法并举的思想。荀子在阐述礼的起源时,就将礼赋予了法的规范功能,给礼打上了法的烙印。

阅读以上三则材料,议一议,判断下述观点正误,并陈述理由。

小红:孔子的"礼"对人的约束性比荀子的"礼"强。

晓岚:荀子是伟大的思想家,他在改造孔子的"礼"的时候,没有借鉴其他学派的思想。

(3)知识应用

辨一辨:下列观点属于哪个学派?

建立和谐世界的理念。　　　　　　　　　(儒家)

宠辱不惊　　　　　　　　　　　　　　　(道家)

创业创新,推动浙江全面发展。　　　　　(法家)

法治浙江建设纪实　　　　　　　　　　　(法家)

"有条件要上,没有条件创造条件也要上。"　(墨家)

> **评注**:知识建构的方法选择要综合考虑针对性和高效性,政治观方面各个学派观点差异较大,有些概念理解起来有一定难度,能否在有限的时间内高效建构新知是教学设计成功与否的关键。该设计综合运用了多种方法,帮助学生成功建构新知。

　　1. 选词填空。其价值在于帮助学生获得诸子百家政治观的整体性认识，同时能够有效降低学生学习难度，有利于节省时间，为知识的深化创造条件。

　　2. 讲授法。该环节较多地使用了讲授法。讲授法的优点在于教师能够在较短的时间内给学生提供丰富的历史信息，提高学生建构新知的效率。

　　3. 探究法。教师呈现难易适中的典型材料，让学生各抒己见，让学生在辩论中体会该课的中心内容：借鉴是思想文化发展不竭的动力源泉。

　　4. 辨析法。教师摘编流行语，让学生运用知识进行辨析。该部分既能巩固知识，又能有效调节课堂气氛。

　　2. 哲学观（略）

　　3. 民生观（略）

　　（四）知识升华

　　教师展示学者对诸子百家的评价：

　　孙卓彩：墨学"追求平等"、"主张互利"、"重视自然"、"崇尚创新"、"向往和平"等思想具有当代价值。

　　黄水源：儒家"仁者爱人"的思想，富含着对人的基本权利的承认和肯定，是当今解决人与人的关系的有效借鉴。

　　王楠：我们既要"洋为中用"又要"古为今用"，要从法家管理思想体系，从先秦哲人谋略中汲取丰富营养，使我们民族的诸多美德、苦干精神、聪明才智与现代科学管理结合起来，创造有中国特色的管理模式。

　　佚名：道家思想对中华民族传统美德的形成有重要的影响，如老子的虚怀若谷、宽容谦逊的思想，恬淡素朴、助人为乐、反对争名夺利的思想，以柔克刚、以弱胜强的思想等。

　　教师：大家迅速浏览材料，看看诸子的哪些思想对今天有重大价值。

　　学生：墨学：平等互利等；儒学：人际关系和谐；法家：管理思想；道家：传统美德。

　　教师：各位学者对诸子百家思想的现代价值进行了探讨，学完了这节课，你能否也谈谈自己的感悟，要求是用一句话来概括。

　　教师展示例句：

　　例一：只有观念交流才能产生人世间最美丽的思维，相互借鉴是人类文明演进的永恒话题。

　　例二：学习传统文化，实现在借鉴中创新。

　　学生写感悟，教师展示部分学生的优秀作品并进行点评。

　　学生感悟：思想文化是在不断争鸣、不断碰撞中迸出来的火花，是人类智慧的结晶。

　　教师点评:洪小岚同学所说的"火花",其实就是思想观念在争鸣中的合流,这体现了该同学对争鸣与发展关系的深刻领悟。

　　学生感悟:在借鉴中发展,在发展中创新。

　　教师点评:张攀帆同学对借鉴、发展和创新的关系进行了巧妙的概括,体现了他对借鉴这一创新方法的认同,这也表明该同学较好地把握了本课的核心理念。

　　学生感悟:世间任何事物都不是孤立的,只有相互交融,才能相互促进。文化的渊源只是涓涓细流,只有汇集,才能奔腾万里。

　　教师点评:盛晓洁同学才思敏捷,她写的感悟文辞优美而不乏深刻,对仗整齐而不乏深意,宛如潺潺的小溪,滋润着我们的心田。她用一种震撼的自然美景揭示了文化发展的一条主线:在交融中发展。

> 　　评注:新理念秉承新的知识观,即知识具有绝对的主观性和相对的客观性。教师授予学生建构知识的自主权,既能激发学生的探究欲望和创新精神,落实情感教育目标,而且也是教学有效性检测的重要手段。该环节的设计不仅掀起了课堂教学的高潮,而且也有效地升华了学生的认识,营造了温馨、和谐的教学氛围。

◆ 本书意见

对本课设计的赞扬:

　　一些教师认为本案别出心裁、精彩纷呈,是一节建构主义理论指导下的典型课例。这节课教材内容比较简约,需要补充相关背景知识和史料;教学设计难度较大,要求教法选择上精益求精。从该课目标知识和学生已有经验的角度考察,设计该课存在着四对较大的矛盾:知识容量大和课时短之间的矛盾;知识难度大与学生思维能力之间的矛盾;学派本位和该课主题之间的矛盾;内容广博与学生经验不足之间的矛盾。如何解决这些矛盾以增强教学的有效性,王老师突破了学派本位的设计思路,以政治观、哲学观和民生观为中心,大胆地整合教学资源,并且精心创设情景,巧妙设计问题,授予学生建构知识的自主权,充分凸显了学生构建知识的主体地位,成功地实现了教学目标。

对本课设计的批评:

　　一些教师认为:该课不足之处在于历史感不强。脱离了具体时代背景,儒家融合诸子思想就从一个具体的历史进程变成了哲学概念的拼接,而师生对诸子思想在当代价值的感悟也就成了无根之木。

进一步认识:

　　建构主义理论作为一种前沿教学理论,是有着旺盛的生命力与广阔的可开拓性的。阅读本案例的教师应当注意：本案设计的前提是学生对先秦诸子思想已经具备较充分的理解与运用能力，因而教师的课堂建构是在较高起点上进行的。在不具备这一前提的情况下，"时代—人物—思想"的常规建构方式可能会更有效。因为没有一种建构可以容纳一切教师希望达到的教学目标，所以教师不仅仅要考虑建构起了什么，而且要考虑在建构时，什么被放在了结构之外。总的来说，本案设计目标指向明确，结构自身清晰明确，结构内外得失一目了然，确是非常典型的建构主义设计。

◆ 如何进行建构主义为指导的教学设计？

建构主义主张以核心问题为中心自上而下地建构知识体系。为此在以建构主义为指导进行教学设计时，要注意以下几个方面：

学情分析。建构主义学习观认为，学习是学习者在已有的知识经验的基础上建构新知，因而在教学设计之前要对学生可能的学习经验进行分析，了解学生已有的知识和能力基础，学习该课可能会遇到哪些困难，这是进行有效教学设计的重要前提。

中心提炼。每一节课必须有一个中心，建构主义亦是如此。每一课的中心可以因为教师或学生的实际情况而有所不同，但是在建构主义指导下的设计，通常要求教学的中心同时也是课堂的终点，这是和其他设计方式不同的地方，请读者予以注意。

结构设计。建构主义设计中，结构是课堂的支柱，结构的生成也就是课堂的生成。因而结构的形态也就常常体现了课堂教学在时间上的分配与教学流程的推进。设计者在进行结构设计的时候首先根据学情设计结构起点，并根据自身的教学目标设计课堂的终点或中心，而后考虑从结构的起点到终点之间所需要添加的其他旧有知识或者新知识，并且赋予这些知识以一定的逻辑定位。

资源整合。如何建构适合于学生学习的知识体系是运用建构主义指导教学设计的关键。教材的编写往往关注知识体系的系统性和完整性，教师教学主要关注学生学习的有效性，因而教材体例与教师教学关注的焦点并不一定一致，这就需要教师根据学情和授课内容对相关资源进行适当整合，以利于学生新知的构建。需要注意的是，知识整合并不一定出于建构主义的指导，也不一定以最终形成特定结构为目标，建构主义指导下设计的教学也并不绝对需要知识整合。

◆ 风险须知

在以下情况下，教学可能会遭遇挫折：
- 教师设计的结构脱离了学生的实际认知能力；
- 结构自身存在未充分注意到的缺陷；

● 建构的过程中发生逻辑的跳跃,最常见的是时间跳跃。

◆ 一个尝试

以建构主义为指导,围绕高中历史课程标准必修一内容标准中的"走向多极化"进行教学设计。

第七章 以多元智能理论为指导的教学设计

1983 年，美国心理学家霍华德·加德纳出版《智能的结构》一书，正式提出多元智能理论。多元智能理论是一种重视个体差异的关于人类潜质的理论。这一理论有助于教师更多地把学生看成具有不同个性的个体生命，从而进行更有益于学生长远发展的教学设计。

◆ **什么是以多元智能理论为指导的教学设计**？

加德纳一再强调，多元智能理论反映的是自己对人类、文化和个体差异的理解，"智能是解决问题或制造产品的能力，这些能力对于特定的文化或社会背景是很有价值的"，"一定领域内文化知识的产生，必然适应一定时期的人类大脑和心理，适应那个时期人类大脑和心理在不同文化背景中发育和进化方式"。认同这一理论并重视学生个体差异性的教学设计，可称为以多元智能理论为指导的教学设计。

多元智能理论与传统智力理论相比，有如下区别：

第一，传统智力理论将智力限定在认知范围内，把智力等同于认知能力。多元智能理论则有所突破，如人际交往智能和内省智能明显不在认知范围内；传统心理学认为的某些"感知活动"，多元智能理论却命名为"智能"，如传统心理学称为视觉的活动，加德纳称其为空间智能。

第二，传统智力理论认为，智力是以言语—语言能力和逻辑—数理能力为核心的、以整合的方式存在的一种能力。人与人的不同，不是体现在智力的种类与结构上，而是体现在智力的数量上，因此人们就被贴上正常人、低能儿和超常儿等标签。但是，现实生活中却是"龙生九子，各不相同"，人类个体的差异远远要大于传统智力的简单划分。多元智能理论认为智能有多种类型。加德纳最初提出人有七种智能，后来又提出有八种或九种，而且他还断言有那么一天，"智能的数目将会增加，或者智能之间的界限被重新界定"。个体之间的差异，主要体现在每个人智能优势和智能组合不同。由于每个人都有八九种智能，而且其智能优势、智能弱势各不相同，这就决定每个人的智能结构都是独一无二的，它强调的是个体之间的差异。

第三,传统智力理论认为,智力是与生俱来的一种生物特征,与社会、与文化没有关系。多元智能理论则认为智能是在一个或多个文化背景中被认为是有价值的、解决问题或制造产品的能力,这样就将社会文化引入智能的内涵。对此,加德纳解释道,"智能分布的概念认为仅仅依靠自己的大脑单独从事生产活动的情况是微乎其微的。与此相反,人类个体需要与各种人、各种无生命的物体合作才能从事生产活动。因为这些存在着的人类的活动如此紧密地结合在一起,所以将它们看成是人类个体智能的触角和延伸,是很合理的"。

第四,传统智力理论认为,智力是与生俱来的,因而也是固定不变的,人生而具有一定数量的智力。在这种智能观下,聪明人永远是聪明人,笨人永远是笨人。虽然人们相信"勤能补拙",但是勤能"补"拙却不能"去"拙,说到底还是一个笨人,只不过如果笨鸟先飞,也能觅得饭食。在多元智能理论中,由于智能具有社会性,因而智能可以通过后天的努力得到发展,优势智能可以得到巩固,弱势智能可以得到提升,智能结构可以得到优化。只要给予适当的鼓励和指导,大多数人有可能将任何一种智力发展到令人满意的水平。而且,由于每个人智能的组合形式均不相同,因此无法比较他们的智能水平。如果要对一个人的智能作评估的话,我们只能说他(她)的优势智能是什么,弱势智能是什么,他(她)的智能组合形式是什么,而不能作"他很聪明"或"她很笨"之类的评价。从一定意义上讲,每个人都是聪明的,关键在于要找到适合他(她)的工作。

第五,传统智力理论认为,个体的智力可以通过智力测验测量,基本方式是借助一些经典的智力量表,通常采用纸笔问答的形式测出个体的智力分数,从而判断个体智力的高低。多元智能理论认为,智力是在某种社会或文化环境中,个体用以解决自己遇到的真正难题,或生产及创造出有效产品所需要的能力。对每一种智力的研究都应将其放回它所处的文化情境中。

一言以蔽之,传统智力理论失之于客观性、单一性、静态性、线性;而多元智能理论则具有生命性、多元性、动态性、结构性,强调并尊重个性差异,充分肯定人类的潜力。

◆ 为什么需以多元智能理论为指导?

受传统智力理论的影响,人们认为人类的智力是单一的、相对固定的。因此学校就采用统一的标准,发现和选拔出智商高的学生,以便他们升入高一级的学校进行深造。这些学生是学校的成功者。与此形成鲜明对比的是,大多数学生在学校往往受到忽视甚至是歧视,成为不幸的失败者。多元智能理论认为,每个人都拥有不同的智能组合,"每一个孩子都是潜在的天才儿童,只是经常表现为不同的方式"。这就从根本上否定了传统的智力理论,也就彻底否定了传统的教育观念。既然每个孩子都是潜在的、表现形式不同的天才儿童，那么我们就应该尊重孩子的差异，全力开发孩子的潜能，为孩子的发展服务。

具体到历史教育，这就涉及到学科教育与学生发展的关系，是学科本位？还是学生本位？换句话讲，是培养适合历史学科学习的学生？还是使历史学科的教育适合学生的发展？恐怕应该是后者。历史教育不同于历史研究，历史研究可以"为历史而历史"，历史教育就不行。历史教育必须和现实、与学生相联系，必须蹲下来和孩子说话，说孩子能懂的话，在教学目标的制定、教学内容的选择、教学策略的设计、教学评价的实施中，要更多地结合学生丰富多彩、富有个性的实际，以提高历史教学的"适性力"，促进学生的发展。学生的发展是历史教育的出发点也是归宿，这是不容否定的。

历史教育的目标不在于为历史研究培养专家和学者，而是为每个学生多元智能的发展、为每个学生素质的全面提高创造条件。历史教育只有提高自身的"适性力"，使学生从内心认识到历史教育对自己发展的价值，才能得到学生的喜爱与尊重。

《关于北海公园的研究》

北京西城教育研修学院　张汉林

一、概述

本次活动是高一年级学生开展的一次研究性学习。

所需课时：考察北海公园2课时，小组讨论1课时，考察成果展示和成果评奖2课时。不包括学生收集资料的时间。

概述学习内容：学生在前期活动中，到图书馆及互联网上查阅资料，并去北海公园进行实地考察、采访、拍照、摄像。由此，学生认识北海公园的历史，了解其文化历史遗产价值，发现北海公园存在的现实问题，讨论解决问题的方法，分组研讨和写出考察报告。然后，逐一汇报各小组的考察成果，并依据一系列的评价标准，评出最佳作品等奖项。

二、教学目标分析

该课题预计达到的教学目标是：

认识北海公园的历史价值、文化遗产价值，增强文物保护意识和可持续发展意识；另一方面，关注社会，关心居住的城市，提高社会实践能力。

运用观察、考察、调查、访谈等方法去搜集与课题有关的资料；从资料中初步发现问题并知道解决的途径；将研究成果撰写成论文或考察报告。

评注：研究性学习重视学生在研究过程中的情感体验和方法运用，该课题教学目标较好地体现了这一特点。

194

三、学习者特征分析

高一年级的学生已有一定的发现问题、分析问题和解决问题的能力。

通过半年的相处,同学们之间已经有了很深的相互了解,这为他们进行小组之间和小组内的合作打下了良好的基础。

高一年级的学生,考试的压力不大,更容易投入到这项活动中去。

四、学习任务分析

根据学生不同的智能,根据不同的研究方向,师生共同确定各小组分工,见下表:

北海公园研究小组分工与多元智能的培养

智 能 类 型	活 动 主 题	
语言智能	北海公园的历史文化	历史类
内省智能和存在智能	北海公园的宗教文化	
空间智能	北海公园的园林艺术	
空间智能	北海公园的美学成就	
人际交往智能	北海公园的 CI 策划	社会类
语言智能和人际交往智能	北海公园的旅游经济	
数理逻辑智能	北海公园的日最佳接待人数	
数理逻辑智能	北海公园的文物保护	
自然认识智能	北海公园的生态系统	自然类
空间智能和数理逻辑智能	北海公园的地理平面图	

评注:根据学生不同的智能倾向,选择学生感兴趣的研究课题,这是成功开展研究性学习的前提。

五、资源

1. 学生可能获得的学习环境:

北海公园、网络教室、图书馆。

2. 学校图书馆里特定的参考资料:

《北京历史》,北京市中学乡土教材(试用),北京教育科学研究院基础教育教学研究中心编,中国地图出版社 1992 年版。

《北京史》(增订版),侯仁之主编,北京燕山出版社 2000 年版。

《北海景山公园志》,北海景山公园管理处编,中国林业出版社 2000 年版。

《北海》,中国画报社、北京市旅游事业管理局编,中国画报出版社 2000 年版。

3. 为学生提供的工具:

需要准备交通工具。

需要联系北海公园的管理人员以取得方便。最好能联系到对北海公园有研究的学者或水平较高的导游或北海公园的管理人员,以便在现场给学生们讲解北海公园的历史和现状,启发学生的思考。

如果学生时间紧张,最好能将重要的资料复印给学生,以减少他们前期的准备时间。

有条件的学生,带上相机、摄像机等设备。

六、过程

1. 确定课题方向和小组。

经过探讨,共定下北海公园的历史文化(语言智能为主)、宗教文化(内省智能和存在智能为主)、园林艺术(空间智能为主)、美学成就(空间智能为主)、CI(即企业形象设计)策划(人际交往智能为主)、旅游经济(语言智能和人际交往智能为主)、日最佳接待人数(数理逻辑智能为主)、文物保护(数理逻辑智能为主)、生态系统(自然认识智能为主)、地理平面图(空间智能和数理逻辑智能为主)等十个方向。这十个方向分三大类。前四个属于历史类,后两个属于自然类,中间四个属于社会类。按照学生智能的不同,根据自愿的原则,将一个班的学生分成十个小组。

2. 研究前的培训。

告知学生如何搜集资料、撰写论文,提醒学生注意安全、严格遵守活动纪律。力所不及者,延请外援,如请对北海公园的历史有研究的学者,请北海公园的管理人员谈谈北海公园的现状,请对以上十个专题有研究的其他学科的教师等等。

3. 搜集资料和发现问题。

学生搜集资料的形式多种多样。常用的有实地勘察、观察、访谈、问卷调查、查阅书刊、上网搜查等。如可以让旅游经济小组对北海公园管理人员和游客进行访谈,地理平面图小组进行实地勘察,日最佳接待人数小组观察在一定的时段内每个门能进来多少游客,历史文化小组记录北海公园所有的匾额楹联,园林艺术小组从不同的角度拍摄北海园林建筑,宗教文化小组在小西天佛教建筑群中体会宗教的氛围,等等。总之,不管哪个小组,都必须亲自到北海公园去体验和观察,才能有所感悟(历史类),才能得到原始资料(社会类和自然类)。这对习惯于从书本到书本的学生来说,等于是打开了一个新的天地。

在研究过程中,要善于引导学生发现问题。如乾隆皇帝在北海公园一处偏僻的建筑题词"濠濮间"。"濠濮之思"缘于庄子在濠水和濮水边上留下的两个流芳千古的故事。众所周知,儒家思想和道家思想一向以相黜为主。那么,一个极力推崇儒家思想的皇帝为什么会对道家代表人物庄子感兴趣呢?

如以前在北海公园开设有一家肯德基餐厅,而如今已没有了。由此可以引发对北海公园定位的思考。北海公园有三种走向:一是成为纯粹的社会公园,以"营利性"为目的,以收益大小衡量公园发展的好坏。二是成为一个古文物保护单位,享受与故宫、颐和园等古建筑一样的特殊保护。三是成为一个文物保护单位及社会性公园,即以"文物"受到保护为前提,配合公园的内部建筑风格,适当地发展一些"营利性"业务。请学生思考哪种定位最好,还能想出更好的发展道路吗?

北海九龙壁是国宝级文物,而现在却发生了倾斜,而且有虫蛀和腐蚀的痕迹。为什么会这样,我们应该采取怎样的措施来保护九龙壁?

北海小西天的宗教建筑与故宫等世俗建筑的风格有些相似,小西天的观世音像和印度佛教中的观世音像截然不同;李莲英称慈禧太后为老佛爷等现象说明佛教在传入中国时发生了什么变化,为什么会发生这些变化?

> **评注**:搜集资料和发现问题这项工作容量大,耗时长,最能锻炼学生各方面的能力,直接关系到学习的最终效果,因此是整个活动的中心环节。教师在此过程中,要善于抓住细节和现象,将学生的研究引向整体与深入。

4. 撰写论文。

有了上述准备,撰写论文也就水到渠成。我们暂时确定了以下题目,以供学生参考。《北海公园匾额楹联浅析》、《道家思想与封建统治》、《从小西天看佛教的中国化》、《北海公园之美学分析》、《由静心斋看中西园林艺术对比》、《北海公园的形象设计》、《关于北海公园饮食业的发展建议》、《北海公园的前景规划》、《北海公园生态系统调查报告》、《北海公园游船经济的现状与前景》、《关于北海公园日最佳接待人数的研究》、《关于九龙壁保护的报告》、《北海公园地理平面图的相关测量》。

5. 评价。

各小组将论文和文章装订成册,进行汇报。建议学生可以是简单地将本组研究过程和研究成果讲述一遍;可以做成幻灯片展示出来;也可以将北海公园相关景点拍成纪录片,配上古典音乐;甚至仿照新闻联播和焦点访谈的方式,小组的三个人分别饰演播音员、主持人和记者;等等。最后根据各小组的综合情况,评出最佳合作小组。

七、评价

（一）学生作品评价量表：

奖项	最佳策划奖	最佳搜集材料奖	最佳展示奖	最佳学术奖	最佳作品奖	备注
评选标准	选题大小恰当，角度新颖，富有时代气息。	1. 材料来源广泛、丰富多彩。 2. 论文对材料的运用恰到好处。	1. 灵活恰当地运用表现形式。 2. 充分展示出论文内容，并有助于观众理解。	1. 有自己较深刻的见解。 2. 能灵活运用所学知识解决问题。	前四项得分相加，最高分为最佳作品奖得主。	1. 评委根据每项奖项的评选标准对每个调查小组进行打分。 2. 分数标准： (1) 完全符合：90—100。 (2) 基本符合：80—89。 (3) 不太符合：70—79。 (4) 不符合：60—69。

（二）学生自评与小组互评标准：

1. 理解任务的要求：能准确快速地理解教师的意图，并能提出自己的建议，从而更有利于任务的完成。（10分）

2. 在完成任务过程中的态度：是否努力，是否能知难而上、不怕麻烦、不怕吃苦等等。（10分）

3. 与小组成员的合作：能否很好地协调小组内的人际关系以便更好地完成任务；能否更好地完成小组的进一步分工。（10分）

4. 对小组的贡献：能否对小组研究课题的完成提出建设性意见以利于课题的顺利完成。在搜集资料、实地考察、小组讨论、论文写作和成果展示这几个环节中的哪个阶段起了关键的作用。（20分）

八、帮助和总结

1. 在搜集资料阶段，教师应该多向学生提供一些基础性的资料，帮助学生很快地进入研究者的角色。当然，教师不能包揽所有的资料搜集工作。

2. 在实地考察阶段，教师应请到专家、公园管理员或高级导游向学生深度地介绍北海公园，并回答学生所提出的问题。

3. 在小组活动阶段，教师应该对小组的活动进行监督。一方面，对不善于小组活动的成员提供指导性的帮助；另一方面，对小组研究的问题提出一些自己的意见，并回答学生所提出的问题。

4. 在成果展示和评奖阶段，尽量对每个小组进行评价并总结整个活动。

◆ 本书意见

对本课设计的赞扬：

这次学习活动涉及面很广，需要迁移多学科的知识和方法，难度较大。但是,学生们在活动中却乐此不疲,表现出很大的热情和创造力。这主要应归功于设计者对多元智能理论的理解与运用。在此次研究性学习中,设计者运用了开放、多元切入和问题解决三大教学策略。

由于学生学习风格、智能倾向各不相同,所以要进行开放式教学。所谓开放式教学,指教学内容的开放和教学形式的开放。在上述案例中,所有教学环节都面向所有学生开放,学习任务的确定、学习过程的实施、学习结果的评价均有学生的参与,有的甚至完全由学生占主角,这就是开放式教学策略的运用。

所谓多元切入教学,是基于学生智能倾向和结构存在差异这一事实。加德纳认为:"几乎每一个值得理解的概念,都可以用许多方法来定义,可以用多种方法表达和讲授。……有了多种多样的切入点,至少可以找到一个适合某一个学生的。……如果能提供多个切入点和通向实现它的途径,就能增加个体在多种领域内获得理解并融会贯通能力的可能性。"在上述案例中,学生从历史、社会和自然三个大类和历史文化、宗教文化、园林艺术、美学成就、CI 策划、旅游经济、日最佳接待人数、文物保护、生态系统、地理平面图十个课题对北海公园开展多角度多层次的研究,这就是多元切入策略的运用。

问题教学早已有之,但是传统的问题教学仅仅限于认知意义,其目的在于引出新知识和巩固旧知识。多元智能理论认为,"一个人的智能必定会带来一套解决难题的技巧,它是个体解决自己所遇到的真正难题或困难。如果必要的话,还使个体创造出一种有效应的产品"。由此可见,多元智能理论视野下的"问题解决"重视实践能力和创新精神,与传统问题教学的旨趣是迥异的。在上述案例中,学生活动始终围绕问题展开,实地勘察、观察、访谈、问卷调查、上网搜索,在教师的指导下发现问题、定义问题和解决问题,这就是问题解决策略的运用。

三大策略彼此交融,在承认和尊重学生个体差异的基础上,最大可能地激发出学生的潜能。

对本课设计的批评:

一些教师认为这一设计涉及多学科的知识,历史教师难以把握;一些教师提出本校附近没有类似北海公园的研究对象,因此本设计的借鉴性不强。

进一步认识:

上述案例设计的领域是研究性学习。那么,在历史教学中,要为了学生的多元智能而教(学),还是依靠学生的多元智能而教(学),换句话来说,学生的多元智能是手段还是目的,这是一个值得深入思考的问题。

在目前基础教育"多元智能热"中,出现了两种错误的倾向。一种是将多元智能理论神话化,如有人将多元智能理论等同于素质教育,认为多元智能理论"与素质教育异曲同工",是"素质教育的最好诠释"。其实,正如加德纳所言,多元智能理论只是一个教育工具而已,"'多元智能'不应该是也绝不是教育的目标。教育目标必须反映出人类自身的价值观,而这价值观绝不可能简单地来自于科学理论"。另一种倾向是将多元智能理论庸俗化,如有人误把活动当智能,腿跳了一下,就是运动智能;放背景音乐,就是音乐智能。这其实是无视多元智能理论强调差异的本质。这两种错误的倾向都没有摆正实践与理论的关系。世界上任何一种理论都有其诞生的特殊背景,也都有其特定的适用范围。与教育理论的单一和狭窄形成鲜明对比的是,教育实践天地广阔、丰富多彩,且富于变化。因此,我们不能削教育实践之足来适多元智能理论之履,而是要借鉴多元智能理论来开展更能促进学生发展的教育。

◆ 如何进行以多元智能理论为指导的教学设计?

首先,教师要深入理解多元智能理论的精髓。多元智能理论是一种重视个性差异和人类潜质的理论,它对"什么是人才"这个问题作出了全新的回答,认为每个个体都是独一无二的,都有聪明之处。

其次,教师要根据每个学生不同的智能倾向和结构,为每个学生量身定做出其发展的方向与途径,分配相应的学习任务,加强其优势智能,弥补其弱势智能,优化其智能结构。

再次,多元智能理论认为每个人都有自己理解事物的独特方式,因此教师要为学生选择合适的教学策略,让每个学生都有机会运用自己的方式去理解和解释历史事物。

最后,多元智能理论影响下的评价理论认为,多一把尺子就多一批好学生。教师要设计出一份多元评价方案,实现评价内容与方式的多元化,促进每一个学生的发展。

◆ 风险须知

在以下情况下,教学可能会遭遇挫折:

● 学生的智能倾向和结构不是一成不变,而是发展变化的;

● 检测学生的智能倾向和结构仅仅依靠观察和推测,没有在实践情境中,依据科学的方法得出正确的结论;

● 发展学生的智能与培养学生的历史素养有可能会产生矛盾。

◆ 一个尝试

以《启蒙运动》为对象,在多元智能理论的指导下,写出一份教学设计。

第八章　采用虚拟情境教学法的教学设计

虚拟情境是指由课程开发者根据课程的需要,以史实为依据,虚构出来的有一定情绪色彩的、以形象为主体的生动具体的场景(可能包括时间、地点、人物及情节)。历史上没有其人或其事,但是叙事中涉及的事情在历史上有可能发生,或者虚拟人物生活的历史环境、其所信奉的思想在历史上是真实的。

◆ 什么是采用虚拟情境教学法的教学设计?

如果一节课通过创设虚拟的情境,再现了历史,发展了学生的历史思维能力,有助于学生主动建构历史认识,我们就可以说这节课是采用虚拟情境教学法的教学设计。

◆ 为什么要采用虚拟情境教学法?

情境是建构主义学习理论的一个核心概念。建构主义认为,学习者的知识是在一定情境下,借助于他人的帮助,如人与人之间的协作、交流,利用必要的信息,通过意义的建构而获得的。由此可见,情境是学生主动建构的起点。由于历史学科的特性,在历史课堂教学中还原真实的历史不具可能性,限于客观条件,教师也少有机会带领学生亲身体验历史遗址。在解决历史教学缺乏"实践"的重大困境上,创设虚拟情境能为"神入历史"提供重要的通道,让学生在"实践"中体验历史,在历史氛围中探究历史,从而建构出自己的历史认识和历史知识的意义。

◆ 什么时候适合这样做?

进行以创设虚拟情境为中心的设计时,需要考虑以下因素:
- 创设虚拟情境的目的是否明确?
- 创设虚拟情境是否有助于将抽象历史具体化?
- 创设虚拟情境是否有助于学生深刻理解历史史实?
- 创设虚拟情境是否有助于激活思维?
- 创设的虚拟情境是否有史实作为依据?

● 创设的虚拟情境是否足够典型？

● 创设的虚拟情境是否与历史内容有内在的联系？

● 创设的虚拟情境是否具有趣味性？

● 创设的虚拟情境是否具有合理性？

以上因素并没有具体量化的标准，也没有进行重要性的优先度排序，仅仅作为教师进行备课时的参考，但是要注意的是，如果以上因素中，大部分的答案都是否定的，创设虚拟情境只是成为课堂教学的一种吸引眼球的形式，那么采用虚拟情境教学法的设计是低效甚至无效的。

《艰难曲折的探索历程》

广东省东莞市东坑中学　张宏杰

教学目标

【知识与技能】

① 知道中国共产党第八次代表大会的主要内容；

② 了解大跃进和人民公社化运动，能举例说明这两个运动给我国社会主义建设带来的危害；

③ 能够较好地根据史料总结历史事件的特点；

④ 能够结合史料简单分析历史事件发生的原因。

【过程与方法】

① 通过探究虚拟人物的人生经历，对照课本提供的史料，初步学会从社会个体经历提炼历史事件的方法；

② 通过小组讨论，学会与同伴交流合作，共同分析史料，解决问题的方法。

【情感、态度与价值观】

通过对大跃进和人民公社化运动的了解，感受个人前途与国家命运的紧密联系。形成尊重客观规律的实事求是的科学精神。

教学过程

新课导入：虚拟主角阿牛（如右图）

大家好，我叫阿牛

教师：各位同学，今天老师要给大家介绍一个人，这个人的名字叫阿牛。阿牛是生活在上个世纪 50 年代的一个普通的中国农民。下面我们就通过阿牛的日记来了解一下他的故事。

环节一：展示阿牛的第一篇日记

1956 年 9 月 28 日　　星期五　　晴

今天早上七点钟,村里面的大喇叭又响起来了,我真怀疑,这个喇叭是不是前世与我有仇,每次都在我睡得最香的时候吵醒我,可是没有办法,广播里面说全村的人都要集中起来,学习中央的最新理论指示,因为中央刚刚……

教师:究竟中央发生了什么事,惊扰了阿牛早晨的美梦呢?我们一起来了解一下。

观看中共八大视频。提醒学生注意视频中提到的会议时间、地点、成果分别是什么。

评注:观看视频前就给学生提出明确的学习任务,使学生在观看视频的过程中,能够有重点地搜集视频中相关的信息,与此相呼应,在第一个教学环节中,教师所提的问题也与视频中的相关信息有关,难度不大,保证大部分的学生能完成学习任务,使学生产生亲近感和成就感。

……

过渡:经过这次学习之后,阿牛觉得有了党的正确领导,自己以后的生活一定会越过越好的。一年之后阿牛的日子过得怎么样了呢?

环节二:展示阿牛的第二篇日记

1958 年 5 月 27 日　　星期二　　晴转阴

该死的广播,又吵醒我了。开会学习你就不能不要那么早吗?……

教师:这一次开会又有什么重大的内容出现呢?请同学们在课本上搜集一下这一次会议当中透露出了哪些信息呢?

……

过渡:这一次会议之后阿牛明显感觉到村子里面起了大变化。

环节三:展示阿牛的第三篇日记

1958年10月13日　星期一　阴

最近的怪事真是多,村里先是出现了一些稀奇古怪的漫画。接着大家就把十几亩地的水稻密密麻麻堆到一亩田里,还向上报告说亩产达到三千多斤。没过多久,村里又把我家里煮饭的铁锅都收上去炼钢了,那个时候我还不太高兴,现在有了人民公社,吃饭都不要钱了,还要那铁锅做什么啊。呵,呵……

评注： 以阿牛的日记来串联整节课的内容,形式新颖,解决了虚拟人物故事与课本知识点两条线的问题。

在关键知识点处,由学生对照课本去探索日记里面所提到的历史现象,思考其中的历史问题。在了解虚拟人物的过程中,以小见大,建构对历史事件的认识。

教师:阿牛说他的村子里出现了许多稀奇古怪的漫画,阿牛看到的是什么漫画啊? 我们一起来看看。

展示大跃进和人民公社化运动期间出现的高产漫画。

教师提出问题:非常有意思的一些漫画,阿牛听村里面的人说,这些画里面的东西,可不是随便画的,真的有这么肥的猪,有这么大的南瓜,但是阿牛有点不相信。同学们你们相信吗? 你觉得画里面画的内容是真的吗?

很多同学都认为这太夸张了,不可能,但是事实上,当时《人民日报》这样的媒体都对这类事情做了大量的报道,还拍下了很多的真实的图片啊。我们一起来看看这些图片。

显示《人民日报》报道的图片及高产的图片。

我们看,还有真实的照片为证呢,证明我们那个时候农业确实高产啊。

这究竟是怎么回事啊,阿牛还把煮饭用的铁锅交上去炼钢铁,说要去不要钱的人民公社吃饭了。天下真的有吃饭不要钱的地方?

展示:人民上交铁器图片、在人民公社吃大锅饭的图片。

小组合作学习:阅读课本并讨论以下问题:

1. 大跃进在全国范围内发动起来,其主要标志是什么?

2. 吃饭不要钱的人民公社有什么特点?

3. 大跃进和人民公社化运动给我们带来了哪些严重后果,可以从资源使用、环境保护、社会风气、经济发展等方面去探讨。

4. 这些严重后果的出现,都是由于我们在大跃进和人民公社化运动当中,犯了什么错误?

学生讨论,师生共同总结大跃进和人民公社化运动的特点以及导致严重后果的原因。

环节四:展示阿牛的第四篇日记

1961年9月2日　星期六　阴转晴

现在想起来,都不明白前几年大跃进和人民公社化那会儿,大家为什么干了那么多的傻事,村里面不少人饿死了,听说中央已经开了会说要调整,但是能调整得过来吗?

教师:阿牛产生了一个疑惑:中央准备要怎么调整,调整能起到效果吗? 请同学们来解答他的疑问。

环节五:小结

一九五六党八大,
指明方向成果出,
超英赶美大跃进,
以钢为纲全飞速,
人民公社大而公,
共产主义跑步入,
自然灾害浮夸风,
前进受阻吃尽苦。

结语:在一个特殊的时期,我们作为这个社会的个体,往往不容易把握住自己的命运,今天我们所认识的这个农民,阿牛,其实有千千万万个。但是不管是在什么样的时代,保持自己清醒的头脑,提高自身的科学文化水准,避免盲从都是我们应该努力的方向,我们不可能完全不犯错,但是起码我们可以少犯错。

> **评注**:本课在情感、态度与价值观之外设置了一个主题:小人物,大命运。虚拟情境的形式与内容都是服务于这一主题的。整节课的核心也围绕"小人物,大命运"展开,这既是对历史史实的一种总结,也是对未来的一种启示,更是体现历史教师的魅力、展现历史的有用性的重要方式。
>
> 　课堂之末适宜"画龙点睛",将帮助学生"认识自己,做好自己"作为终极目标。在强调学生获得基础知识与基础技能、学会学习的同时,也使学生形成正确的情感、态度与价值观。

◆ 本书意见

对本课设计的赞扬:

东莞张宏杰老师创造的这个虚拟情境并非随意为之,而是有坚实的史料作为基础的。吃大锅饭、大炼钢铁、农业高产的漫画在历史上都确有其事。以虚拟主人公日记的形式,串联起整节课的内容,将刻板的文字化为充满情趣的生活场景,在体验中拉近了与历史之间的距离。从课堂的实效来看,学生显然是被这个穿着破烂的小人物阿牛吸引住了,整节课在阿牛的牵引下,非常自然地进入到对阿牛日记的探索过程中去了。学生在兴趣盎然的探索的过程中,建构起对大跃进和人民公社化运动这一历史事件的完整图景。

从阿牛一页页的日记中,我们体会到作为社会的一分子,在历史发展的特定环境中,个人的命运是如何与国家的命运紧密联系在一起的,感受到小人物在历史动荡中的悲哀与无奈,就像课堂结尾教师所揭示的,在这样的大背景下,作为社会的个体,提高自身的科学素养,保持对科学精神的敬畏,保持理性清醒的头脑是非常关键的。

一个"虚构"的故事背后蕴涵着"对人类命运的深切关怀、对未来文明的警醒和对现实行为的反省",这使得整节课透出浓浓的人文气息,达到了形式与内容的高度统一。

对本课设计的批评:

一些教师认为,这一教学设计,非常强调教师对于整个流程的控制,虽然由此保证了课堂结构的完整和流畅,但从另外一个角度看,讨论与思考是在教师的强力牵引之下进行的,大致都被限定在一定的框架中,学生的主体性在这节课中体现得还不够明显。还有一些教师认为,这一课设置了"小人物,大命运"的主题,却只在课末进行小结的时候出现,难以达到教师强化主题的作用,由此也降低了整节课的思想深度。此外,对阿牛这个虚拟主人公的来历未作交代,仍可能给学生在认识上带来困惑。还有些教师对史料的严谨性提出了质疑,认为"虚拟情境"是"人造史料"。

进一步认识:

总的来看,张宏杰老师执教的《艰难曲折的探索历程》一课当然难称完美,但基本上把握了创设虚拟情境的几个关键要素,在模仿前人的基础上又有一些自己的特色。虽然还有很多需要商讨提高的地方,仍不失其典型意义。

真实性是创设以虚拟情景为中心的教学设计的基础性问题。真实是历史学科的安身立命所在,再怎样重视都不为过。细细考察,阿牛的日记中还是存在一些瑕疵的。首先,阿牛的定位是一个普通的农民,只是能写日记的农民本身就很难是一个普通的农民。在第一篇日记中,广播搅了阿牛的美梦。有农村生活经验的人都知道,普通的农民是很少睡懒觉的,一般5点左右起床,农村政策宣传一般是早晨6:30,集中学习一般是晚上下工以后。第二篇日记中,阿牛明显流露出对开会学习的抗拒心理。这种心理恐怕也不一定是当时农民的普遍心理,更多的是当代人经受文山会海之苦后生出来的反应。第四篇日记中,阿牛提到村里饿死了不少人,这一点也需要作具体的区分。案例的设计者所在的广东地区在当时情况较好,农民长期处于饥饿状态,有大批农民出门讨饭,如果饿死的话,也是在讨饭路上而不太会在本村。饿死在村里的事情一般发生在中原地区,当地村干部不允许本地农民外出讨饭。从一个普通农民的角度来说,阿牛应该充分注意到了长期饥饿的存在与邻居纷纷外出讨饭的现实,对于原因的理解,他注意到的应该更多的是当时政策宣传的苏联的压制。由此,就自然地产生一个问题,严重失误的症结是在苏联的压制还是大跃进和人民公社运动?应该如何调整?由景生疑,这一系列的问题由学生来完成则有助于学生学会从历史的迷雾中发现真相。

创设虚拟情境作为可供选择的一个教学设计模式,其探索是积极的,具有深厚的教育心理学基础。美国著名的心理学家加德纳认为,所谓智能是指在一个或多个文化背景中被认为是有价值的、解决问题或制造产品的能力。由此可见,"思维活动应该有所凭借,在具体、生动和形象的情境中才能充分地展开"。同样的,历史思维能力的评估与发展也必须将学生置于一定的情境中。通过虚拟情景,将课程内容进行高度浓缩,能在较短的时间和较少的人物场景中,凸显冲突,提升兴趣,激发学生的思维冲动和探究意识,增强现实感,引起情感共鸣,强化学生的学习动机,调动学生的积极心理状态。

◆ 如何进行以创设虚拟情境为中心的教学设计?

首先,对课程内容进行评估。如上文所述,如果课程内容零散、繁多、枯燥,导致学习者无法在历史知识目标和自身经验之间建立高效的联系桥梁,就有必要考虑采用虚拟情境作为教学设计的中心。没有哪一种教学设计的模式是放之四海而皆准的。滥用虚拟情境与排斥虚拟情境同样是有害的。

第二,对学生的接受度进行评估。教学设计的首要目标便是吸引学生的兴趣,学生被吸引住了,课便成功了一半。教师创设出的虚拟情境必须与"学生的心理水平、知识水平和思维水平为核心的学生实际水平相适应,有效地维持学生的最佳学习心理状态"。

第三,选择创设虚拟情境的形式。可供选择的虚拟情境形式多种多样,较为常见的有角色扮演、换位思考、虚拟故事、虚拟史料等。所谓角色扮演,多指采用课本剧的形式重现历史情境,例如在讲述西欧封建制度时,可组织学生分角色扮演封君、封臣,再现"臣服礼"的形式。所谓换位思考,多指让学生站在历史人物的立场上以历史人物的思维、历史人物的语言表达其所思所想。例如,学习秦始皇建立专制主义中央集权制度时,可让学生以秦始皇大臣的身份,向秦始皇提供治理天下的意见。所谓虚拟故事,包括虚拟人物、时间、地点、故事情节等。如东莞夏辉辉老师创造的"帕帕迪"、深圳唐云波老师创造的"二毛",包括前述的"阿牛"都属此类。所谓虚拟史料,是指本来并不真实存在,教师为了教学的需要,而虚拟出来的能重现历史的史料,如东莞夏辉辉老师在《新文化运动》中虚拟了一份1915年的报纸,将真实的历史事件整合在一张虚拟报纸中,学生手中有了这样一份报纸,便可窥见新文化运动时期中国社会的全貌。教师应根据所在环境的具体情况,结合对课程内容和学生接受度的评估,选择最优方案。

◆ 风险须知

在下列情况下,教学有可能遭遇挫折:

- 学生对虚拟情境的真实性产生疑问；
- 学生混淆虚拟情境与真实史实之间的界限；
- 教师以今情猜测古意，所创设的历史情境与历史真实之间存在鸿沟。

◆ 一个尝试

以初中历史课程标准中的"迈向社会主义现代化"为教学内容，完成一份以"走自己的路"为主题的以创设虚拟情境为中心的教学设计。

第九章　采用历史神入教学法的教学设计

"神入"(Empathy)一词由西方历史教学界传入我国,是形象思维的一种重要形式,是指研究人员要置身于历史发展的环境中去观察历史,站在历史人物的立场上去研究历史,即"主体进入客体之中去想象客体"的研究活动。这一方法运用于历史教学之中,就是让学生站在历史人物的立场上去观察当时的世界,像他们那样思考,从而把握历史人物的思想、情感、信仰、动机和意图等,并理解他们思想的发展变化。神入的过程,实质上就是让学生走进历史的过程。

◆ 什么是历史神入教学法?

一种意见认为,"神入教学法"具体表现形式基本上有两种:一是编演历史剧,其主要以"复原"历史进程、增强学生学史的兴趣为目的,今天的历史课堂也时常能看到历史教师指导学生编演历史剧的情况;二是编制习题,重在考察学生的逻辑推理思维能力。其实,只要是提供历史资料和历史情境,帮助学生"理解和解释过去的人们为什么那样做",形成对人们的历史行为和结果的复杂性持一种尊重、理解和敏感的态度,均属于"神入教学法"的范畴。

◆ 为什么要采用历史神入教学法?

由于历史的过去性,历史教学中常常会出现两种情形:一是学生对历史学习的无趣,他们认为历史课是一个遥远的、繁琐的,与一些毫无意义的琐事与事件相关联的学科,历史变成被动的、看起来与他们生活无关的事情;二是学生每每对历史形成一种隔膜,以今律古,造成对历史事件、历史人物的误解和苛求。这些问题如何解决?"历史神入教学法"是一种不错的选择。

首先,神入教学法有助于拉近学生与"历史"的距离,激发学生对历史的学习兴趣。神入教学法一定程度上让学生"参与"了历史,充分体现了学生在历史学习中的主体地位,使学生感到历史并不是枯燥乏味的过去史事,而是离自己并不遥远的活生生的事实。

神入教学法可以增强学生对历史的感知和理解,形成正确的历史意识和观念。用"神入"的方法推断历史事件中的参加者的态度和心智状态,透过历史人物的眼睛观察历史、体验历史情境,并在因果分析及描述动机和尝试中,逐步加深学生对历史上人们的思想和行为的理解。

◆ 什么情况适合这样做?

是否采用历史神入教学法,应考虑以下问题:

● 教学内容是否涉及历史人物面临的选择或心理冲突?

● 学习过程中是否容易出现"以今度古"的历史误解?

● 学习内容是否需要学生去实现历史场景的"复原"?

● 能否提供反映历史人物心理、情感、意图、思想的历史证据?

● 教师能否有适合的历史资料创设"回归历史现场"的情境?

● 如果拟采用课本剧的方式"神入",则需考虑是不是有一群历史人物,并形成一个较集中的矛盾冲突和人物对话。

● 如果拟采用较正规的课本剧,则需考虑是否具备相关服装道具、布景制作等条件。

《美苏争锋》

浙江新昌知新中学　许彩仙

教学目标

【知识与能力】

理解:雅尔塔体系、杜鲁门主义、"冷战"、马歇尔计划、北约、战后社会主义力量的壮大、华约等重要史实或基本概念;美苏两极对峙格局形成的背景和基本过程,美苏冷战对世界局势的影响。

【过程与方法】

在"冷战"的相关历史图片、文字史料中神入历史,并获取有效信息;讨论和思考面对国家之间的分歧时如何才能避免对抗和战争,从中习得建立对历史同情和理解的方法与从多角度分析理解历史冲突的方法。

【情感、态度与价值观】

从冷战政策和两极对峙格局的形成史实中认识霸权主义的危害;认识处理国与国之间的分歧,只有理解、信任、对话才能使人类避免战争,维护世界和平。

教学过程

一、记忆——美苏"冷战"下的世界

1. 幻灯片呈现历史图片:这是20世纪

六七十年代一位战地记者在越南战争中拍摄的一张照片,请同学们观察照片,设问:如果你是当时奔跑的小孩中的一个,用一个词语说说你的感受。

> **评注:如何帮助学生神入历史**
>
> 帮助学生神入历史,运用一些历史图片、历史资料、历史故事都是必要的。本课以震撼人心的照片导入,使学生迅速进入历史场景。

学生读图,神入历史,并说出感受。

教师进一步设问:如果要以你现在的感受给这张照片拟一个标题,你会用什么标题?

学生讨论,并根据各自的感受拟出标题。如"恐惧"、"战争"、"灾难"、"和平"等。教师对这些标题进行点评。肯定那些符合"揭露战争罪恶、希望人类和平"主题的标题,并总结:老师也拟了一个标题——记忆。这张照片是战争给人类的记忆,这一记忆蕴含的是战争带来的分离、恐惧、死亡、灾难……其实,从20世纪50年代到70年代,这种恐惧的记忆不是仅此一例。

> **评注:神入历史与教师的点拨**
>
> 神入历史离不开教师的适时点拨。这里教师通过历史图片表达历史的真实感和生动性,以直观形象的刺激引起课堂师生的心灵震撼,是一种点拨;教师用"分离"、"战争"、"恐惧"、"死亡"来总结图片,既是总结学生的感受,也是一种点拨。

2. 阅读教科书P140"'冷战'局面下的国际关系",找出在美苏"冷战"的影响下,发生了哪些威胁世界和平的事件和局部战争?

学生列举出德国分裂、朝鲜战争、古巴导弹危机、越南战争。

出示图片,让学生体会:如果你是柏林的居民,如果你是朝鲜半岛的人民,如果你是古巴或美国的人民,如果你是越南的一位母亲,你的感受将是什么?

记忆之分离:柏林墙　记忆之战争:朝鲜战争　记忆之恐惧:导弹危机　记忆之死亡:失去亲人

在学生发表感受的基础上,教师结合图片有感情地讲述:在美苏均势和对峙的世界中,虽然一直没有发生新的世界大战,但美苏的对峙、"冷战"带给人类的动荡和伤害却是无法抹去的。

这些威胁世界和平的事件和局部战争的背后,是美苏在全世界范围内的争夺与较量,美苏两大国为什么会由"二战"中的盟友而成为争锋的对手,把世界带入几十年的分离、敌视、对抗之中呢?

评注:神入历史尤其需要研究历史原本和形成时期的背景知识。如果不了解二战后美苏两国在经济军事实力、意识形态等方面的基本情况,就不可能真正地理解斯大林、杜鲁门等政治家的外交考量。引导学生掌握背景知识有多种方法,指导看书是一种,其他方法也很多,不妨一试。

二、责任——美苏"冷战"局面的形成

1. 教师介绍第二次世界大战后形成的以美苏为主导的雅尔塔体系。并引导学生阅读教科书 P138 第一、二两段,思考:美苏两国为什么会"昔日盟友反目成仇"?

在学生回答的基础上,教师总结。

……

2. 教师追问:美苏社会制度和国家利益上的矛盾及分歧,是如何发展为隔离、敌视和对抗的呢?

……

3. 教师:我们来阅读一些史料后分析,美苏两大国的矛盾和分歧是如何发展到敌视和对抗的?呈现材料一:

材料一 党打算造成国民经济的蓬勃的新高涨,使我们能够把我国工业水平提高到,譬如说,战前水平的三倍。我们必须使我国工业每年能生产生铁达五千万吨,钢达六千万吨,煤炭达五亿吨,石油达六千万吨,只有这样才可以认为,我们祖国有了足以应付各种意外事件的保障。

——1946 年 2 月斯大林在莫斯科市斯大林选区选举前的选民大会上的演说

设问:请从斯大林的角度说说他想表达的是什么?如果你是美国人,对斯大林的态度有何想法?

学生在阅读材料的基础上讨论回答,教师归纳:斯大林认为大战结束后应该集中力量开展经济建设,意外事件指战争。说明苏联对美国霸权政策的担忧。

4. 教师:我们再来看当时美英方面的态度。呈现材料二:

材料二 (苏联)所希望的是得到战争的果实,以及他们的权力和主义的无限扩张。因此,趁今天还为时未晚,我们在这里要考虑的是永久制止战争和尽速在一切国家为自由和民主创造条件的问题。

——1946 年 3 月丘吉尔的演说

指导学生阅读材料并思考:丘吉尔说"权力和主义的无限扩张"指什么,他当时想表达的外交意图是什么? 如果你是苏联领导人,会有什么回应?

在学生思考回答的基础上,教师归纳:"权力和主义的无限扩张"指苏联实力的增长和社会主义力量的壮大。丘吉尔呼吁美英等资本主义国家要对苏联进行遏制,这两则材料反映双方的基本态度是不信任。

5. 呈现材料三,指导学生阅读并思考问题。

材料三　无论是通过直接侵略还是间接侵略,将极权主义政权强加给自由国家人民,都破坏了国际和平的基础,从而破坏了美国的安全……我认为,美国的政策必须是支持自由国家的人民抵抗少数武装分子,或外来压力的征服企图。我认为我们必须援助自由人民以自己的方式来规划自己的命运。

——1947 年 3 月杜鲁门在国会两院联席会议上的演讲

教师介绍杜鲁门演说的背景后,启发学生思考:从杜鲁门的演说体会,美国人想做什么?

学生回答。教师归纳:杜鲁门所说的"极权主义"和"外来压力"是指社会主义和苏联对希腊等国社会主义革命的援助。说明美国政府的对外政策是公开干涉世界事务和别国内政,遏制苏联和社会主义。人们把杜鲁门的这一政策称为"杜鲁门主义",它是美苏"冷战"正式开始的标志。

再设问:如果你是当时苏联外交工作的负责人,你觉得对杜鲁门主义应该采取什么态度?

学生自由讨论、发言。

> **评注**:由于中学历史学习时间的约束,学生不容易自己去搜集反映相关人物、事件的背景史料,教师提供合适的史料是帮助学生神入历史、理解历史人物和事件的有效途径,同时,好的设问也可有效帮助学生"回到历史现场"。
>
> 本设计中大量采用的"如果你是苏联领导人"、"如果你是美国领导人"等形式的设问是历史神入教学法常用的方法,可以参考。有没有其他更好的设问方法呢?

6. 教师点评学生发言后,呈现材料四:我们来看当时苏联的反应。

材料四　战后政治力量的新的组合和两个阵营,……一个是帝国主义反民主阵营,它的基本目的是建立帝国主义的世界霸权和摧毁民主;另一个是反帝国主义民主阵营,它的基本目的是摧毁帝国主义、巩固民主和根除法西斯残余势力。

——1947年9月,日丹诺夫关于国际形势的报告

思考:日丹诺夫所说的两个阵营分别是什么?反映了苏联对国际局势持什么态度?

学生阅读材料后讨论回答:两个阵营指社会主义和资本主义。苏联面对美国的攻势,采取针锋相对的对抗政策。

7. 教师梳理美苏"冷战"局面形成过程,归纳出美苏两大国从盟友到敌人的过程。

三、未来——如何面对国家间的分歧与矛盾

……

最后呈现文字材料,通过对导入图片的呼应,展现历史细节,升华主题,留下深沉的思索:

1996年,在越南南部,当年在燃烧弹中无助奔跑的小女孩已经有了自己的孩子。她的背部依然留有23年前被燃烧弹烧伤所留下的疤痕。这位姓潘的女士后来移居美国,并被联合国任命为和平大使。如今,她奔走于世界各地,向世界讲述战争与和平的深刻含义。

作业设计:

在学了《美苏争锋》后,甲同学说:"两强对峙,谁也不敢打,维护了世界和平。"乙同学说:"两强对峙,把世界推到战争边缘,是世界和平的最大威胁。"你觉得他们的话对吗?试结合史实加以评析。

◆ 本书意见

对本课设计的赞扬:

《美苏争锋》一课的设计中心明确,"寻求处理国家之间分歧和矛盾的历史智慧",既符合和平发展的时代主题,也体现了历史课程本身的价值。围绕这一中心运用神入教学法,围绕"国家之间的分歧和矛盾会怎么发展"这一问题,以"记忆、责任、未来"为线索设计教学各环节,先用图片引导学生"回到"冷战下的世界,再用材料引领学生"回到"由同盟到冷战过渡的时代,体会在国家利益和国家实力的影响下政治人物的所说、所思、所为,最后又运用图片引领学生"回到"现实,关怀世界和平,整个设计非常流畅,神入教学法运用恰到好处。尤其是几次呈现分歧和矛盾发展后果的示意图,提供给学生一种选择、一种反思、一种启迪。

本课的材料运用也值得肯定,围绕课时中心,服务于神入教学法,历史图片、文字材料的运用都是帮助学生"回到历史现场",神入历史。

对本课设计的批评:

一种怀疑是本课似乎有重点不准的倾向。本课设计中运用了大量的材料、

篇幅来讨论美苏两国如何从战时的盟国关系走向冷战对峙关系,而这一转变的过程似乎并非本课需要解决的最重要的问题。就美苏冷战局面的形成这一教学内容而言,二战结束后双方在意识形态、政治经济军事实力等方面的背景知识和冷战对世界和平的影响可能更重要。而本设计中背景的分析、影响的分析似乎不够突出。

另一种怀疑是用"责任"这一标题来反思美苏走向冷战的过程,似乎有一种"各打五十大板"的嫌疑,因为过于强调了对矛盾和分歧的态度,可能导致对霸权主义的否定不力,这是不是一种认识上的偏差?

进一步认识:

本课设计的中心是对以下传统的国际关系思维的挑战:国家实力决定国家关系,国家利益决定对外政策,矛盾和分歧必然导致冲突和对立。这些论断不能说是错的,但它可能是历史的"实然",而本课设计讨论的中心话题可能是一种历史的"应然",设计者想要表达的是"矛盾和分歧可能导致冲突和对立,也有可能走向谅解和共存"。矛盾和分歧不可避免,那么如何避免走向冲突和对立,就是选择谅解和共存,这是一种政治智慧和历史智慧,是历史课程现实价值的一种体现,以此作为课时中心其实未尝不可。

由于围绕"矛盾和分歧导致冲突和对立还是走向谅解和共存"的话题,提供的是一种选择,这种情形之下选择神入教学法是比较恰当的。从神入教学法的要求来说,本课设计中图片、文字史料的运用是有助于学生理解历史人物的思想、动机、情感、意图的,在神入历史人物内心的角度看是成功的。不过,神入历史还有一个突出的问题:通过背景分析理解历史人物为什么这样想、为什么这样做。本课设计由于对冷战的背景分析比较简略,可能导致的结果是:对历史人物的动机和意图是什么把握得比较好,对历史人物为什么有这样的动机和意图把握得不够。当然实际教学中可能会有另外的效果。不过,总的说来,在运用神入教学法时,对历史时代的背景分析应该放在一个十分重要的位置上,这一点是毋庸置疑的!

◆ 如何进行以历史神入为中心的教学设计?

历史教学中正确运用神入的方法,需要注意几个步骤:

创设问题情景。选择适当的历史事件及人物,提出一个有价值的教学问题,是运用"神入"方法的关键步骤。一般而言,一些重要历史事件中的人物面临两难选择的问题,不同于现代价值观的历史人物的思想和行为,这些问题易于造成学生思维的矛盾和冲突,进而激发他们对历史人物行为动机的探究欲望。

学生考察历史背景,收集并检验有关的历史证据。这些工作主要包括:(1)收集有关历史问题的证据。(2)学生对历史证据进行详尽的分析和评价。因为历史证据是历史研究的工具,学生只有积极参与对历史证据的检验和解释,才能对历史人物及行为有一个更深刻的理解。(3)为了有效的神入,学生必须对所研究历史问题所处的社会政治和文化背景有一个全面的了解,避免用现代人的价值观、信仰和认识来理解历史问题。(4)在对历史人物进行"神入"时,需要对其个性、背景、性格和信仰有一个全面的了解,因为不同的人,即使给予相同或相似的环境,也可能会导致完全不同的行为后果。在实际的课堂教学中,由于中学生课外学习历史的时间有限,提供历史证据的工作可以由教师在课前完成,课堂上以材料阅读的形式出现,这是一种务实的做法。

收集好历史证据以后,每个人应该与班里的其他同学分享他们的研究成果,并进行谈论。这一过程中,每个学生除了与其他同学分享研究成果外,还可以针对不同的意见和观点,展开讨论甚至是辩论,只有这样,才能使自己的历史证据更加充实、可靠,使自己的观点更有说服力。

学生神入历史人物的内心世界后,应解释他们行为背后的动机,形成学生自己对历史人物行为的理解和评价。学生在神入历史人物的过程中,不是进行"角色扮演",把自己想象成要神入的对象,也不是对历史人物的处境持同情的态度,而是要求学生依据一定的历史证据,弄清他所处的历史环境,理解他做出决定的动机,并知晓他行为的结果。

◆ 风险须知

在下列情况下,教学有可能遭遇挫折:

● 学生对一些重要历史事件中的人物面临两难选择的问题产生思维的矛盾和冲突;

● 学生收集有关历史问题的证据不足;

● 学生对历史证据不能进行全面而详尽的分析和评价;

● 学生把自己想象成要神入的对象时只是简单的"角色扮演",不能弄清他所处的历史环境,不能理解他做出决定的动机,无法知晓他行为的结果;

● 学生受野史杂谈、文学演绎作品及影视剧目影响深刻,对历史人物往往以假乱真;

● 学生可能是基础知识、基础能力不好而无法把握历史的真实性。

◆ 一个尝试

试运用历史神入教学法设计《古代中国的商业经济》一课。

第十章　采用讨论式教学法的教学设计

讨论一般是指两个或两个以上的成员通过对话和各自阐述理由,互相分享、批判各自的想法。综合学界的看法,讨论的目的主要包括四个方面:(1)帮助参与者对正在思考的论题形成更具批判性的理解;(2)提高参与者自我意识和自我批判的能力;(3)当有人率真而真诚地提出了不同的观点时,培养参与者对不断出现的不同的观点正确评判的能力;(4)扮演催化剂的角色来帮助人们通晓外面世界的变化。讨论是实现人们互帮互助以及培养人们情感、发展人们技能的重要途径,而且也只有满足这几方面才能使民主参与成为可能。

◆ 什么是讨论式教学法?

讨论式教学法指在教师引导、组织、参与、催化下由两个或两个以上的学生组成小组,互相分享、批判各自的想法,以此来实现教学目标的教学活动。

◆ 为什么要采用讨论式教学法?

学会讨论有助于学会认知、学会做事、学会共同生活、学会生存。

课堂讨论式教学法的运用,可打破课堂教学机械刻板的僵化局面,活跃课堂气氛,使学生在课堂交往中处于主动状态,有助于学生思考多方面的意见,承认和研究学生的假设,增加思维的灵活性,并使学生的想法和体验得到尊重,同时有助于学生了解民主讨论的过程和特点,使之成为知识的共同的创造者,从而促进学生智力和人格的整体协调的发展。

◆ 什么时候适合这样做?

采用讨论式教学法的历史教学设计时,需要考虑以下因素;

● 教师和学生是否具备相当的讨论式教学法的知识、方法、观念?

● 教师是否意识到自己在教学活动中所起的典范作用?

● 供讨论的问题是否可操作并具备成为课堂讨论对象的价值? 教师是否能够准备较充分的促进学生展开讨论的材料? 是否保证学生提前并同等地获得相关资料?

● 学生是否系统地批判地提前阅读有关资料？能否为讨论作好认知准备？

● 本节课试图指向的讨论内容是否能与学生原有学习方式较为顺利地衔接？

● 本节课是否可以找到适当的进行即时课堂评价的手段？

教师应当尽可能地考虑以上各种因素，另外，一般在历史教学内容时间跨度小、跳跃性小时，讨论教学更容易进行。

《近代科学之父牛顿》

浙江省绍兴鲁迅中学　陈新祥

教学目标

△理解课本所记载和评说的"近代科学之父牛顿"与真实的"近代科学之父牛顿"存在区别；理解牛顿对自己的科学成就的评价与真实的牛顿取得的科学成就之间存在区别；理解其他后人对牛顿的记载和评说与真实的牛顿历史存在区别；强化历史课本、历史材料等记载和研究与过去真实客观历史的区别；强化历史知识的正确性是有一定条件的，学习研究历史知识的过程和方法是重要的，强化历史知识学习过程和方法的意义的认识。

△感悟在探究中师生、生生之间讨论、质疑中产生的互动张力，民主讨论促进自己合作学习中热情倾听、积极参与、高度注意、谦逊、专注、赞赏、信任、自主、争取民主等的积极意义，感悟民主讨论对于智力与人格协调发展的重要意义。

☆感受历史探究中假设的意义、规则和进一步研究的关系。

＊有初步的史料"互证"及其重要作用的印象。

注：打"△"号者为基础目标，打"☆"号者为重点目标，这两类目标是为全体学生设计的，而打"＊"号者是对少数学力较强的学生的期望。

课前准备

1. 教师作一次讨论式学习意义的讲授式教育。

2. 听取学生对讨论式教学意义、方法、内容、要求的意见和建议，在征求学生的意见后决定。

　　评注：为激发学生认真参与讨论，教师应向学生讲清民主讨论的基本特点、目的、过程、意义和局限，除了向学生澄清教师采用讨论法的期望和目的，同时让学生明白参与讨论会带来一系列困难，提醒学生应提前作好足够的准备，强调花费时间和精力参与讨论是值得的。

预设的讨论主题：

不同材料不同作者对近代科学之父牛顿的看法有什么不同，我们怎么来看待？被称为近代科学之父的牛顿究竟是怎样一个科学家？

具体问题：

(1) 课本记载的"近代科学之父牛顿"是怎样的一个历史人物？

(2) 材料一中牛顿对自己的看法是怎样的呢？你怎么看待牛顿对他自己和自己的科学成就的看法？

(3) 材料二中的"近代科学之父牛顿"又是怎样的呢？你怎么看待这个材料？

(4) 有人说课本记载和评说的"近代科学之父牛顿"是很不真实的，你同意这一说法吗？

(5) 你原来对牛顿的认识是怎样的？现在对牛顿的认识如何？你还有什么想法，为促使你的想法成立，你应该怎样去寻找证据以支持你的假设？

3. 要求学生预习课本，包括课本中用以支撑课本观点的材料。复印并发放牛顿自我评价的言论、牛顿与胡克的争论、牛顿与莱布尼茨之间关于微积分发明权的争论的材料，并要求学生进行系统的批判性阅读，并根据材料写一篇关于自己对材料中最感兴趣、对课本编写者最想问的一个问题的简短的文章，以便为开放的讨论作准备。

评注：为确保每个参与者都有机会充分掌握资料，教师应把资料发送到每个学生的手中。从参与者的角度来看，必须受到某种刺激触动，才会花时间去努力为讨论作准备。而给材料根据讨论题目写短文是一个促进学生批判性思考的办法。

分发材料

材料一："如果说我比别人看得远些，那是因为站在巨人肩上的缘故。"

——牛顿

材料二："我不知道在别人看来我是什么样的人；但在我自己看来，我不过就像一个在海边玩耍的小孩，为不时发现比寻常更为光滑的一块卵石或比寻常更为美丽的一片贝壳而沾沾自喜，而对于展现在我面前浩瀚的真理的海洋，我还没有发现呢。"

——牛顿

材料三：牛顿和罗伯特·胡克既有学术上的交流又有矛盾，如胡克对牛顿的光的微粒说有不同的看法，因为胡克对光的本质是站在波动说一边的。1675 年，牛顿向皇家学会递交了他关于光的第二篇论文，这篇论文又受到胡克的批评，并且说论文的一些观点是抄袭他的。这使牛顿无比愤怒，虽经皇家学会调解，牛顿的怒气未消，于 1675 年 2 月向胡克写了一封回击的信。信中说："笛卡尔所做的是搭了一架好梯子，你在很多方面都把梯子升高了许多，特别是把薄膜的颜色引入哲学思考。如果我看得更远些,那是因为我站在巨人的肩膀上。"

——百度"牛顿"词条

材料四:他(牛顿)和德国哲学家高特夫瑞德·莱布尼兹之间发生了更严重的争吵。莱布尼兹和牛顿各自独立地发展了叫做微积分的数学分支,它是大部分近代物理的基础。虽然现在我们知道,牛顿发现微积分要比莱布尼兹早若干年,可是他很晚才出版他的著作。随着关于谁是第一个发现者的严重争吵的发生,科学家们为双方作激烈的辩护。然而值得注意的是,大多数为牛顿辩护的文章均出自牛顿本人之手,只不过仅仅用朋友的名义出版而已!当争论日趋激烈时,莱布尼兹犯了向皇家学会起诉来解决这一争端的错误。牛顿作为其主席,指定了一个清一色的由牛顿的朋友组成的"公正的"委员会来审查此案。更有甚者后来牛顿自己写了一个委员会报告,并让皇家学会将其出版,正式地谴责莱布尼兹剽窃。牛顿还不满意,他又在皇家学会自己的杂志上写了一篇匿名的、关于该报告的回顾。

——英国霍金《时间简史》

材料五:这个故事(指牛顿看到苹果落地得到启发发现万有引力定律的故事)出自牛顿的朋友也是一位传记作者威廉·斯图克莱写的牛顿传记,当时就传开了,真假已不可考。重要的是,牛顿当时确实想到过重力支配苹果的下落也支配月亮的旋转。

——吴国盛《科学的历程》

4. 教师事先在课本和另三则材料中各选取一些句子或段落,打印在纸上,并提出问题,主要问题除了问"是什么意思"外主要问"为什么"或"怎么看"两类开放性问题。如:

(1)"自童年时代起,牛顿就从事发明活动。还在五六岁时,他就用木工工具制作了一架木质四轮车,来帮助外婆运送东西。"对教材中的这句话你怎么看?

(2)"有一天,外面狂风大作,下起了大雨。牛顿只披了一件斗篷跑到院子里,在雨中跳来跳去做风力实验,再把实验数据记录下来,以供研究。"课本写这个故事的目的是什么?你怎么看?

(3)对材料一牛顿的这句话你是怎么看的?

(4)对材料二牛顿的这句话你是怎么看的?

(5)对材料三"笛卡尔所做的是搭了一架好梯子,你在很多方面都把梯子升高了许多,特别是把薄膜的颜色引入哲学思考。如果我看得更远些,那是因为我站在巨人的肩膀上。"牛顿给胡克信中说这段话是什么意思?他为什么这样说?

(6)材料四《时间简史》中霍金对牛顿的一段评说,你怎么看?

(7)材料五作者的意图是什么?你怎么看?

5. 规定有利于民主讨论的基本原则。

导入：

师：前面我们通过对课本的学习，了解了课本的重点知识，分析和理解了牛顿成为一个伟大的科学家的过程和原因。但问题是，真实的牛顿是不是完全就是我们课本中所说的那样呢？有没有不同的关于牛顿的历史的记载和评说的观点呢？历史记载与历史的真相究竟是什么关系？我们课本中有记载和评说的历史是不是就是确定无疑的历史真相呢？我们应该怎么去研究和理解真实的关于牛顿的历史呢？下面我们进行讨论。

第一环节：

师：我们全班共 50 人。一人（课代表）作本次讨论的记录和看时间。其他 49 人分成 7 个小组，每个小组 7 人。现在我宣布讨论方式：今天讨论的方式叫"智力拼图"式。

1. 每个学生先对规定要求讨论的题目进行研究，时间是 3 分钟。在集合之前提出自己的"专家"意见。

2. 研究同一题目的学生集合成一个小组，提出问题、交流心得。交流时写下评说结论。时间是 10 分钟。

3. 当学生把做"专家"的过程中提出的各种真知灼见融会贯通、集于一身的时候，开始组建新的小组。每个小组至少要有一名关于每一个最初题目的"专家"代表，并补充、修改结论。

4. 每个学生"专家"轮流领导小组成员讨论关于自己独特问题的"专家"的意见。

5. 当所有的小组成员都表示已经理解并掌握了所有题目的知识时，小组讨论结束。

评注：这种方式实际上进行了两次讨论。两次讨论尽管方式不同，但内容同样丰富。在第一次"专家"讨论中，每个人的基础是平等的，通过共同的话题分享各自的思想。在第二次讨论中，每个人都有为小组作出实质性贡献的基础，每个人都必须参与，每个人都有机会成为讨论的亮点。这种方式使小组成员在两次讨论中获益匪浅，甚至给了那些沉默寡言学生发言的机会，因此强化了他们的自信心。其主要缺点是：在第二次讨论中，需要吸收消化大量信息，可能会给人造成眼花缭乱、头晕目眩的感觉。

师：在讨论之前，我先宣布讨论的原则。

1. 当有人发言时任何人不许打扰。

2. 不许有人不按顺序发言。

3. 每个人只有1.5分钟的发言时间。

4. 每个人都要尽力呈现出自己的发言内容是如何与前面发言者所谈内容相关联的。

5. 每个人提出新观点新假设时，需作出解释。

6. 按座位轮流发言，可以选择不发言。

7. 当每个人都发过一次言后，就可以自由发言了，前面的原则就不再起作用。

> **评注**：讨论的走向和结果是不确定的，但讨论必须有确定的纪律和原则。当学生知道有公平民主的原则指导他们如何发言时，会更积极地参与讨论。注意这也是对教师自己的限制，教师应言传身教。

（教师分配问题给学生）

教师先安静地看学生研究思考。3分钟后要求研究同一问题的同学集中讨论。教师巡视。

在学生分组讨论的过程中，可能会遇到以下情况，教师应当预先有所准备：

1. 小组内没有形成观点的冲突，很快陷入无话可说的困境。

2. 学生的观点不能充分表达，词不达意。

在这两种情况下，对于前者，教师可以选择从某一个材料或者某一个具体问题入手，向学生暗示其中存在的疑点，挑起学生的争论；对于后者，教师可以给学生较多的思考时间，或者通过有梯度的问题将观点分割，使学生能够进行逐步、分阶段地回答。

> **评注**：教师可在回应学生的提问下积极参与学生讨论，但不要喧宾夺主，最好是提一些要求学生讲出更多证据、要求进一步澄清的问题，与讨论问题有关联的、开放式的问题，以维护讨论的动力。

在指导讨论的过程中，教师可以经常利用"沉默"这一手段，对于学生来说，"沉默"有可能是思考过程中必须经历的一个部分，而从教师来看，在面对学生提问时保持适当的沉默，可以把问题的思考再掷还给学生，促使其进一步思考。

教师另外需要考虑以下问题，以便于在学生陷入僵局或者提出质疑时进行适当的引导：

1. 材料五"苹果的故事"的真假问题与证据可靠性、讲述者立场的关系；

2. 对牛顿的天赋神话化的问题；

3. 牛顿的人格与其成就的评价问题；

4. 不同作者之间立场差异的问题；

10分钟后,结束第一次讨论,重新分组。各组交换组员后继续进行一个3分钟的自由讨论,教师巡视。

> **评注**:一定时间的讨论后,学生可能会形成某些共识,交换组员,使学生已经在某种程度上确立了的观点再承受一次交流的冲击。

小组讨论全部结束后,教师评价整体的讨论情况,简单指出讨论中学生表现上的优缺点,如参与充分或讨论跑题等等。

要求每组协商后派代表提出本组讨论中最有价值的观点。

交流完毕后要求学生课后写一篇讨论体会文章。

> **评注**:通过小组民主协商的方式向全班汇报有代表的观点,既能丰富讨论的思想,又能攫取讨论的精华,还能促进小组成员之间的合作意识和能力,进一步明确教学目标。

◆ 本书意见

对本课设计的赞扬:

本课体现了新课程的理念、方法和要求。本教学设计着重强调在讨论式教学中的学生作为"整体的人"的智力和人格的协调发展;强调突破封闭式的一维的学科中心的知识结构模式,淡化学科界限,大胆引进多元的教学资源,强调学科教学的综合性、跨学科性和社会性;充分调动学生学习的积极性,强调学生在学习中的自主性,突显学生在学习中的主体地位,体现了新课程的基本理念。

整个设计在注重学生学习知识与能力,过程与方法,情感、态度与价值观的整体协调发展的同时,尤其将"过程与方法"作为与"知识与能力"、"情感、态度与价值观"同等重要的目标维度培养,强调学生过程的价值,注重在过程中将知识融入个体的整体经验,转化为"精神的力量"和"生活智慧",这是基于对新课程理念理解的一种有益尝试。

整个设计从教学目标的确定、教学内容安排到教学过程的预设,从布置任务到完成探究、展示探究成果的过程中,具有理想主义的教学色彩,同时又作了较为充分的现实主义准备。设计的问题虽然具有挑战性,但课前从观念到意识到行为都作了较为充分的准备,如资料准备、任务落实、原则制订、预料不测,都作了相应的准备,为有序、踏实、民主推进讨论提供了有利的条件,达到了优质的课堂教学目标即基础性目标与发展性目标的协调与统一,既落实了基础知识,又结合课程标准拓展了课程内容目标。目标明确、恰当,对讨论的内容与教科书知识的处理抓住了关键,容量合理,在设计中能适当补充相关的情景材料,并依据教材内容合理拓展。

在教学程序上,思路较清晰,结构较严谨,密度较合理。教学内容的组织、呈现比较符合学生认知规律,使学生获得较为充分的自主探究、合作学习的时间、空间和课堂教学环境,使学生在学习了民主讨论方法的基础上分析、解决问题的能力得到培养。

对本课设计的批评:

有些教师认为这样的设计讨论虽能形成比较活跃的课堂气氛,但不平衡,分组探究与展示并不能保证每一名学生都充分参与课堂学习活动的过程,积极性不高的"沉默者"如何得到调动的问题并未在设计中解决。此外,对于不能得到发言机会的学生、发言而质量较低的学生的矛盾如何得到解决也同样需要进一步探讨。本课虽然鼓励学生大胆质疑与创新,但整个课堂给人感觉是为讨论而讨论,是把讨论的历史知识是主观的还是客观的、历史结论重要还是研究历史过程和方法重要的历史哲学知识、社会学知识比较随意地引进到历史课堂中来。

进一步认识:

新课程的探索本身就是一个不断学习、不断试错的过程,讨论又被英国哲学家麦克尔·奥基乔特称为"未经预演的智力冒险",因而讨论教学法自然意味着更多的不可确定因素的存在。但是"冒险"是中性的,它不一定意味着仅仅就是灾难,也可能是未曾预料到的、非常好的结果。因为不确定性使人充满期待,使人们思维敏捷,并保持高度敏感。本设计尤其引人注目之处在于讨论规则的设计与对讨论时可能发生的各种情况的预案准备,这使得讨论教学法中存在的不确定因素大为减少,而可操作性大为增强了。

◆ **如何采用讨论式教学法的教学设计**?

首先,讨论的内容务必要符合课程标准相关培养目标,设计者首先要对教学内容有一个明确的三维目标。

其次,讨论的问题必须富有挑战性、趣味性、启发性、哲理性、探究性、批判性,以激发学生讨论的欲望和积极性。

再次,在进行这样的设计时,先要做好学情分析,了解学生是否对讨论感兴趣,是否具备了民主讨论的初步概念。不是每个学生都十分愿意参与讨论,很多学生在实际的讨论中可能会抵制它,比如讽刺、沉默等方式或暗中破坏等。为此教师应该向学生讲清民主讨论的过程和意义,使学生认识到花费时间和精力参与讨论是值得的。必须让学生认识到参与讨论时可能会面对的困难。教师应准备较充分的材料提前下发,要求学生提前阅读有关资料,为讨论做好准备。采取小组讨论时应预先建立构成合理、分工明确、责任落实、相对固定的讨论学习小组。讨论的实质是让学生学习和体会民主的方法和价值。必须规定一些基本的原则和规章,让学生明白知识可以被怀疑,但规则必须被遵守。

最后,采用讨论法的教学设计,教师必须设计一套完整的激励机制,将讨论和奖励紧密结合起来。必须在讨论一开始就把教师的想法清楚地告诉学生——包括口头上强调和书面上,以鼓励、期望、识别并确定学生认真参加了讨论,在行动上加以落实。

◆ 风险须知

在以下情况下,教学可能会遭遇挫折:
- 讨论过程冷场,学生发言质量不高;
- 学生不熟悉讨论的方式与意义,相当数量的学生产生沮丧情绪。

◆ 一个尝试

以新课程理念为指导,采用讨论式教学法,对《中华人民共和国缔造者毛泽东》一课进行教学设计。

第四篇

借 鉴 篇

　　在本篇中,您将领略澳大利亚中学历史教学设计在理念与实践方面的积极探索。其中我们将以下面的这种方式来帮助您认识澳大利亚中学历史教学设计的特点:从不同角度与视角来评析案例的独到之处,并不追求完整的教学设计。为此我们将根据这种思路来安排:第一节主要从历史知识的角度切入,主要涉及历史教学设计如何培养学生对历史、历史证据、历史学习的认识;第二节、第三节主要从"培养学生的历史思维能力"、"探究的过程和方法"两个角度切入,探讨基于不同史料类型基础之上的教学设计,包括了文本史料、电影、网络史料等;第四节,主要从历史的情感态度与价值观的培养角度切入,主要探讨如何设计公民教育资源的教学活动。相信他山之石,可以攻玉。

第一章　追寻有意义的历史知识
——认识历史证据的教学设计

◆ 问题引路：如何像历史学家一样进行"历史思维"？

如何帮助学生在历史探究的过程中认识历史，从而汲取历史的智慧、体验历史的魅力，这是我们历史教师需要解决的问题。常见的"历史入门课"教学设计大致是这样的：历史教师习惯直接告诉学生历史是什么、历史学习的价值以及历史学习的方法与技巧。这种做法当然有其合理性，但从根本上来说，还是让学生知道、记住知识，是一种接受性学习方式。那么如何改变这种教学设计的固有套路呢？我们认为，可以采取这样的做法——让学生在历史学习过程中像历史学家一样进行"历史思维"，从中掌握历史学习的策略与方法。著名心理学家、北京师范大学教授朱智贤先生在民国时期曾就小学历史教学问题特别强调了这样一个观点：历史教学应该培养儿童自动的研究意识和能力。他说："若是学生在学校就养成了轻信的习惯，以为教科书所述便是最后的真理，就一生没有辨别是非的能力。在学校养成了尊重书本的习惯，就一生受书本的压制，做书本的奴隶！我国小学历史教师普遍以为历史研究是大学中学的事，小学不配做这样高深的工作，殊不知大学中学有大学中学的历史，而小学也有小学的历史；大学有历史研究法，小学又何尝不可有历史研究法呢？不过是简单的罢了。我们看见西洋教育刊物上关于小学历史研究的报告，都是言之津津有味，我们不应该提高小学历史程度而只是固步自封吗？"[①]

本节将带你走进"斯坦·哈里斯发生了什么？"、"耐特·凯利是英雄还是流氓？"两个案例，以实现这一目的。

◆ 关键词：历史知识；证据

历史知识是历史教学的基本元素，何兆武先生说过："历史学本身就包括两个层次，第一层次（历史学Ⅰ）是对史实或史料的知识的认定，第二个层次（历史

---

① 朱智贤：《小学历史科教学法》，商务印书馆 1920 年版。

学Ⅱ)是理解或诠释。"①而澳大利亚历史教学界将历史知识划分为四个层次:第一层次是指过去实际发生的事情;第二层次是历史学家所知道的过去的事情;第三层次是历史教师所知道的过去的事情;第四层次是学生所知道的过去的事情。这两种观点,有一个共性,即都强调了历史知识是客观和主观相交织的混合体。"有意义"的历史教学必须深入到历史知识的"第二个层次"中去,帮助学生得出自己对历史的认识和理解,而不能只停留在第一个层次上。众所周知,历史是凭作为证据的史料说话的,这就意味着历史教学需要帮助学生认识证据的作用,帮助学生学会搜集、整理、鉴别与分析史料,合理运用历史推理和想象力得出自己的历史见解。

◆ 设计理念

学生对历史的认识是通过体验历史学家的工作,认识证据、想象、历史解释的性质的过程得以拓展和深化的;虚构的教学情境,具体来说,虚构的教学材料,如"斯坦·哈里斯发生了什么?"和富有争议的历史议题,如"耐特·凯利是英雄还是流氓?"蕴含着丰富的教学价值。设计者在此紧扣这两个设计理念,为我们展现历史教学的另一种独特的设计风格。

◆ 案例参考

案例:斯坦·哈里斯发生了什么?

本单元的学习目标:

1. 建立一种历史叙述
2. 考虑可能的原因和动机
3. 理解科学方法在调查历史方面的价值
4. 使用历史推理发展基于证据之上的历史假设

一、历史学习类似侦探活动(理念引导)

历史学家使用证据的方式很大程度上与侦探研究犯罪的现场相同。他们两者所得出的结论都是根据现有的证据有根据地推测出来。不是所有的资料都是对于探究有用的。历史学家和侦探必须确定证据的哪些部分是重要的,哪些没用的证据是可以舍弃的。

有时,找到所有的资料来回答一个特定的问题也许是不可能的。证据可能遗失或可能遭受破坏。侦探和历史学家必须确定另外的哪些资料是需要的,并且知道如何以及在何处找到这些资料。这些任务是他们工作所必不可少的部

---

① 何兆武:《历史与历史学》,湖北人民出版社2007年版。

分。一旦找到,这些额外的资料可能会得出完全不同的关于事件的不同图景,或者至少让调查者调整他们的思路和达成不同的结论。

下面的学习活动中,你将有机会像历史学家一样地工作。虽然人物和事件是虚构的,但是通过深思熟虑,你将能够达成暂时性的结论。

二、斯坦·哈里斯之死(学习材料)

理解和解释材料

阅读以下四则材料并且仔细思考它们所包含的证据。问题和活动在第六页上,它可以帮助你的调查活动,但是你可能需要查阅字典、地图册和搜索网上资料。

材料一:新南威尔士州警方的事故报告

新南威尔士州警察署

事故报告

可疑的死亡报告

出席警员:邓恩和坎特维尔(P.C. T. Dunne D 347 and P.C. N. Cantwell D 798)

事故报告:1945 年 8 月 29 日的上午 7:47,Darlinghurst 警察站接到市民 Mr. R. Keane 报案电话。Mr. R. Keane 向警方报道:"他在帕莫大街(Palmer Street,Darlinghurst)邻近的巷道发现了一具男性的尸体。"Mr. R. Keane 是一名在 Darlinghurst 的帕莫大街 22 号工作的掏粪便工人,他不为警方所熟知。

警员邓恩和坎特维尔(Dunne and Cantwell)被指派调查此案。他们到达现场的时间是早上 8:17,Mr. R. Keane 当时在现场并且站在铁制的防火梯的底部,死者就是在那里被发现的。死者为男性,大概 20 岁出头,穿着灰色西装,蓝色套衫,黑色鞋子,一顶新的 Akubra trilby 帽子在尸体的附近被发现。帽子里面没有标明任何名字。死者看起来是死于头部受伤。早上 8:56 的时候,警官邓恩打电话告知验尸办公室,这是一次可疑的死亡事故。从死者的钱包里的证件,发现死者的身份是斯坦·哈里斯先生。钱包和口袋里面发现了一些物件。

Mr. R. Keane 接受面谈并声称他是在工作回家的途中被尸体所绊倒。

之前的 8 月 28 日晚上的 10:15,警方得到两则扰动的报告。一则发生在赌场,一则是在帕莫大街 28 号凯特(Kate Leigh)所拥有的三层楼高的房屋发生了扰动,该房屋邻近于哈里斯的尸体所在的巷道。两名警员 P.C.J. Nicholson(D 634)和 P.C.D. Gaskell (D 718)在 8 月 28 日的晚上 11:23 调查此事,并在 1945 年 8 月 29 日向罪犯调查署 D.S. A. Scanlon 报告,但是报告指出没有找到可疑的情况。

签名：邓恩　警员编号：D 347　日期：1945 年 8 月 30 日

材料二：死因报告

新南威尔士州验尸局

验尸报告编号：765a

病理学者：Dr. H. Gregg

协作者：D. Viollet

验尸时间：1945 年 8 月 30 日下午 12:15

报告摘要：

死者为白种人男者，营养不良，5 英尺 8 英寸高，重 8 英石（1 英石＝14 磅）6 磅。身体留下一道愈合的伤疤，可能是锋利的器械所致。

头部有严重创伤和骨折的迹象，血液里仍有酒精。

死者是由于瞬间的头部严重受伤而死。死者死亡的确切时间不能确定，由于前天晚上寒冷的天气，但是应该在晚上 8:30 到早上 4:30 之间的某个时间。

签名：H. Gregg B. Sc. B. Chem. Asst. Coroner　日期：1945 年 8 月 31 日

材料三：财产清单

新南威尔士州警察署

Darlinghurst 警察站

财产清单

死者的财产清单编号 7/45/29/17

口袋里的物件：

三包香烟

一个汽油打火机

一块用过的白色棉花手帕

一把小梳子

一瓶标有化学药品的奎宁片，里面有 14 片药片。标为伍伦贡的爱德华兹药剂师所制。

一件澳大利亚军队服役记录履历——哈里斯下士，服役编号 NX615397S

褐色皮革钱包里的物件：

两张从 Circular 码头（Circular Quay）到中央车站的有轨电车的来回车票

从中央车站到伍伦贡（Wollongong，澳大利亚东南部港口）的 8 月 20 日的往返车票

军队服役证件——斯坦·哈里斯下士

一封 8 月 15 日的信件

一张未确定身份的女性照片

签名：皮尔森（M. Pearson，Sgt）. 警员编号：D 173 日期：1945 年 8 月 29 日

材料四：斯坦·哈里斯钱包里发现的信件

亲爱的斯坦：

此时跟你写信很难下笔，我相信你会过于伤心而不能理解信中的内容。在你离开的这些日子，我非常想念你。当我需要关心和支持时，你却不在我身边。

几个月前，在悉尼的一次舞会，我遇见一位长相英俊的美国船员——皮特。我们彼此之间相互爱慕，而且他已经邀请我同他一起回美国。此时离开你，我深感抱歉，但是我只能随心而去。

凯特

1945 年 8 月 15 日

三、基于材料评估的学习活动（思考和探究）

仔细思考上面四则材料，完成下面的学习活动。

活动一：鉴定和分析材料

1. 你认为斯坦·哈里斯的钱包里为什么没有钱？

2. 谁是凯特？

3. 为什么在斯坦·哈里斯的口袋里有一瓶奎宁药片？

4. 你认为在伍伦贡发生了什么事情？

5. 你认为 28 日发生在帕莫大街的扰动的原因是什么？

活动二：重构事件

6. 按照时间顺序安排材料中有关 1945 年 7 月 30 日至 8 月 31 日之间所发生的事情。（时序安排，来自希腊词 chronos，时间的意思）

活动三：得出结论

7. 你认为斯坦·哈里斯为什么死亡以及如何死亡？

8. 向小组成员报告你对斯坦·哈里斯死亡的可能原因的看法。

9. 你的结论与其他人不同吗？是否有一些结论比其他人更加可靠？为什么可靠？为什么不可靠？

10. 写一个段落来解释你已经学习了什么历史方法——证据的使用和历史解释。

附：斯坦·哈里斯身上的一些物件

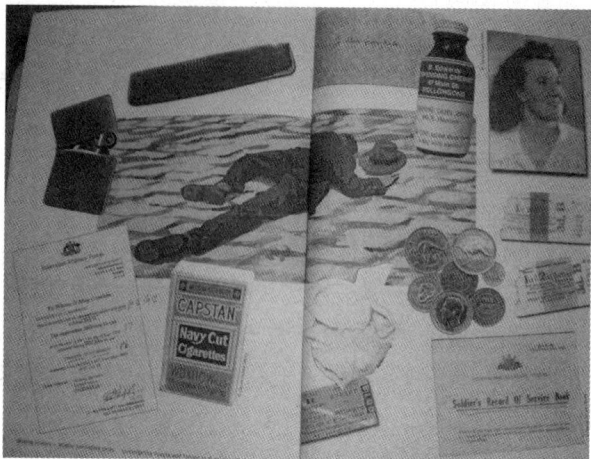

◆ 借鉴启发

"斯坦·哈里斯之死"学习单元的教学设计,具有以下特点:

第一,以足以颠覆传统教学设计模式的独到方式展现历史课程内容。一般而言,我们熟悉的历史入门课通常遵循着这种模式:历史是什么,即历史的定义——为什么学习历史,即历史教育的人生意义与社会价值——如何学习历史,与此同时,教师不断地告诉同学们,历史是有用的、有趣的。教师虽然苦口婆心,但是学生似乎是半信半疑,效果很不理想⋯⋯我们认为这种教学设计模式的弊端在于:教师是让学生"知道历史",学生只是一个历史知识的"容器"而已。然而,"斯坦·哈里斯之死"学习单元,给我们展现了一种新颖的教学设计理念:材料研习、调查取证、合作解决问题,我们认为这种设计理念正是澳大利亚历史教育学界所极力提倡的"做历史"(Making History)的集中体现。类似我们的探究学习或者研究性学习。具体而言,在本单元中,教师为学生准备了一个侦探活动,学生需要在阅读、分析四则材料,以及在查阅字典、网络的基础上,认真思考斯坦·哈里斯为什么死亡? 以及如何死亡? 澳大利亚的历史教师将虚拟的教学情境——虚构的案件,引入历史课堂之中,让学生领悟历史学家的活动类似于现实生活中的侦探破案,因为两种活动都需要寻找材料中的证据,需要区分哪些材料更为重要,哪些材料可以舍弃,并且根据现有的证据推测出结论。这一教学设计的精彩之处就在这里,既充分地展现历史学科的特点,又贴近学生的生活,能引起学生探究的兴趣,这也是我国新课程十分倡导的。教育部 2001 年《基础教育课程改革纲要(试行)》(下文简称为《纲要》)指出:"改变课程内容'难、繁、偏、旧'和过于注重书本知识的现状,加强课程内容与学生生活以及现代社会和科技发展的联系,关注学生的学习兴趣和经验,精选终身学习必备的基础知识和技能。"对于历史课程内容来说,它应该具备什么样的特征呢? 我们觉得对学生来说应该具有吸引力、注重与学生的生活经验相联系。对学科来说,能够理解学科中的一些核心特性,旨在强调历史学科是基于证据的基础上的学科,历史的解释是在证据的基础上展开合理的历史推理和想象。对社会来说,能够超越课堂,培养学生持久的理解力,旨在注重培养搜集和处理信息的能力、获取新知识的能力、分析和解决问题的能力、交流与合作的能力。历史是发生在过去的事情,如何在学生、学科、社会的张力中寻求合理的历史课程内容呢? 这些问题亟须历史教师的深思。"斯坦·哈里斯之死"为我们提供了审视这些问题的机会,透过这个教学案例,我们看到历史课堂并不枯燥,学生能够从中获得终身学习必备的知识和技能。

第二,关注学生历史素养的培养,突出历史学科的特征。一个有效的教学设计(在这里表现为历史探究活动)一个重要的方面在于承担培养学生历史素养的功能。在这一教学设计中,教师主要培养学生如下几个素养:建立一种历史叙述,认识历史叙述的多元化;考虑可能的因果联系;理解科学方法在历史调查中的作用;使用历史推理,发展基于证据基础上的历史假设。

下面,我们针对历史叙述和因果联系这两个方面来具体分析它是如何设计学习活动,达成这些目标的。

首先,按照一定的逻辑重新叙述该历史事件,主要体现在"重构事件"的学习活动上——认识历史叙述的多元化,活动三的"问题10"。教师让学生按照时间顺序排列发生在1945年7月30日至8月31日之间,有关哈里斯的事件,目的是帮助学生理清事件发展的前后顺序,为学生重构哈里斯之死提供帮助。学生将重构的事件与其他同学相比较,可能会发现关于哈里斯之死会有不同的叙述,在此学生不仅认识了历史叙述的多元化,同时也认识到历史叙述必须建立在充分的证据之上,并且合理地安排事件发展顺序。

第二,考虑可能的因果联系。这一教学设计提供了很多关于因果联系的问题,例如,"你认为斯坦·哈里斯的钱包里为什么没有钱?""为什么在斯坦·哈里斯的口袋里有一瓶奎宁药片?""你认为在伍伦贡发生了什么事情?"等。学生需要基于四则材料,以及相关的信息,为哈里斯之死提供可能的答案。比如,关于哈里斯为什么死亡? 我们可能做出如下的推测:服役军人哈里斯深爱着凯特(基于对哈里斯的信件、梳子、手帕、相片的分析),但是当凯特需要他照顾的时候,他却不能回来,后来凯特爱上了他人,并写信跟哈里斯分手。哈里斯看完信之后,心情极为伤悲。但哈里斯从军队返回去找凯特,双方却发生了争吵(凯特所拥有的三层楼高的房屋发生了扰动),后来哈里斯可能选择跳楼自杀(验尸报告认为哈里斯是由于瞬间的头部严重受伤而死)。这里,我们还需要考虑为什么凯特所拥有的三层楼高的房屋发生了扰动? 学生回答这一问题之前,需要调查一些关键的东西,比如化学药品奎宁。根据记载,奎宁除了能够有效杀灭疟疾原虫以外,还有一个重要的用途——堕胎。所以,我们或许可以推测哈里斯与凯特之间的争吵是不是因为哈里斯逼迫凯特服用奎宁呢? 还是哈里斯患有疟疾病呢? 学生需要查找其他证据才能确定何种原因,这也表明了我们所得出的结论只是基于现有的材料推理出来的,一旦有其他材料,将可能改变对事情的看法。

最后,这一教学设计还告诉我们两点:第一,虚拟的教学情境也可以带来有效的历史教学,哈里斯之死是一个虚构的案例,但是透过这个虚构的案例,教师却能达成教学的目标。第二,历史探究活动不一定要得出统一的、确切的答案,让学生认识到历史解释所具有的暂时性特征也是历史教学的应有之义。

◆ 案例参考

案例:耐特·凯利是英雄还是流氓?

这个调查旨在对所有的参与者(逝去的妇女和儿童)抱着同情态度,学生将关注一个决定性的事件——在 Stringy Bark Creek 发生了耐特·凯利(Ned Kelly)枪击案。学生将采用各种形式来展现他们的调查成果。教师可以利用这个单元作为学习不同时期的不同性别和种族的争议人物的学习范例。

第一环节:教师简要介绍凯利的家庭背景、犯罪经历,以及有关他的争议。有人认为他是疯狗,有人则是抱着同情的态度,因为他是恶劣环境下的受害者。

第二环节:教师介绍足够的学习资源,包括有关凯利的书籍、网站和视听资源。

第三环节:教学活动,一共有四个部分。

第一部分:设置准备活动,主要是计划调查的背景和确认学生的原有知识。

向学生提问:

你知道有关耐特·凯利的故事吗? 你如何知道凯利的这些事情? 有人亲自告诉你吗? 你从书本还是电影、报纸、图画上获得的? 可以让学生建立一个证据档案,如下:

信息	来源
耐特是头戴铁头盔	电影、书本、图片

最后,让学生思考问题:"我们如何能分辨这些资料是真实的?"

第二部分:调查证据,包括了三个学习活动。

活动一:

1. 问学生如何能够知道这些资料的真伪? 包括以下问题:

你如何分辨这些资料,比如书籍、照片、电影是真实的? 你根据什么线索来判断？人们并不总是说实话，什么事情影响他们的所说？为什么人们对事件的记忆总是不同？是否有一些资料更加真实？你如何分辨？

2. 在黑板上列出有关的历史术语，比如事实、证据、观点、解释、工艺品、原始材料和二手材料，让学生分清这些术语。

活动二：

1. 一旦学生理解了历史术语，要求他们重新思考在第一部分的问题。学生在自己的笔记本上用不同的颜色和准确的历史术语来对原来的观点进行分类。例如：

红色——明确的观点（但没有给出证据或可能出现偏见）

灰色——既没有明确的观点或明确的事实，需要更多的调查

绿色——确切的事实（可以核实现有的证据）

2. 全班讨论分类的情况并且鼓励学生提供他们的分类理由。

活动三：

1. 使用头脑风暴讨论需要证明的有关凯利枪击案的议题。例如：凯利是犯罪分子；那个时候警察不诚实；凯利为他的行为找了很多借口；警察袭击凯利；警察只是做他们自己的事情。

2. 全班分成两个小组——支持凯利和支持警方。每一组选择并写出有利于自己一方的观点。

3. 小组中，学生收集在 Stringy Bark Creek 发生的事件的证据来支持自己的观点。学生必须尽可能地收集更多的资料来说明事件发生的原因和当事人的动机。

第三部分：做出联系

活动一：1. 学生记录并评估资料。如下表：

凯利支持方的证据档案

观　　点	来　　源	评　　估
警察正计划杀害凯利及其团伙	凯利给公众人物的书信	可疑：其他证据表明警长 Sergeant Kennedy 只是做出防备危险的计划
警察 Constable Lonigan 首先射击凯利	Constable McIntyre 的报告之一；凯利给公众人物的书信	怀疑：跟后来的报告不同；有可能：根据 McIntyre 的证据
凯利被警察骚扰	凯利给公众人物的书信	可靠的：贫穷警察普遍的行为报告；看起来得到了后面其他与本案无利害的目击者的证据的支持

警察支持方的证据档案

观　点	来　源	评　估
警察正计划杀害凯利及其团伙	缺少官方指示	没有说服力:其他证据表明警长 Sergeant Kennedy 是一个谨慎和诚实的人
警察 Constable Lonigan 首先射击凯利	Constable McIntyre 的报告之一;验尸官的报告	怀疑:跟早期的报告不同;可靠的——警察 Lonigan 死的时候手枪还在手枪皮套里
凯利被警察骚扰	凯利给公众人物的书信	可靠的:贫穷警察普遍的行为报告;看起来得到了后面其他与本案无利害的目击者的证据的支持

2. 当学生完成上面的证据档案就可以调查以下问题:为什么凯利说他试图持枪抢劫警察? 他给出了什么证据? 有没有其他证据支持他这种说法? 什么证据反驳他对事件的描述? 警察对发生在 Stringy Bark Creek 的事件(凯利枪击案)的看法是什么? 什么证据支持了警察的说法? 哪一种说法更加可信? 为什么?

第四部分:得出结论

活动一:

1. 学生将他们所认为的凯利的案件以适合自己的学习风格的方式展现出来,比如多媒体、海报、图画等。

2. 邀请家长来观看学生的展示,评估学生是否已经改变了对凯利的看法。

活动二:

1. 学生选择艺术性的解释事件的各种方式,比如绘画、电影片段、歌曲等,让学生对比它们对凯利的描述存在的差别。

2. 讨论历史解释问题,例如:作者和艺术家是站在哪一方的? 他们是否看到了整个事件的原因? 支持和不支持这一观点的重要依据是什么? 大部分解释支持凯利吗? 有没有关于这个历史事件的非常真实和错误的说法? 哪种说法带有更多的偏见? 哪些说法更符合事实?

3. 学生选择一种解释并且在自己的笔记本上写一段话来分析它。

◆ **借鉴启发**

透过案例二的教学设计,我们可以发现真正有意义的历史知识,就是在历史教师的帮助下,使学生在掌握各种历史资料的基础上,通过严谨的探究过程,运用批判性的历史思维,形成自己对于历史的分析与评价,而不是通过"道听途说"、"人云亦云"的方式或顺从学校历史教科书、某本权威著作、权威专家的观点、教师的观点而获得。显然,这一过程强烈地体现了建构主义的学习理念,学生在学习过程中像史学家研究历史一样,掌握多方面的历史资料,在此基础上展开逻辑严密的历史推理过程,在这一过程中,已有的各种知识只是学生学习的起点,促进学生思维发展的手段,而不能以是否掌握历史知识为历史学习的核心目的。围绕已有历史知识开展的探究性学习活动,在探究结果上,我们会发现结论并不相同,这正好体现了历史知识的特点。实际上,关于历史知识的学习,如果从发展的眼光看,这将是一个永远没有终点的过程。总之,我们要纠正企图通过探究历史求得统一的答案的观念,这恐怕就是给我们的最大启发。

◆ 问题研讨

史学家的研究工作和学生的历史学习有着显著的共性——求真求实。脱离了求真求实的教育追求,学生的历史学习过程不可能有"历史的味道",所谓的培养学生正确的"情感、态度与价值观"更是无稽之谈。判断一个历史教学设计优秀与否,"史学理念"和"史料选取与分析"两个要素非常重要,目前历史课堂上"低幼化"现象的出现,显然就与设计者在这两个方面没有认真钻研有着直接关系。先进的"史学理念"决定一个历史教学设计具有新的立意,"史料选取与分析"设计得当,不但会促使历史课上得很有浓厚的"历史味",在很大程度上无疑也会吸引学生更主动地参与课堂的讨论活动。那么,请思考:

第一,假如让您准备设计"历史入门课",您觉得案例中哪些设计理念值得借鉴?

第二,历史教学设计中,应充分预设学生关于历史问题的讨论可能会形成"百家争鸣"的局面,在这种情况下,作为历史教师的你,将如何应对?

◆ 拓展阅读

阅读资料:关注历史知识的性质[①]

讨论历史知识的特征属性,对于历史教师的教学实践有何指导意义呢?《澳大利亚历史教学指导纲要》做了详细的阐释,在我们看来,最根本的指导意义就在于,明确历史教师的教育职责,那就是帮助学生形成自己的历史知识。具体而言,就是:历史教师不是历史真相的传播者,自己只是在介绍一种历史知识而已。《纲要》强调,针对许多学生容易将历史教师所讲授的内容视为历史真相的情况,历史教师要向学生说明,自己所传授的知识与观点只是众多知识来源中的一种。

---

① 何成刚、陈伟壁:《关注历史知识的性质》,《中学历史教学参考》2008 年第 7 期。

在这种情况下,历史教师应鼓励并帮助学生形成自己的历史知识,而非"复制"或"移植"别人的历史知识。如何形成,具体采取的技术策略:

(1) 采用多种来源的史料、证据,以及不同人(事件的参与者、历史学家等)的不同历史解释来探究历史;

(2) 向学生介绍史学研究方法,特别是历史解释和叙述的方法;

(3) 帮助学生通过关注学科和历史学家工作中的核心观念和思想来增进历史知识;

(4) 通过提问、辩论来发展学生的历史推理能力,使用证据来支撑和有效地交流观点;

(5) 帮助学生形成有关过去人物的处境、思想、感情、行为的理解力,即一种历史性的意识或者对过去人物的思考、行为方式的感知;

(6) 告诉学生历史是充满着争议,而不是"一致同意"的成果——"生活在一个有争议的历史文化之中,历史教学必须超越学校和教科书,吸纳电影、电视、报纸、新闻、博物馆、公民倡议书和其他的证据";

(7) 鼓励学生超越自己对过去的理解方式,调和自己和他人的历史观,并且批判性地思考他们周围的世界。

在这一探究过程中,历史教师要做的一项重要工作就是将学科问题与学生的"先前知识"进行整合。当教师提供机会让学生将已有知识与新问题联系时,学生才能更好地理解新问题,须知,学生的先前知识是一种重要的学习支架或者是进一步理解历史的扶手。

阅读资料:西方国家历史课程标准中的"资料研习"[①]

在西方国家的历史课程标准中,很少提及历史教科书,与之形成鲜明对比的是反复提及历史教科书之外的各种历史资料的广泛使用。据笔者的不完全统计,这些历史资料包括"历史记载"、"历史小说"、"历史文献"、"文学作品"、"日志"、"日记"、"考古文物"、"历史遗址"、"人工制作"、"家庭照片"、"历史绘画"、"建筑绘画"、"政治漫画"、"个人撰记"、"信件"、"报纸"、"演说稿"、"口头传述"、"口头习俗"、"口头传说"、"口述史"、"寓言"、"神话"、"目击者的叙述"等(见赵亚夫主编:《国外历史课程标准评介》,人民教育出版社 2005 年版,以下引文皆出自该书)。在历史教学设计过程中,这些历史资料发挥了非常重要的作用。

强调资料研习在历史教学设计中的重要性,实际上体现了这样的教育观:历史教育的终极目标应该是培养学生学会思考、学会判断,不盲从、不人云亦云,有自己的独立见解。比如澳新南威尔士州历史课程标准也间接指出:"课程中,形成偏见的另一种形式是只从占统治地位的团体的观点来陈述知识,而不考虑其

---

① 何成刚:《西方国家历史课程标准中的"资料研习"》,《历史教学》2008 年第 7 期。

他团体——通常是非掌权者的观点。如果这种偏见出现的话,学生可能认为:看待历史人物、问题与事件只有一种方式,从而不能欣赏大多数团体所持观点的多样性特征。通过历史研究,清晰地说明历史上各种边际组织的观点,学生可以获得多方面的受益。它有助于培养学生批判性思考的技能,有助于他们质疑'中性'、'客观'性知识所隐含的价值观"(第122—123页)。显然,以历史教科书为中心而展开的师生教学活动不但无法实现这样的教育目的,而且会束缚学生的思考,会使学生以为历史就等于历史教科书上所描述的历史,历史教科书中的结论就是对历史的科学评价,其实不然。透视西方国家历史课程标准,我们能发现其编制背后所隐藏着的历史观:历史虽然是客观存在的,但历史教科书绝不等同于历史,历史教科书其实只是编撰者个人或集体在一定的历史观的指导下对历史的一种理解和"一家之言"而已,是一种"文本历史"。既然如此,与客观历史相比,这种"文本历史"就有可能存在一定程度的偏差和曲解,从而误导学生对历史的认识,也可能是残缺不全的,只是反映了历史的一部分面貌,因而有必要对历史做进一步的探讨。所以,学生不能仅仅局限于历史教科书对历史的描述,应该获得与特定学习内容有关的其他更为丰富的历史资料,以有助于更全面地认识历史、理解历史,在此基础上形成自己对于历史的判断,在这一过程中,学生当然可以"挑战历史教科书中的解释"(第55页)。这种判断或许与别人有着悬殊差异,但这并不重要,重要的是要"学会思考"的能力,而不是"去找唯一的正确答案、一个基本史实、一种权威性解释"。在美国历史课程标准研制者看来,这是一种传统的历史教育观:"教科书就是历史"——在历史教科书中,"事实的发展直接指向固定的结果"。要克服这个难题,有效的解决方式就是"要求除教科书外使用多种资料来源,展现历史的其他声音、叙述、解释或观点的历史类书籍,以及各种历史文献和考古文物"(第53页)。这就是西方国家历史课程标准之所以反复强调要广泛使用历史教科书之外的其他各种历史资料的重要理由。

实际上,在历史学习过程中,广泛使用历史教科书之外的其他各种历史资料只是培养学生"学会思考"的必备条件之一,如果学生不掌握如何使用各种历史资料研习的技巧与方法,即使占有大量的历史资料,也无助于培养学生"学会思考"的能力。关于历史资料研习的技巧与方法,西方国家历史课程标准普遍给予了重视。这里简要对西方国家历史课程标准特别强调的"资料研习"的重要环节做一归纳与概括:

第一,注重历史资料收集的全面性。一般来说,收集到的资料越全面,就越有代表性和启发性,相反,一鳞半爪的历史资料只能推论出片面的结论,只能揭示历史问题的个别面目。西方国家历史课程标准多次提及要"从多种渠道获取历史资料"。

第二,注重历史资料收集的差异性。在资料收集过程中,要关注历史资料的差异性,即围绕同一历史问题从不同视角、不同立场收集不同认识、不同观点的历史资料,这样才有助于学生认识历史问题的复杂性和全面性。

第三,对收集到的历史资料提出各种问题。比如:是谁,在什么地点,以什么方式制造了这件历史资料,制造者要说明什么问题,反映了制造者的何种观点与意图,这件历史资料的可信度如何,是否有内容的遗漏,是否反映了制造者的某种偏见等。

第四,比较、鉴别、鉴赏、解释各种历史资料中的叙述,尤其是其中互有出入或对立冲突的历史叙述,并做出合理的分析评价。比如:在评价各种历史叙述时应该把握一个基本原则,即杜绝"从现在出发的主观臆断",避免"只从今天的形式和价值观来裁判过去"。

第五,组织各种历史资料,构建合理的历史解释,通过口述、论文、文章等方式,进行交流探讨。这是历史资料研习的最后一个环节,学生要将自己整理收集到的历史资料,按照一定的逻辑组织起来,以论证自己的观点,在这一过程中,不能回避已有的在这一问题上的观点与争论,要做出合理的处理。澳大利亚新南威尔士州历史课程标准研制者还特别强调,这一环节要杜绝学生抄袭事件的发生,即把别人的想法、著作或发明当成自己的研究成果。

通过分析,我们不难发现,西方国家历史课程标准中关于历史"资料研习"的方法与技巧的阐释,相当全面,指导性更强。

第一,学生对历史资料的研习,与历史学专业研究者研究历史一样,都要遵守比较严格的史学研究规范。

第二,在推论之前做足了对历史资料的全面收集与研究的工夫,只有这样,才能真正做到"论从史出",因为没有历史资料的全面性与多样性,就不可能有"史论"的"百花齐放"与"百家争鸣",做到了这一点,就等于把研究性学习活动真正落到了实处,而不是停留在形式上。

总之,在"资料研习"的过程中,学生提高的不仅仅是历史思维能力,更重要的是,学生提高了思考、鉴别、判断的能力,这对于即使将来不从事历史研究的学生而言,也是大有益处的。澳大利亚新南威尔士州历史课程标准指出:"通过对原始资料和二手资料的批评性分析,得出自己的想法和观点,并进行流利的交流,是当今世界最看重的能力。"(第259页)毫无疑问,在以多样性与多变性为显著特征的现代社会里,这些宝贵的思维品质是一个公民所应该具备的。

第二章 感受史料探究之乐
——挖掘、分析史料的教学设计

◆ **问题引路：如何有效地使用史料？如何设计探究学习？**

历史学是一门材料的科学，史料是历史学科的基石和特色，是落实历史学科三维目标的重要教学载体。在以往的历史教学当中，史料往往作为教师自己得出结论的附庸，史料教学缺乏真正的指导学生研习史料的方法。那么如何有效挖掘书面史料中的有效信息，设计基于史料的历史探究教学呢？

◆ **关键词：问题设计**

史料探究教学的重要方面是设计引导学生阅读、分析、解释史料的问题，问题设计的好坏直接关系到史料教学的成败。一般而言，设计的问题应该能够有助于学生达成以下几个方面：第一，帮助学生了解史料的历史背景，让学生容易"神入历史"，即"历史地"或"设身处地"地看问题，而不是以今人立场来评判过去；第二，帮助学生了解、分析史料的基本历史信息，诸如史料的来源、史料的创作者、史料的类型、史料所反映的立场和观点是否带有偏见等，在这一过程中，应以批判性的立场鉴赏史料；第三，在研习史料的基础上，增强学生的历史感，学会全面、多维角度地看待历史问题。

◆ **设计理念**

基于史料的历史探究教学设计离不开一定的设计理念，其中值得我们历史教师关注的理念，包括：第一，对史料属性与史料教学的特点有一个完整明晰的认识，这是进行史料教学的前提，这些"认识"是渗透在各种问题设计之中的；第二，史料教学设计在根本上要求学生具备"侦探"的敏锐思维，即要求学生对提供的史料进行全面的、细致入微的研究，抓住其中的关键性历史信息；第三，严格意义上的史料教学设计应充分体现史学研究的特点，即应该按照一定的史学逻辑来组织史料教学，这可以确保史料教学既有其"名"，又有其"实"；第四，史料教学设计中应遵循科学性与周密性的原则来设计问题，这些问题应符合一定的逻辑顺序；第五，将史料学的前沿认识渗透到史料教学设计中来，以丰富史料教学设计的内涵。

◆ 案例参考

案例:"白澳政策"与澳大利亚联邦的促成

《澳大利亚历史教学指导纲要》中的"Working with historical sources"部分提供了一个精彩的教学设计,它很好地体现了如何有效使用史料,如何设计基于史料的历史探究的教学设计。

案例研究:"白澳政策"与澳大利亚联邦的促成①

适合学段:初中学段中高年级

探究问题:"白澳政策"与限制移民入境是如何推动19世纪晚期澳大利亚联邦运动的?

第一个环节　学生应了解该探究问题的相关知识背景,这是进行史料教学的"大前提",当教师给学生提供与研究问题有关的具体史料时,这些知识背景就会起到帮助学生理解史料的作用,从而避免了"就史料论史料"的误区,确保史料分析能有一个宽广的视野。这些知识背景包括:

(1) 19世纪后期,限制移民入境已在许多殖民地付诸实施,尤其1887—1888年间,限制华人入境问题在殖民地达到了高潮;

(2) 在早期殖民地中就移民问题形成的争论,推动澳大利亚联邦于1901年出台《限制移民入境法》,这从法律的角度标志着"白澳政策"的形成;

(3)《限制移民入境法》是如何实施的,有何效果;

(4)《墨尔本画报》、《快报》周刊等报纸的政治立场及其在民众间的影响。

第二个环节　教师提供第一幅历史漫画:

"*The Afghan arrives in Melbourne*"(Melbourne Punch,*3 May 1888*). *The original caption read*:"*In the old days I stopped the convicts in the bay. And now you must bar out the yellow plague with your own arm.*"

〔译为:"阿富汗"号抵达墨尔本(墨尔本《笨拙》杂志,1888年5月3日)。原标题是:"在过去的日子,我阻止了海湾的犯罪活动。而现在你必须用你的双臂来挡住'黄祸'。"〕

---

① 笔者注:白澳政策是指英国殖民者限制有色人种移居澳大利亚的种族歧视政策。19世纪50年代澳大利亚发现金矿,许多非英国移民包括中国人涌入澳大利亚淘金。维多利亚殖民当局限定每条船登陆的中国人人数,重课人头税。此后澳大利亚多次发生暴力排华事件。1881年新南威尔士总理帕克斯召开澳大利亚各殖民地联合会议,讨论中国移民问题,除西澳大利亚外均同意实行限制政策。19世纪90年代,限制范围扩及太平洋岛屿的其他有色人种。最后,这场限制华人入境的运动演变为各殖民地脱离宗主国的离心运动,成为组建独立的澳大利亚联邦的一种助力。

第一步：学生应分析漫画中所描述事件的历史背景，这是进行史料教学的"小前提"，是帮助学生分析漫画的直接的隐性资源。

该漫画发生时的历史背景是：1888年4月27日，载有268名中国人的轮船"阿富汗号"抵达墨尔本。这时的墨尔本弥漫着强烈的反华情绪。殖民地政府命令将船进行隔离以防止中国工人下船，阻止华人入境。

第二步：从引导学生关注漫画中的各个细节入手，设计要探究的问题。与一般性文本不同的是，漫画作者将自己要讲述的内容与政治观、历史观等重要信息通过巧妙的方式隐藏在图像之中，一般不易觉察，观察过程中如果粗心大意就有可能疏忽漫画中的重要信息。基于此，历史教师可以设计系列问题，以引导学生运用"由表及里"的探究策略，充分挖掘漫画所蕴涵的深刻寓意。比如：

（1）这幅漫画的字幕要表达的真实意图是什么？（What does "Old Australia" mean when he says to "Young Australia": "Right, my boy, you're worthy of your sire. In the old days I stopped the convicts in the bay. And now you must bar out the yellow plague with your own arm."?）（要了解字幕的真实意图，取决于两个关键要素：一是学生对1888年4月"阿富汗号"船事件有所了解，二是知道"*yellow plugue*"这个词是对华人人格的严重侮辱。）

（2）海边停靠的船只代表什么？（What does the ship in the bay refer to?）（即将入境的华人）

（3）这个小男孩正在做什么？（What is the boy doing?）（把守大门，意在禁止华人入境）

（4）扔在地上的殖民地办公室门牌何所指？（what is the "Colonial Office" bar lying on the ground?）（学生应对澳大利亚殖民地当局办公室有所了解，意指澳大利亚各殖民地对英国没有能力阻止华人入境表示出来的愤怒。）

（5）这个小男孩实质上指的是谁？（Who is the boy representing?）（代表新兴力量的年轻的澳大利亚）

（6）漫画中的中国人心情怎样？（How are the Chinese represented in the cartoon?）（强烈要求下船的迫切心情）

（7）漫画反映了作者的什么价值取向？（What attitudes and values are expressed?）（极端种族主义）

（8）根据漫画所反映的反华人入境并结合其对澳大利亚联邦的促成可以得出什么结论？（What conclusion could you draw from this cartoon about the campaign for anti-Chinese immigration restriction and its influence on Federation?）（前者为后者的形成提供了一种推力）

第三个环节 教师提供第二幅历史漫画：

"The Afghan *arrives in Sydney*"（The Bulletin，*26 May 1888*）. *The original caption read*："*Rubbish from the cabbage-garden*：*Duncan Gillies, the Victorian Premier, dumps the Chow invasion at the feet of the Premier of New South Wales, Sir Henry Parkes.*"

〔译为："阿富汗"号抵达悉尼（1888 年 5 月 26 日,悉尼《快报》周刊）。原标题是："来自白菜园的垃圾：维多利亚的首领邓肯·基利斯（Duncan Gillies）将'非法入境华人'倾倒在新南威尔士的首领亨利·帕克斯的脚下。"〕

第一步：学生应在分析并理解第一幅漫画的基础上,进一步分析新呈现的漫画中所描述事件的历史背景：由于在墨尔本华人无法下船,轮船"阿富汗号"于是驶往悉尼。不料,悉尼的反华情绪更为高涨。这里要补充说明的是,1888 年 6 月,澳大利亚殖民地内部会议利用此反华事件为契机,进一步加强了合作,目的在于建立独立的澳大利亚联邦。此外,学生还应了解《快报》周刊在当时是一份极力宣扬种族主义的报纸,主张"澳大利亚是澳大利亚人的澳大利亚",这有助于学生了解这幅漫画作者的价值观。

第二步:与历史教师围绕第一幅漫画所设计的问题相比,第二幅漫画的问题设计体现出了一定的挑战性,当然漫画的分析技巧并无差异。历史教师可以设计如下的问题:

(1) 漫画里发生的是什么事件?(What is happening in the cartoon?)

(2) 围墙指代的是什么?(What does the fence represent?)

(3) 漫画中的两个人分别指代的是谁?(Who do the two men represent?)

(4) 解释"菜园子里的垃圾"指的是什么?(Explain what is meant by the caption:"Rubbish from the cabbage-garden")

(5) 漫画作者对这个事件的态度是什么?(What is the cartoonist's attitude to the events?)

(6) 漫画作者希望看这幅漫画的读者有什么反应?(How does the cartoonist want the reader to react?)

(7) 这幅漫画集中反映了谁的利益所在?(Who was the cartoon intended for?)

(8) 这幅漫画渗透了何种具体的敌视态度与不满情绪?(What attitudes and values are expressed in the cartoon?)

(9) 限制华人入境促成了澳大利亚各殖民地间的合作,由此能得出什么结论?(What conclusion do you draw from this cartoon about how the immigration restriction issue supported the moves towards Federation?)

解决该系列问题的关键是,学生要知道,"*Chow invasion*"也是对华人人格侮辱的一个词,漫画作者将华人比作"*Rubbish*"可看出其价值观。这里我们采取的是直译方式,从中可发现作者的极端主义价值倾向。另外,在澳大利亚早期殖民地内部会议上"菜园子"一词常被用来形容英国当局,这里是一种贬义。由此可以判断这是一件发生在英国当局与澳大利亚各殖民地之间围绕华人移民问题的纠纷,那么其余问题就可迎刃而解。

第四个环节　第二、第三两个环节,都是历史教师根据漫画本身来设计问题。当然,这两个探究活动尚不足以有效地解决探究主题,还需要占有更多的史料资源,开展多角度的思维活动,以利于更全面地认识探究主题。在这一环节中,历史教师重在鼓励学生对这两幅漫画做拓展性的历史探究,学生可以查阅文本资料、口述资料、展览资源、多媒体资源、网络资源等,在此基础上提出自己要进一步探究的问题。比如:

(1) 当轮船"阿富汗号"载着华人来到悉尼后,新南威尔士总理帕克斯做了什么?(What did Parkes do about the Chinese passengers when they got to

Sydney?）

（2）在19世纪晚期，澳大利亚一些殖民地为什么对华人如此的恐惧和敌视？（Why were the Chinese so feared and despised by some colonial Australians in the late 19th century?）

（3）是否有证据表明，有一些殖民地对限制华人入境持反对立场？（Is there any evidence that elements of the colonial population opposed the anti-Chinese sentiment?）

（4）1880—1890年间，究竟有多少华人来到澳大利亚？（How many Chinese immigrants were actually coming to the colonies in the later part of the 1880—1900 period?）

（5）"阿富汗"号上的中国移民最终的命运是什么？（What eventually happened to the Chinese passengers on board the Afghan?）

（6）"阿富汗号"事件与1888年的澳大利亚殖民地内部会议有何联系？（What is the link between the Afghan incident and the 1888 inter-colonial conference?）

（7）英国对于澳大利亚各殖民地提出的限制华人入境持什么态度？（What was the British Government's attitude to colonial proposals to restrict Chinese immigration?）

这些问题虽然与"阿富汗号"事件有关，但与历史漫画已没有附属关系，视角更为多元，带有显著的发散性特点。学生带着这些问题然后查阅有关资料，必将有助于深化对探究主题的认识。

◆ **借鉴启发**

通过以上的分析，不难发现：首先，这个教学设计凸显出历史教学界关于一个完整史料教学过程的基本规范——四段式分析法（Four-structured Approach），即确定探究主题、依据占有的相关史料设计系列问题、明确史料发生时的历史背景、分析史料、得出结论（或指出现有史料的不足，提出建议，需要补充其他有价值的史料，以助问题分析）。第二，教师很好地利用了当时两份画报中的两张历史漫画，并基于当时的时代背景，顺着从"现象"到"本质"的探究思路，按照由易到难的原则，设计了一系列层层递进的有意义问题，充分挖掘了漫画中蕴涵着的丰富的历史信息，引导学生进行探究性教学。可以说，能否创设优秀的问题设计，对于培养学生的历史探究能力至关重要。第三，从培养学生树立正确的价值观的角度看，这也是一个匠心独具的教学设计，目的是让学生认识到：澳大利亚存在着一段极其不光彩的历史——一股强烈的反华的种族主义思潮，这种思潮可以说是"白澳政策"的集中体现。澳大利亚各殖民地为了脱离英国而走向联合与独立的道路,本无可厚非,但华人入境问题却成了他们反英的借口,华人最终成了殖民地与宗主国之间进行斗争的牺牲品,这有助于促使学生对历史进行深刻的反思。同时,以"限制华人入境"的两幅漫画作为本探究主题的切入点,有画龙点睛之效。第四,教师鼓励学生进一步查阅相关资源,就自己感兴趣的问题进行探究,极大地增强了这个教学设计的开放性,有助于培养学生发现问题、解决问题的思维能力。第五,这篇教学案例,在史料资源开发与利用上体现了一种带有创新色彩的实践探索。历史漫画往往作为一种解读历史现象的特殊史料资源,以直观的呈现方式,既可以引起学生观赏的兴趣,更易于诱导学生产生探究的动力。所以,对于这种资源,不仅在课堂教学上要多用,在历史教科书的编写乃至历史试题编制中,也应该多用。

◆ 问题研讨

史料教学并不是一个简单的"论从史出"的过程,可以说,批判性历史思维贯穿于史料搜集与分析的始终,显然,这既有助于确保探究过程的严谨性与科学性,又可以确保探究结果的无可挑剔。

上述教学设计对我们理解以下认识无疑大有益处:部分史料(特别是一些晦涩难懂的文献资料)的阅读,学生可能会比较吃力,教师要清楚,史料分析的目的是考查学生的历史问题分析能力,而不是考查学生的文献欣赏能力,应该选取学生基本上容易读懂的史料。当然,读懂史料并不等同于学生对史料没有自己的认识。另外,教师提供的史料最好在观点呈现上不能存在倾向性,除非赋予学生充分的讨论的权利,当然,学生应该有一定的历史基础,否则,设计这样的史料分析就没有什么意义。除此之外,请思考:史料设计还应该注意哪些事项?

◆ 拓展阅读

如何设置问题教会学生分析史料。一个有效的基于史料为基础的探究活动,很重要的方面是培养学生自己分析史料的技能,下面节选"彼得罗夫事件"来帮助我们引导学生分析史料的方法。

彼得罗夫事件[①]

历史学家在叙述一件历史事件之前,他必须选择、理解、分析、解释和评估大量的史料,并且对比和对照这些史料。当从事这一活动时,他们通常是为了回答某一历史问题。例如,一位历史学家可能在探究这一问题:"在 1954 年,苏联人

---

① 陈伟壁、何成刚译自澳大利亚《Making History》"中学中年级学习单元二:红色威胁吗?"中的澳大利亚故事部分。

弗拉基米尔·彼得罗夫为什么会叛向澳大利亚呢?"为了探究这一问题,教师可以设置以下的教学活动。

学习过程

这是一张在澳大利亚历史上非常著名的外交事件的图片。它拍摄于 1954 年 4 月 19 日的悉尼 Mascot 机场,并且成为历史证据的来源之一。尽管你不了解事件,但你还是可以从照片中获得信息。例如,你可以提出和回答一些简单的问题,比如:

● 照片中有多少人?(这是一个理解性的问题 comprehension question,它关注的是史料中的显而易见、表面的特征)

● 照片中男性人数、女性人数各多少?(这是一个分析性的问题,它关注的是史料中的式样或主题)

取决于你想要发现事件的哪一方面,这些问题和回答可能不是非常重要,但它们可以使用。

现在请你思考问题:"照片中发生了什么?"这是一个不同类别的问题,因为为了回答它,你必须超越理解性的问题并开始解释史料。"照片中发生了什么?"这是一个解释性的问题,你需要去解读史料中的相关线索。你对这个问题的回答可能是"两个男士的手都分别拉着女士的手",没有人会对此表示疑问。但如果你回答:"他们都支持着她"或"他们都抑制着她",其他人可能对此有不同意见。为了回答两个男士是支持还是抑制该女士,你需要找到史料中的其他线索。例如,你可能会观察男士搀扶女士的胳膊的方式或者每个人脸上的表情。我们可以提出另一个解释性的问题:"女士是否显得疲惫或心烦、厌恶或其他?"

在没有了解有关照片和事件本身的更多信息的情况下,你不能准确地回答这个解释性的问题。为了回答,你需要考察其他的史料,比如下面的一则史料:

史料一:最近对发生在 1954 年的一件事的新闻报道

"早在 1954 年的 4 月,她的丈夫弗拉基米尔·彼得罗夫 Vladimir(Petrov),已经管理了苏联驻澳大利亚的间谍活动,后在堪培拉背叛苏联。很快,克格勃(苏联国家安全委员会)决定让还没有同弗拉基米尔·彼得罗夫一起叛变的 Evdokia 返回苏联。然而,照片中一位端庄、心烦意乱的女性被严酷的地下政治组织人员拉着双手被迫向前走——英国曼彻斯特的《卫报》称他们为'蹩脚货'(plug uglies)。"

来源:*Fountain*,*Nigel*,*Guardian*,*Saturday*,*27 July 2002*.

增加证据:使用史料一来帮助你了解照片中的下面基本细节。

1. 照片中的女性是谁?她和弗拉基米尔·彼得罗夫的关系是什么?

2. 照片中的两位男子是谁?

3. 两位男子正对该女性做什么?

4. 该女性是否显得疲惫、心烦还是其他?

当你使用一则史料来帮助你解释其他,你使用的是佐证(corroboration),即阅读一则史料以帮助你获得其他的知识。

照片描述了两位克格勃成员正迫使彼得罗夫女士上悉尼的一架飞机——这是成为众多周知的"彼得罗夫事件"的一个部分。它造成了澳大利亚和苏联两国之间的外交危机。事件不仅涉及令人吃惊的弗拉基米尔·彼得罗夫夫妇的叛变,而且导致苏联驻澳大利亚的使馆的关闭,以及苏联要求澳大利亚关闭驻苏的大使馆。

以透露苏联的间谍活动的细节为交换条件,彼得罗夫夫妇被允许呆在澳大利亚。夫妇俩隐姓埋名以避开克格勃特工的报复。2002年7月,彼得罗夫女士以88岁的高龄在墨尔本逝世。

2002年,即事件发生的48年后,《卫报》上刊登了 Nigel Fountain 对该事件的描述(史料一)。他的描述是否比1954年的报道更加可靠呢?"心烦意乱"、"迫使"、"严酷"等词可能会影响读者对事件的感觉?《卫报》是一份有信誉的报纸吗?《卫报》是否表达了某一特定的政治立场?

当你对史料提出这些问题的时候,你其实使用的是评价(evaluation)——试图判断史料的适切性、信度、可靠性和完整性。

对比和对照不同的史料(佐证),可以是评价过程的一部分,例如,一位历史学家想要核查 Nigel Fountain 的描述,可能会通过阅读事件发生当时的一份新闻报道,如下面史料二:

史料二:一则1954年的新闻报道

"昨天,2000多人拥挤着……悉尼机场,心烦意乱的彼得罗夫在两名间谍和一名大使馆官员的陪同下准备搭乘英国海外航空公司的一架飞机。目击者后来听到当时彼得罗夫女士用俄语说:'我不想走,救救我。'"

来源:Chronicle of the 20th Century 1993,*Chronicle Australasia*,*Ringwood*,*Victoria*,p 759.

佐证证据:阅读史料二,回答以下问题。

1. 史料二是否能够佐证(支持)史料一的描述?

2. 史料二的描述能够提供更多的哪些信息?

3. 这些更多的信息是如何帮助历史学家调查发生在悉尼机场的事件?

再看看照片,并且回答以下的问题:

1. 谁拍摄的照片,为什么拍摄?

如果拍摄者拍摄了不仅一张照片,为什么会选择这一张照片(可能是由一名报纸编辑做选择)刊登在报纸上?

3. 如果你可以上网,核查美国照片的网站"世纪图像",并且进入图像实验室。根据链接到"数字化操作"的菜单并且试图进行实践照相的活动。当你已经操作了这一活动,思考你已经学到了照片作为展现历史真实的一种方式的知识。

第三章　活用影视和 ICT 资源
——辨析、感受历史的教学设计

◆ **问题引路：如何有效使用影视和 ICT 资源？**

作为一种不断趋于大众化的教学资源，历史影视和 ICT（网络的信息和通讯技术）资源越来越多地出现在我们的历史课堂上，这对于增强历史的生动性和趣味性，提高学生历史学习的主动性，有着显著作用。但不可否认，我们对影视和 ICT 资源的使用还停留在一个浅层次的水平上，换言之，历史影视和 ICT 资源不能只发挥活跃历史课堂气氛、激发学生学习兴趣的作用；不能只发挥"调味品"的功能；不能只充当一种辅助历史教学的手段，还应该以研究性的理念，挖掘它们在发展学生历史思维能力上的价值。

◆ **关键词：资料的甄别**

资料包括人类在过去活动中遗留下来的各种证据——文字资料和口述资料，地貌和相关的人工制品，美术作品及照片和电影。其中影视和 ICT 资源都可以当成一种历史资料，其中对资料的甄别是进行教学设计的首要前提。教师需要帮助学生弄清楚这种类型的资料是如何、什么时候以及为什么产生的，分析资料的可靠性和有效性，找出资料出现的作者的偏见和隐藏的立场。

◆ **设计理念**

历史影视和 ICT 资源作为一种教学资源，从本质上来说，它是一种史学文本。因此对史料的分析、鉴别和使用的方法对于两者来说，也是值得借鉴的。历史教师在设计有关历史影视和 ICT 资源的教学活动中，首先要树立将两者作为一种教学资源的理念。其次，借鉴史料分析的办法来挖掘其中的历史信息，培养学生的历史素养。

◆ 案例参考

案例：“电影分析策略和使用建议”

分析策略

澳大利亚方面提供了一个局部电影场景分析和整体电影分析的策略，透过这些策略，我们可以体会到，在澳大利亚的历史课堂上，学生是以探究的理念、批判性的态度来欣赏历史电影的。

分析策略之一：场景分析

任何历史电影中的一个片段都会提供一个特定的历史场景，师生可以围绕这个特定历史场景进行分析。例如，学生可以通过下面一些要素来分析电影《凯利帮》画面的真实性，分析场景布置的细节，由此质疑电影片段的可信度。

《凯利帮》剧照

要素分析包括：

1. 该场景中主要人物的衣服、帽子、首饰和发型设计风格；（styles of clothing, hats, jewellery and hair design）

2. 画面的传输类型和其他舞台效果；（types of transport and other machinery in the frame）

3. 画面中演员的举止和行为；（manners and behaviours of all actors within the frame）

分析策略之二：总体鉴赏

师生需要对播放的历史电影全部看一遍，与“场景分析”不同，这是一种比较费时的模式，但也是最为深刻的分析策略。在鉴赏电影及分析电影的过程中，学生需要注意以下问题：

1. 明确——电影中历史事件发生的时代背景、电影中主要的及次要的历史人物与历史情节；（What is the historical background of the time? What historical people and events does the film focus on?）

2. 确认——电影制作的时间背景、电影是如何制作出来的、为什么制作、制作的目的是什么；（When was the film made? How was it made? Why and with what purpose?）

3. 思考——电影制作过程中何种因素会影响电影对历史的解释；（What context of the film-making might affect its intent and its interpretation of the history it deals with?）

4. 探究——电影要向观众传递什么观点、立场或态度；这些观点、立场或态度是如何传递的；他们如何说服观众相信这些观点、立场或态度；（What arguments, particular points of view or positions does the film present to the audience? How are these communicated? How convincing are they?）

5. 感悟——你对电影中的事件、人物、故事、立场和观点是怎么理解的；哪个片断最值得你注意,这个片段是如何改变你对事件和历史人物的理解的;电影在历史真相方面达到了了什么程度,效果如何;电影中什么片断偏离了已知的历史,它的目的是什么。（How did you respond to the events, characters, story, points-of-view and ideas in the film? What moments were most significant to you? How has it changed your understanding about the events and historical personalities it deals with? What questions does it answer? What questions does it not address? Have the film-makers attempted historical authenticity? How successful have they been and to what effect? Where has the film deviated from known history to fiction and to what purpose?）

通过这些问题,我们可以看出,上面教学设计要求学生把历史电影作为一个史学文本来分析,与一般史学文本不同的是,它是历史、制作人、时代背景、现实等多种因素共同作用的结果,从这个角度看,如果在教学中要对与教学内容有关的历史电影进行分析,那么,这种分析不能只局限于历史电影本身,应有一个广阔的视野。具体而言,学生要做的,就是探究清楚它们之间的复杂关系——制作人是以力图传播历史真相、弘扬历史的真善美为己任,还是奉行"一切历史都是当代史"的原则,站在今天重新解释历史,还是借历史之名意欲"戏说历史",实现商业目的,或者企图引导、影响观众已有的历史认识,向民众渗透既定的历史价值观,从而实现特定的政治目的……这些问题都需要学生进行深入的思考,做出自己的判断。看得出来,澳大利亚历史课堂上的电影分析,蕴涵着丰富的学问,无论是对教师还是学生而言,都是不小的挑战。

使用建议

历史教学中教师如何使用历史电影呢？下面提供一些有益建议，大致如下：

首先，确定要讨论的电影的主题 例如，如果电影是《凯利帮》①，那么，可以让学生讨论是否应该恢复死刑，来给"恐怖分子"定罪。

其次，向学生提供与讨论主题有关的历史背景和相关知识 例如，如果电影是《防兔篱笆》，那么，可以让学生事先调查西澳大利亚土著人的生活，与欧洲人接触的情况，被驱赶出家园的政策的由来。

第三，观赏电影，记录感受 让学生观赏整部电影，使学生充分进入电影的世界。观看完后，学生应用日志记录下对有关事件、主要人物、特定场面、主要片断的感受，并就电影提出自己的问题。

第四，小组讨论 了解电影的结构，确认主要场景，讨论电影的目的和它与历史的关系，收集问题。

第五，分析关键场景 重放电影的关键场景(15—20分钟)，让学生重点关注节选片断，评论电影对历史的处理。

第六，评价与反思 在分析关键场景之后，让学生重温自己对电影的评价以及它对历史的叙述，问题可以包括：

1. 电影在哪方面做得很好？（What does the film do well?）

2. 历史哪个方面被电影所扭曲、忽视和伪造？（What aspects of the history have been distorted, ignored, falsified?）

3. 电影想达到什么目的和效果？（What purpose and effect of the film?）

4. 电影是如何反映制作时代的观点？（How does the film reflect the view of the times in which the film was made?）

第七，继续探究 比如，选取同类主题电影，让学生就电影是如何呈现和解释历史进行比较。或将电影对历史的呈现与解释与专家观点、原始资料进行比较。

这是一个完整的以历史电影为主题的探究性学习过程，包括主题的确定，准备探究所需要的前提性知识，学生在欣赏中"进入电影世界"，并从史学角度思考电影与历史的关系，"继续探究"环节更是将这个探究过程推向了一个新的高度。

◆ **借鉴启发**

历史教育中电影教学的理论与实践，可以给我们许多有益的启发与借鉴。

---

① 电影《凯利帮》又称《法外狂徒》，拍摄于在"9·11"事件之后的 2003 年。学生容易将凯利与当前世界背景下的恐怖分子联系起来。

第一,历史电影不仅仅是一种教学上的技术辅助手段、一种提高学生学习兴趣的工具,要充分发挥历史电影在教育中的作用,就要求我们历史教师在思想上超越以往带有局限性的认识,真正将其视为一种非常重要的,需要进一步探究、质疑的学习资源;第二,在历史教学实践中,除了从历史电影中积极汲取有效历史信息外,还要充分挖掘历史电影在促进学生批判性思维能力上的功能,提高学生的影评鉴赏能力,深化学生对于"历史—电影—现实"之间关系的认识,这也是历史教育贯彻"学以致用"理念的重要表现。基于此,我们认为,对历史题材影片进行分析,如果缺乏历史的批判性思维,那么这种分析将会失色不少。在我国的高中历史课标中,历史电影属于"历史音像资料"。课标指出,"历史音像资料"的使用,应"有利于培养学生学习历史的兴趣和历史理解能力",考虑到历史电影这种资源的普及性,以及澳大利亚《历史教学指导纲要》关于电影教学全面而又深刻的理论认识,建议高中历史课标在"课程资源"部分,对历史电影的使用做详细的阐述,在案例部分,可以补充个案分析,以发挥积极的导向作用。同时,历史教科书在编写过程中,编者也应有意识地鼓励教师使用电影进行教学。

◆ 案例参考

案例: 利用超文本培养学生的历史素养

学习水平:九年级学生

关注问题:"加里波利战役的声音"

这一活动旨在帮助学生发展因特网的探究技能,并利用超文本本身具有的各种零星的非线性的性质来帮助学生理解历史同样是不完整的和非线性的。

创设学习背景:这是九年级学生的"加里波利战役的声音"的案例研究的最后学习活动。之前,学生已经学习了加里波利战役的历史叙述,而且分析和讨论了保存和记忆历史事件加利波里战役的方式,以及这些历史记载的准确性。

学生利用的资源包括:

(1) 由英国记者 Ellis Ashmead-Bartlett 所做的关于加里波利战役的第一份新闻报道。

(2) 士兵的信件和日记。

(3) 澳大利亚官方历史学家 Charles Bean 对尼克山谷(the Nek)战役的描述。

(4) 纪录片《归家的男孩》(The Boys Who Came Home)(它包括了对手同盟国土耳其方面的看法)

(5) 故事片《加里波利》(1981,比特·威尔)

学习出发点：有关加里波利战役的历史存在众多来源，其中一部分来自战争中的士兵的口述，以及对事件的报道。同时官方历史学家和战地记者也参与撰写加里波利的历史。部分故事，正如4月25日的加里波利登陆日已经成为"公共的叙事"——人们广泛传颂的故事的一部分。即澳新军团纪念日中的加里波利登陆传奇。加里波利战役已经成为澳大利亚人的一个神话——部分故事已经成为澳洲人身份认同的来源。这一神话包括了士兵的伙伴友谊、毅力和战胜逆境的英勇事迹。

学习活动：

（1）学生选择五个关键词作为超文本链接，在互联网上进行搜索，从中获取很多相关的网站；

（2）在这些网站中，选择五份资料，这些资料包括了加里波利战役的各种历史资料；

（3）学生记录他们所选择的每一份史料的具体细节、来源（特别是来自网上的资源），并且评估资料的有效性；

（4）然后，学生需要回答更为开放式的问题："为什么我们那么难以确认1915年发生的加里波利战役？"

教学反思：学生在这一活动中乐于自己享有选择的机会，乐意从事网上搜索，通过让学生不同程度地搜索有关加里波利战役的零星史料，目的是希望学生能够发展一种历史素养的理解力——历史本身是不完整的，我们不可能完全了解这一事件。历史是由各种来源的史料和不同的解释组成的，而且有时是矛盾的解释。

◆ 案例参考

案例：创建一个简单的历史数据库——一次墓地调查

探究的问题：今天，很多民族聚居在我们的城镇里，但是在19世纪，什么民族生活在这个城镇呢？

历史假设：

● 当时城镇只有较少的民族

● 人们只有短暂的生命

● 很多儿童死于12岁以下

● 更多的人笃信宗教

数据收集

两个数据样本举例：

姓　名	出生/死亡时间	年龄	出生地	碑　文
布里奇特·瑞安	1843—1866	23	爱尔兰,都柏林	直至拂晓—— 与阴影一起消失
路易吉·马查提	1838—1885	47	意大利,那不勒斯	在平静中安魂

课堂讨论:(1)我们的数据有多准确?(2)我们是否收集足够的数据来得出有效的结论?(3)我们是否需要与现代生活的什么数据相比较?

学生得出结论:此次坟墓调查表明了我们提出的两个历史假设是正确的。然而,我们不能够找到很多死于12周岁以下的儿童的坟墓。我们的结论可能是基于不充分的历史证据得出来的,因为我们只是调查了250座坟墓。对19世纪的坟墓碑文的调查表明了当时的人们更多的是笃信宗教,但我们需要研究更多20世纪的坟墓,才能与19世纪的资料进行更好的比较。

◆ 借鉴启发

案例二的教学设计,其目的是希望学生能够深刻认识历史——历史(后人的记载)本身是不完整的,而且我们不可能完全了解历史的本来面貌,这也是该案例最大的闪光点。在学习活动之前,教师需要引导学生对超文本做一番介绍或讨论,以助于学生理解超文本的性质——不完整和非线性。有关加里波利战役的文本链接在一起,原因在于它们都是叙述相同的事件,然而这些文本都不全是可靠的。否则,学生只能将超文本当作增加历史写作的材料,作为历史观点的引证而已,而缺乏理解历史本身的性质和多种叙史方式。这就表明,有效的历史探究很重要的方面是提供给学生探究的"脚手架"——充分的知识和技能的铺垫。

案例三的教学设计,创建历史数据库的目的是为了回答历史问题或历史假设,培养分析和归纳史料的技能。通过调查收集有关历史数据,并且将数据按照一定的分类项目录入数据库,比如案例中根据历史假设——更多的人笃信宗教,设置了碑文的项目,目的是通过碑文的内容来验证当时人们是否笃信宗教。比如,利用 EXCEL 的数据菜单,学生可以更加容易观察数据之间的联系和趋势,案例中学生可以求得死于12岁以下的儿童的人数,以及判断人们死亡的年龄的总体特征。此外,教师意识到学生所调查的数据并不完整,因此引导学生认识到任何数据库都不是完整的,有助于学生理解历史是根据现有的、不完整的历史资料所得出的结论。

从这两个教学设计,我们可以发现澳大利亚 ICT 资源历史教学设计最为明显和重要的理念之一是:培养学生分析评估基于 ICT 的历史资料的能力。与印刷的教科书和历史图片等资料一样,学生需要选择、审问、甄别和分析、评估这些历史资料。在此基础上,利用多媒体、网页制作、图表工具等方式来组织和交流历史学习成果,从而实现有效的历史探究。

反观我们的教学实践,澳大利亚理论与实践给我们最大的启发就是 ICT 资源历史教学设计,一定要突破"重资源下载,轻甄别分析"的使用模式,要在网络资料分析鉴别的基础上,依托 ICT 创造性地开展各种丰富的教学活动。

◆ 问题研讨

第一,根据下面拓展阅读部分的"电影类型的划分",您认为《南京大屠杀》、《大国崛起》、《东京审判》、《雍正王朝》、《三国演义》、《泰坦尼克号》、《色戒》分别属于哪种类型的电影?

第二,电影文本与历史文本之间的联系和区别?

第三,现在要求您运用电影资源设计《鸦片战争》一课的历史探究活动,您会选择哪些电影?您将设计哪些探究问题?

第四,您认为基于 ICT 的历史探究教学设计一般包括几个基本要素?即探究的环节应该包括哪些?

第五,您认为 ICT 在历史教学中的价值?结合案例二、案例三的教学设计,谈谈您认为 ICT 对现代教学设计的影响主要表现在哪些方面?

◆ 拓展阅读

阅读资料:历史电影的分类①

不同的历史电影,其使用的方法与策略是不同的。澳大利亚《历史教学指导纲要》依据"真实程度"将历史电影分为以下几种:

类　型	举　例	特　征
观察式的纪录片	《火车到站》	没有操纵、没有篡改、真实
同时代的纪录片	《防兔篱笆》、《面向音乐》	在观察式纪录片的基础上,制作人提供了不同程度上的解释
事件之后的纪录片	《希特勒:致命的诱惑力》、BBC《英国史》	后来制作的,汇编了当时拍摄好的真实事件和人物
戏剧化的纪录片	BBC《广岛》	内容上是纪录片式的,同时又进行戏剧化处理

---

① 何成刚、陈伟壁:《历史教学:透过电影辨析历史》,《中学历史教学参考》2008 年第 8 期。

类　型	举　　例	特　　征
重构的 历史片	《辛德勒的名单》、《十月》、《葛底斯堡》、《巴顿》、《甘地》、《伊丽莎白》	完全是历史事件的重构,它使用演员,重构了历史场景、地点、服饰和礼仪。导演根据重新编排的剧本,采用流行的形式来讲述历史故事
历史 剧情片	《泰坦尼克号》、《加里波利》、《愤怒的葡萄》	在一个真实的历史背景和真实的历史事件下讲述一个虚构的故事

　　这种分类的意义在于,它有利于教师认识不同类型的历史电影各有其显著特点——记录历史、解释历史、演绎历史或虚构历史。在上表中,总体来看,自上而下,历史电影的真实性由强减弱。观察式的纪录片,相当于今天安装在马路上的探头,拍到什么就是什么,没有一点人为的主观动机在里面,其真实性最高。同时代的纪录片、事件之后的纪录片、戏剧化的纪录片,都渗透有制片人的主观意识(比如搜集整理到大量的真实的历史片段,如何组织及取舍这些历史片段,由制作人决定),观众在观看这类影片时容易受制片人历史价值观的影响。重构的历史片在制作中,对历史场景、地点、服饰和礼仪都进行了重新编排,其真实性次于纪录片。历史剧情片很大程度上讲述的是"虚构的故事",其真实性最差。实际上,我们教师常用的历史电影,几乎都是历史纪录片和历史剧情片,那么,在课堂教学中,在历史教师的指导下,学生应学会如何分析历史电影。

　　阅读资料:分析网络历史资料的方法①

　　在历史教学中,信息(知识)掌握的多寡不应该成为历史教师关注的重要问题,而评估和思考(能力)信息的价值与重要性更为重要。学生通过鉴定和分析资料的来源、类型、信度和效度等问题,培养了鉴定和分析史料的技能,这也是有效的历史探究教学应该具备的。下面图表是有关网络历史资料的分析方法。

任　　务	审　问　的　问　题
寻找信息、资料	你是如何准确地搜索你所需要的资料?
来源的信度	网址是什么;资料从何而来;资料的作者。
动机	这份资料的目的;它出版的原因;它是否试图说服、告诉、劝说你;作者是如何达到这一目的?
一手/二手资料	一手还是二手资料,还是兼有;资料可靠吗?

---

① 何成刚、陈伟壁:《如何进行基于 ICT 的历史探究教学》,《中学历史教学参考》2008 年第 10 期。

任　务	审 问 的 问 题
偏见审查	资料偏颇的方式？偏颇的证据明显吗？是遗漏、不准确,还是语言风格？它是否反对目前的观点或者只是呈现一种观点？你是如何与其他资料作比较的？
适切性评估	资料对于解决问题都具有同等的价值吗？对于你的目的来说,哪一些资料,哪部分最有价值,哪些没有用？对于你的目的来说,它是否太难读懂或太简单？你将会采用或丢弃哪些资料？
区分事实与观点	阅读的内容是事实还是观点？事实可靠吗？如果它是观点,它是基于什么样的证据的？

第四章 有效渗透情感、态度与 价值观的教育
——公民教育资源的教学设计

◆ 问题引路：如何在历史教学中对学生有效渗透情感、态度与价值观教育？如何设计探究问题？

不言而喻，培养学生成为具有现代意识、积极态度且负责任的社会公民，是学校历史教育的核心目标，在这一任务上，历史教师显然承担着关键性的角色。如何在历史课堂中有效地渗透情感、态度与价值观的教育呢？显然生硬地灌输、说教是无效的。

◆ 关键词：公民教育

公民教育是现代学校历史教育的重要功能，其中学生对公民资格、公民权利和义务等相关内容的深刻认识，以及作为现代公民所具备的行动能力是历史教育所肩负的责任。直面公民教育的历史教学设计，必须以历史为依托，通过创设各种历史情境，设计探究问题，鼓励学生参与学习活动，培养行动能力。

◆ 设计理念

专业概念术语之多，学生理解起来困难恐怕是我们历史教师日常教学中比较头疼的问题。如果一上来就告诉学生概念术语的确切含义，不要说是不符合中学生的认知逻辑、学习心理，恐怕也是成人不大认可的，所以这样的导入不但不会引起学生学习的兴趣，反而还引起学生的反感。下面的教学案例"人权"，其设计思路采取从具体到抽象，沿着由感性认识到理性认识的认知过程，帮助学生逐步揭示概念的本质特征。具体而言，就是创设一种虚拟的体验性的教学情境，或者说创造一种宽松、愉悦、开放的课堂讨论气氛是非常必要的，同时充分运用历史材料，并且设计相应的思考问题，这样才能激发学生历史地思考问题，多角度地思考问题。

◆ 案例参考

案例："人权"

单元介绍

我们都想要这些有助于我们的自由和独立的人的权利。但是什么是"人权"呢？是否存在不同类型的人权？它对于所有的人类和社会、文化都是一样的吗？是否存在一些通常是基本的人权呢？

在这个单元，你将思考一些导致人类保护人权的重要历史事件，特别是1789法国革命中的人权宣言，以及1948年联合国的人权宣言。

澳大利亚拥有世界上作为一个最好的人权国家之一的享誉，这些人权是如何成为我们的法律的内容之一，以及如何保护和发展人权呢？

在20世纪，澳大利亚的土著人曾经作为二等公民。这种情况是如何造成的，以及如何改变的？"人权"一课围绕着四个探究问题展开，我们在这里只节选前两个问题介绍与叙述，即"什么是人权？""人权从何而来？"这两个问题的目的在于帮助学生理解人权概念的内涵与外延，了解人权概念的历史发展历程。进一步来说，就是让学生理解人权与国情、历史传统、社会习俗、政治经济及文化发展等众多因素有关，在此基础上使学生认识到社会性、历史性、多样性是人权的三个基本特点。

探究问题一：什么是人权？

活动一：确定四项人权

设想你坐在热气球上，漂浮在空中。在热气球上，你拥有下面的10项权利：

- 无论性别、种族，一致公平对待
- 受到年轻人的尊重
- 教育
- 平等的工作机会
- 言论自由
- 家庭里的自主权
- 生命权
- 生活在一个干净、环保的环境里
- 政府所提供的社会保障
- 投票权

当气球向前飞，一座高山在远处出现。这时你必须抛掉其中的一项权利，使得你顺利跨过高山。记住你所抛弃的权利将永远不会再来。

思考一下问题：

1. 首先选择你想抛弃的一项权利，在你的权利清单上划掉。

2. 你继续飞行，但是仍然不够高，你必须抛弃另一项权利。

3. 选择另一项权利，并在权利清单上划掉。你仍然有麻烦。

4. 再次作出选择，抛弃另一些权利，直到你剩下四项权利为止。

5. 简要解释你为什么保留这四项权利。

6. 调查班里的其他同学，看看其他人留下了哪四项权利。哪一项权利是大多数人所共同保留的？为什么？

这 10 项人权可以说都是一些普遍性的权利，如果只是让学生"记住"这些基本权利显然没有多大的意义。但是"活动一"的设计无疑会让学生对"人权"的认识加深一个层次：将自己的选择与同班同学的选择作对照比较，可以发现班级里其他学生究竟关心哪些基本权利，再做共性与差别的分析，并思考其中的原因。显然，这一活动有助于帮助学生认识到，人权虽然带有普遍性的特点，但就个体而言，特殊性也是人权的重要属性——不同的个体关注的基本权利会有所不同。

虽然学生的选择体现出了差异性，但这种选择终究是在一个共同的文化背景下的行为。那么，异域的人们则持什么样的权利观？这正是"人权"教学设计的第二个虚拟情境：让学生比较不同社会制度、文化背景、历史传统下人权观的异同。

现在设想，你再次坐上热气球，带着原有的十项权利。但是这一次你是一名观察者——主要目的是观察来自 Hanic 行星的游客，他正在选择权利。为了理解他所作出的选择，你将需要知道一些关于 Hanic 行星的人们的文化以及生活。阅读"Hanic 的文化"的简介并思考下面问题：

Hanic 拥有一个悠久的、灿烂的文化历史。人们都拥有相同的宗教，年轻人不会质疑年长者。持有权力者受到尊重并且人们遵循他们的观念。这里没有政府的社会福利，因此年长者被接纳，而且受到年轻的家庭成员的敬重。所有的人们各居其位，而且每个人都认可它。男女没有被同等对待，男女各有不同的角色，年长的男子通常是一家之长。很多人从事耕作，并在市场上销售农作物。而城市的市场交易很发达，但传统的社会规则仍然很好地保留下来。

1. 你认为 Hanic 行星上的游客可能会选择哪些权利？

2. 对比你的选择和游客的选择，两者会有相同的选择吗？为什么？

反思：不同的社会可能以不同的价值理念，给出不同的权利，而且对于人权的定义会有不同的观点。

这个虚拟情境带有显著的中国古代社会的色彩，可谓"虚"中有"实"，并非凭空虚构。中国古代漫长的历史文化孕育了自己独特的人权观念，这一活动旨在启发学生得出这样的认识：社会制度、文化背景、历史传统乃至经济发展水平，是影响一个社会、国家人权状况的关键因素，这一结论应从虚拟的情境分析中不难得出。

活动至此,《纲要》建议教师应将学术界关于人权的定义及分类"和盘托出",就显得水到渠成了。

人权定义:人权是经过上百年发展的,用于保护人民、种族、群体和少数人的习俗、惯例和法律。人权所依据的原则是人类人人平等的理念。人权已经通过各种活动和进程,包括战争和叛乱得到发展并确定下来。在历史上的某些重大时刻,人权以文件的形式写下来,并且成为现代人类权利的基础。

历史学家 T. H. Marshall 将人权分为三大类:1. 公民权利;2. 政治权利;3. 社会权利。

人权是一个关乎每个人切身利益的重要问题,也是一个社会、国家不断走向文明的重要标志,是学校公民教育的重要组成部分,在这一问题的教学中,《纲要》并不主张回避历史上政治、社会、生活等领域中侵犯人权的现象,而是应该正视这一现实。实际上,现代文明国家的中学历史教育,对此问题都是非常重视的,当然,具体表现方式会有所不同。

请看《纲要》提供的两个侵犯人权的重要历史事件:

案例一:

Paul Hill 被逮捕,因为,他被指控支持北爱尔兰独立,并且在 1975 年在英国的一家旅馆实施了爆炸。他声辩他无罪,并且认为警察捏造事实。国际特赦组织提供了国际的帮助,最后,英国政府承认警察撒谎,最终 Paul Hill 被无罪释放。他的故事被拍成电影《因父之名》(In the Name of the Father)。(这里,教师可以播放《因父之名》的电影片段。)

案例二:

Yuzana Khin 是缅甸民主的支持者。她领导了一万缅甸人举行非暴力的反对军政府的行动。1988 年,很多反对人物被政府军队和警察所杀死,国际特赦组织帮助她逃离缅甸,并且得到美国的政治庇护。在 1991 年,她代表缅甸民运领导人昂山素姬(当时被囚禁在缅甸)接受了诺贝尔和平奖。

至此,学生对于人权应该有一个大概的了解。但是还有一个问题不能忽略,那就是义务。应该让学生认识到人权观的一个非常重要的基本原则,那就是:人权是权利与义务的统一体,不能只讲"人权"而忽视"义务",所谓的人权不是绝对的,而是相对的、有限制的。正如《纲要》所强调的,每一个权利意味着一个义务,行使自己的权利不能妨碍另一个人的权利。例如,活动自由的权利不是给你在错误的路线上驾车,否则会危害他人。在此《纲要》特别强调 1997 年 10 月在东京制定的国际人类义务宣言,择其要点,如:如果我们有生活的权利,那么我们将有尊重生命的义务;如果我们有自由的权利,那么我们有尊重他人自由的义务;如果我们有安全的权利,那么我们有义务创造享受人类安全的条件。

为了促进学生达成这种认识,《纲要》设计了一个活动练习,帮助学生巩固这一基本认识。

思考下面的一系列权利,并补充下面的句子(义务匹配)

如果我们有权利参与政治运作,那么我们有义务……

如果我们有权利在公正的条件下工作,那么我们有义务……

如果我们有思想自由的权利,那么我们有义务……

如果我们有享受地球资源的权利,那么我们有义务……

人权问题的教学不能只停留在纸上或理论上,一定要与学生身边发生的事情相联系,才能引发学生作更加深入的思考。关于"什么是人权"教学的最后,历史教师可以布置这样的作业:

评价任务:看看一份日报。你应该能够找到至少一个涉及到公民的政治的和社会的权利其中一类权利的故事,确保能够获得近期的报纸。准备文章的一则摘要,评论的内容包括:所涉及的权利、所涉及的问题、为什么现在提出或争论该问题？您自己对这一问题的看法?

评价准则:为该类型的人权确定一个适当的问题,确定问题所涉及的人权,清楚地解释问题,在给出您自己的看法中,考虑所有重要的事项。

一个完整的教学设计不能忽略对学生学习成果的评价,至此教学设计成功地沿着创设情境——概念——应用——评价的思路,将"人权定义"逐步呈现出来,学生在探究活动中,不断地阅读、思考、讨论、分析、应用,进而对人权的思考视角和思维深度也会随着增长。

探究问题二:人权从何而来

在这一部分里,"人权"教学设计案例突出强调这样一个观点,即人权的发展进步经历了一个长期的斗争历程,并把这一发展历程分为四个关键节点,分别是1776年美国的《独立宣言》、1789年法国的《人权宣言》、1791年美国的宪法修正案和1948年的《世界人权宣言》。大家对于法国1789年的《人权宣言》已经很熟了,但对于1948年的《世界人权宣言》则比较陌生。据人民网资料,1948年12月10日,联合国大会全体会议通过《世界人权宣言》(中国也是签署国)。该《宣言》包括序言和30项条款,其中19项涉及公民和政治权利,6项涉及经济、社会和文化权利。《世界人权宣言》是战后联合国通过的第一个关于人权的专门性国际文件,是有组织的国际社会第一次就人权和基本自由做出的郑重宣言,对于推动世界人权事业的进步和发展作出了不可磨灭的贡献,是世界人权史上的一个重要里程碑。《世界人权宣言》反映了第二次世界大战之后世界人民铲除法西斯主义、根除战争祸害和维护人的基本权利的普遍要求和愿望,表达了国际和平、民主和正义力量的共同主张。因此,1945年联合国一经成立,便在《联合国宪章》中将"不分种族、性别、语言或宗教,增进并激励对于全体人类之人权及基本自由之尊重"规定为自己的宗旨之一。《世界人权宣言》作为对《联合国宪章》人权条款的第一个比较全面的权威解释和反法西斯战争的一个重要成果,在当时历史条件下具有重要的进步意义。

《世界人权宣言》所提出的基本人权的具体内容,突破了西方的传统人权概念,丰富和充实了人权内涵。第一,《宣言》扩大了人权主体。人权概念最初提出时,不论在美国的《独立宣言》还是在法国的《人权宣言》中,不仅在字面上将人权的主体限定为"男人",而且在法律上和事实上都将享受人权的主体限制为富有的白种男性。《世界人权宣言》在历史上第一次将人权的主体确认为无差别的人,是"不分种族、肤色、性别、语言、宗教、政见或其他见解、国籍或门第、财产、出生或其他身份"的所有人,从而使人权概念第一次真正体现了人人平等的普遍价值。第二,《宣言》第一次在国际范围内确认了经济、社会、文化权利,从而突破了将人权仅仅理解为公民政治权利的西方传统概念,为广大劳动人民争取和维护自身权利开辟了新的领域。《世界人权宣言》通过半个世纪以来,国际社会经过不懈努力,在维护和促进人权方面取得了巨大成就。世界上近百个国家挣脱殖民枷锁获得了独立,统治世界几个世纪之久的殖民体系土崩瓦解,从而为世界所有国家和人民实现基本人权开辟了广阔的前景。

鉴于1948年的《世界人权宣言》的重要性,《纲要》围绕法国《人权宣言》和《世界人权宣言》设计了一个探究性学习活动。在这个学习活动中,主要让学生思考一些导致人权保护的重大历史事件,体会人权在"概念"与"实践"两个方面的演变历程。

活动一:法国革命和人权定义

教师提供以下两则重要的历史素材:《1789革命前夕的法国》和《人权宣言》。

材料一:1789革命前夕的法国

社会分成几个等级。在最顶端是国王。国王代表神的意志。国王有制定法律的绝对权力。他本身就是法律。

这在理念上是如此,而现实中,国王受到了富有贵族的很大影响。他们是社会的顶层,拥有重要的官位。他们享有特别的权力和特权,并且可以从下层那里征税和取得福利。

贵族的下一层是僧侣——实际上是那些富有和有影响力的僧侣,比如主教。他们同样享有特别特权,并且通过特别的教会法来管理,而不是国家法律。

再下一层是资产阶级、中层社会人士。其中最富有者可以通过金钱取得贵族的身份。他们大多数人对向他们征不变的税以维持国王的生活和政府的运作不感到怨恨。

接近底层的是农民——乡下贫穷者和城市工人。法律剥削他们,他们没有投票权。一旦被捕,他们会被假定为有罪。他们可能被官方所拷问,财产可能被剥夺,而且个人的权利在传统的义务前必须让步,比如免费为他们的贵族工作。

贵族去打猎,骑马穿过农民的小麦地,并且他们的宠物吃掉农民播下的种子。农民必须交付沉重的赋税,而收赋税者却不讲赋税用于何处。

天主教的教堂是唯一合法的教会,那里没有言论自由或思想自由。贵族和国王担心农民和下层平民可能萌发革命的思想。

女性跟同等阶层的男性相比,只有很少的权利。一些贵族和僧侣承认他们生活的社会是不公平的,而且支持变革,但是大多数还是认可给他们带来主要财富和特权的体系。

这是 1789 年前法国的社会性质,一场革命将废除国王、贵族和教会的权力和特权,并且导致国王和王后被执行死刑。来自所有阶层代表组成的国民大会成立。国民大会制定了《人权宣言》。

材料二:《人权宣言》(省略)

在阅读这两则史料后,要求学生思考下面的问题:

1. 阅读上面材料一,确认表明 18 世纪法国生活缺少人权的方面。

2. 思考《人权宣言》的节选片断,并且确定你在前面所确认的法国生活滥用人权的方面。写出一篇文章。例如,题目可定为"社会被分为几个阶层"。

3. 你认为 1789 年法国的各个主要社会团体会对《人权宣言》做出什么反应?

4.《人权宣言》中的哪些权利是你希望在今天的社会里存在的?哪些人权与今天没有多大联系?列出你认为不相关的人权并且全班进行讨论。

"活动一"设计将人权概念放置于法国革命前后的历史背景,自此学生需要根据两则史料,运用历史移情,认识当时不同的社会团体对人权的理解视角不同,思考人权的概念和内涵所具有的历史延续性和发展性。为了帮助学生更深刻认识人权概念的历史性,教师在活动二提供了联合国 1948 年的《世界人权宣言》,《纲要》为什么采用这则材料呢?细心想来,它跟法国《人权宣言》或者美国《宪法修正案》不同之处在于,它已不局限于一国之域,而是国际社会第一次就人权和基本自由做出的世界性宣言。可见,设计者能够娴熟使用非常有价值的历史素材,以深化历史课程在实施公民教育中的作用。

活动二:过去和今天的人权定义

材料三:《世界人权宣言》(省略)

1. 阅读和思考《世界人权宣言》,与法国的《人权宣言》做比较,这两个人权文件有哪些共同的权利?将答案写在你的练习本上。

2. 这两个人权宣言的主要差别在哪里?

3. 这两个人权宣言之间,哪些人权有所发展?你能解释它是如何发展的?

4. 向全班的每个学生分配一个权利,通过海报,包括图画或图标、标语和解释。

活动至此,学生可能又有这样的疑问:《世界人权宣言》是否意味着世界上关于人权问题有了一个统一的标准,答案显然是否定的。由于社会制度、文化传统和经济发展水平不同,各个国家在实施和实现人权普遍性原则时,所采取的政策、措施、方法、形式、步骤和道路必然会有所不同。国际上不可能有统一的人权模式和具体的标准。"活动三"就体现了这一人权理念。

活动三:文化与权利

材料四:儒教

儒教是曾经以及至今非常大地影响很多亚洲国家的一种哲学体系。其中孔子的五个关系的阐述是幸福和安宁的核心:

所有人应该顺从和尊重统治者;儿子必须尊敬他的父母,父母必须爱自己的儿子;弟弟应该尊敬兄长,兄长有责任照顾弟弟;妻子必须尊敬丈夫;人必须尊敬所有的朋友。

1. 上面所列的规则跟联合国的人权一致或冲突?

2. 儒教的信仰如何影响一个人对待西方传统意义上的个人权利的态度?

3. 重新进行热气球的学习活动(关注活动2,问题1)Hanic 社会多少反映了儒教的价值观?

4. 你认为西方价值和人权标准能否被儒教社会所接受?

5. 写出一组你认为将有利于生活的家庭关系,其中哪些涉及到关系中的权利和义务?

这个真实的情境,正好与虚拟"情境二"相互呼应,但是又更为深刻地帮助学生理解人权问题的复杂性,帮助学生认识到人权与一个国家的国情、历史传统、社会习俗、政治经济及文化发展等多因素有关。正如马克思所说:"权利永远不能超出社会的经济结构以及由经济结构所制约的社会的文化发展。"

在课堂学习结束后,教师还要布置整个学习活动的评价任务,让学生再深入调查某一项人权,我们可以看到教师给学生布置的评价任务,绝对不是单纯地了解学生的学习成果,而是课堂学习的延续,在这里,学生需要自主收集、整理、分析资料,自主进行探究活动,这些活动显然有助于培养学生作为公民应该具备的行动能力。

评价任务:重新阅读《世界人权宣言》,并且选择其中一项权利进行调查。使用网络、图书馆、社会组织的资源。准备一份报告,要点包括:为什么你所选择的权利是非常重要的;在澳大利亚和一个其他国家,人权受到保护的方式,以及最近被指控滥用人权的方式;举出某个国家的人权没有得到保障的一个例子,以及它对其国民的影响;该国政府为何没有给予这种权利(例如,出于社会秩序或经济发展的考虑）；有什么个人和团体正在为该国实现这些权利？私人机构面对这种情形会做些什么？

评价准则：明确解释为什么该项权利是非常重要的；准确叙述该项人权在澳大利亚是如何得到保障的；详细报告在另一个国家、个人和组织是如何对待这项权利的？使用系列资源，收集另一个国家的该项人权的有关情形。

◆ 借鉴启发

如何设计"人权"的教学，帮助学生理解这一抽象的概念，同时又要毫不生硬地渗透正确的价值观教育，绝对不是一件容易的事，处理不好的话很可能适得其反。综观这一教学设计，我们可以看出，关于人权问题的问题探究，经历了一个从理论到实践的过程，旨在培养学生树立关心人权的意识和态度。其精彩之处在于：

第一，没有生硬地灌输某一价值观念，在情感、态度与价值观有效渗透的教学设计中通过学生分析虚拟情境、真实案例、开展讨论、实施调查活动等丰富多彩的方式来落实人权教育。

第二，娴熟地使用历史素材，包括了典型的原始材料：《法国人权宣言》、《世界人权宣言》，以及生动的故事性材料："Hanic 的文化"的简介、"法国革命前的社会"。学生通过分析材料，从多方面解读了人权概念，逐步认识到社会性、历史性、多样性是人权的三个基本特点。

第三，探究性问题的设计，设计重点需要探究的问题"什么是人权"、"人权从何而来"，依据学生的心理特点进行呈现，问题设计层层推进，有助于学生全方位、多角度地理解人权。此外，由情境引出问题，由材料引出问题供学生讨论，使得学生的观点和看法更具有论从史出的味道。

当然，我们还应认识到，澳大利亚《历史教学指导纲要》中的这个教学设计，体现了西方国家在人权问题上的一些理念，有些是我们赞成的，比如，人权是历史的产物，人权不是从来就有的；不同文化价值观念下存在不同的人权观念。有些我们未必赞成。从完善的角度看，以下两点是应该考虑的：

第一，用发展的眼光看，不应忽视这些史实：继《世界人权宣言》之后，在广大发展中国家和世界进步力量的推动下，联合国相继制定了数十个有关人权的公约、宣言、议定书和决议，使国际社会在人权问题上形成了一系列新的概念和准则。特别是 1966 年联大通过的《国际人权公约》、1968 年国际人权会议通过的《德黑兰宣言》、1977 年联大通过的《关于人权新概念决议》、1986 年联大通过的《发展权宣言》以及 1993 年世界人权会议通过的《维也纳宣言和行动纲领》等文件。《宣言》通过时联合国只有 56 个成员国，而今已增加到 185 个。这些材料如引入教学,其公民教育的价值将更彰显。

第二,正视人权问题中存在着的一些不正常的现象。比如,一些西方国家不顾人权实现的特殊性,对事关广大发展中国家人民的生命与尊严的生存权、发展权漠不关心,却用自己的人权模式作为唯一的标准,对发展中国家横加指责,甚至借人权问题干涉别国内政,用人权问题推行自己的价值观念、意识形态、政治标准和发展模式的现象经常发生。在实践中,不考虑各国复杂、特殊的情况,抽象地强调人权的普遍性,势必损害人权原则的完整性,妨碍人权的实现。

除了公民教育的价值外,这个教学设计还有助于我们思考这样一个问题:一个有效的历史教学设计体现哪些特点? 具体而言:

第一,依据学生的心理特点呈现材料情境。人权是一个抽象的概念,借助学生感兴趣的虚拟情境,采用讨论、调查活动等符合学生兴趣的学习策略。第二,使用富有故事性的历史叙述,比如学生能够饶有兴趣地阅读的"Hanic 的文化"的简介,"法国革命前的社会"。第三,展现各种问题思考的视角。从上面的教学设计,我们可以看到,至少有以下几个视角:历史视角、文化视角、个人视角、群体视角。第四,提供富有争议性的问题。比如认识人权问题的特殊性与普遍性,国情、历史传统、社会制度等因素影响人权问题的复杂性。第五,分析和解释大量的原始和二手材料,使用证据支持观点。历史学科是一门非常注重证据的学科,材料的使用,在于帮助学生能够论从史出,同时用证据支持自己的观点,甚至说服他人。第六,提供价值阐释的机会。鼓励学生表达自己的观点,积极辩论,提供审视自己的看法以及思考他人的观点的机会。第七,多样化和主动的学习活动,其中包括了阅读、讨论、调查等学习活动。

◆ 问题研讨

第一,结合新课程高中历史课程,谈谈你是如何挖掘课程中的公民教育资源? 如果要你设计类似的教学活动,比如"古希腊和古罗马的政治制度"这一学习单元中的教学活动,你会怎样设计?

第二,研读高中历史课标,简要谈谈其中哪些重要内容在历史教学设计中可以很好地对学生进行渗透公民教育?

第三,在教学过程中,精选一定数量的代表性史料是必不可少的,如果提供过多的史料,学生是否会在理解史料上花去太多时间,从而影响教学主题的实现? 面对这个矛盾,你认为应该如何化解?

◆ 拓展阅读

阅读资料：公民教育——历史教育价值的"内核"①

如今，各国普遍把历史教育作为公民教育的主渠道，力图通过历史学习帮助学生了解社会环境的各种形态，理解不同阶段的人类历史发展的时代特征、思维方式和生活方式的文化意义，以及作为有形的和无形的人类文化遗产对现今社会发展的影响与价值，并由实际生活体验群体与个体之间的关系，以养成新时代公民的人类情感和社会责任感、参与能力和自信力。

历史教育是公民教育实践的一部分，它有着广阔的视野，可以从人类社会发展史的各种角度整体把握公民资格的概念，深刻理解"公民"及"公民权"的真实意义。它可以从人类文明史的高度，更好地发展个人的道德性和社会性。它和政治学科中的"公民教育"不同，不是深究公民意识的"法"的约束力，完全针对公民权利和义务，直接教导公民养成内容，而是以文化的理解为基础，着重理解公民在谋求社会公正方面作为个体的应有贡献。

阅读资料：澳大利亚关于"公民和公民教育的关键方面"和专业发展建议的表述②

【知识与技能】

● 澳大利亚民主制度的起源、本质、进程——政府、公正机构、国家在国际上的地位

● 澳大利亚的政治和法律体系的背后理念

● 理解政府在实际中如何运作以及如何影响公民

● 所有澳大利亚人的历史，包括了原住民、多文化和女性的视角

● 批判思维、协商、合作和决策能力

● 探究和调查技能

● 沟通技能

【价值和态度】

● 履行所生活的民主社会的权利和义务

● 培养作为一名澳大利亚人的自豪感以及分享国家的丰富和多样化的遗产

● 培养公平、自由、平等、信任、相互尊重、社会合作的信念

● 履行对所有人公正和平等对待

● 拒绝种族主义、性别歧视和其他方面的偏见

● 承认法律和公正的机构

---

① 齐健、赵亚夫等：《历史教育价值论》，高等教育出版社2003年版，第79页、81页。

② 陈伟璧、何成刚译自澳大利亚：《历史教学指导纲要》第五章"公民教育"部分。

- 尊重不同的立场
- 与他人合作
- 积极参与对学校和社会有益的活动
- 践行公民的权利和义务——在课堂、学校、社区
- 积极支持文化遗产和环保事业
- 关心和照顾他人

教学方法

- 创设以学生为中心的课堂,鼓励学生表达观点,积极参与辩论和考虑各种不同的观点
- 在课程的选择和学习上联系学生的兴趣
- 关注探究方法,包括调查、交流和参与
- 支持照顾所有学生的学习需要
- 真实性学习,有真实的成果和观众
- 学生有选择课程的机会
- 重视和考虑语言及文化的差异性
- 促进相互宽容和尊重他人
- 支持认同的发展——个人、学校、当地、国家、全球

专业发展活动建议

- 在相应的课程发展的会议上,使用上述三个方面的内容和下面的问题并且讨论之。
- 学校的课程是否能够给学生学习公民和公民教育的机会?
- 描述和分享一些促进公民和公民教育技能的课堂活动。
- 哪一些课程内容支持"民主态度"("democratic attitudes")的发展? 它们是如何做到的?
- 教师需要发展哪一方面的公民和公民教育的知识?

参考文献

白月桥:《历史教学问题探讨》,教育科学出版社 2001 年版

聂幼犁:《历史课程与教学论》,浙江教育出版社 2003 年版

冯一下:《改革中的历史教育》,四川教育出版社 2007 年版

赵亚夫:《国外历史课程标准评介》,人民教育出版社 2005 年版

齐健:《走进高中历史教学现场》,首都师范大学出版社 2008 年版

李惠军:《笃学行思录》,天津古籍出版社 2008 年版

赵亚夫:《历史课堂的有效教学》,北京师范大学出版社 2007 年版

朱煜:《走进高中新课改:历史教师必读》,南京师范大学出版社 2005 年版

朱汉国、郑林:《新编历史教学论》,华东师范大学出版社 2008 年版

陈辉:《高中历史新课程的理论与实践》,高等教育出版社 2008 年版

王雄:《课程标准与教学大纲对比分析(高中历史)》,东北师范大学出版社 2005
年版

何成刚:《历史课堂教学技能训练》,华东师范大学出版社 2008 年版

何成刚:《民国时期中小学历史教育发展研究》,岳麓书社 2008 年版

王小明:《教学论——心理学取向》,上海教育出版社 2005 年版

杜维运:《史学方法论》,北京大学出版社 2006 年版

霍华德·加德纳,沈致隆译:《多元智能》(第二版),新华出版社 2004 年版

郭福昌、王长沛:《多元智能在中国》,首都师范大学出版社 2004 年版

柳夕浪:《课堂教学临床指导》,人民教育出版社 2003 年版

齐渝华等:《历史教学课例分析》,高等教育出版社 2003 年版

阿尔合尔、霍利、卡斯滕著,黄宇等译:《教师行动研究——教师发现之旅》,中国
轻工业出版社 2002 年版

德里斯科尔著,王小明等译:《学习心理学——面向教学的取向》,华东师范大学
出版社 2008 年版

P.L.史密斯、T.J.雷根著,庞维国等译:《教学设计(第三版)》,华东师范大学出
版社 2008 年版

斯帝芬·布鲁克菲尔德、斯蒂芬·普瑞斯基尔:《讨论式教学法》,中国轻工业出

版社 2002 年版

张纯如、孙英春等译:《南京暴行:被遗忘的大屠杀》,东方出版社 1998 年版

雨人、张艳云:《历史教育的终极取向:从根本上追问什么是有效的历史教学——聂幼犁、赵亚夫、齐健、任鹏杰共同主持中国历史课程网在线研讨实录(节选)》,《中学历史教学参考》2007 年第 5 期

刘俊利:《高中课程标准下的教学设计初探》,《历史教学》2005 年第 9 期

汤国平:《三维教学目标的设计与实施》,《上海教育科研》2006 年第 9 期

赵亚夫:《历史教学目标刍议三:怎样确定课堂教学目标》,《历史教学》2007 年第 7 期

苗逢春:《如何进行有效的学情分析》,历史课程网

吴廷嘉:《要重视和加强史学方法论研究》,《历史研究》1986 年第 1 期

陈培兴:《政治制度是人类文明的重要组成部分——浅谈高中历史新课程第一学习模块的体会》,历史课程网

冯一下:《试析高中历史课程标准中的政治史内容》,《中学历史教学参考》2006 年第 1 期

陈辉:《交流 碰撞 启迪——春秋战国时期的百家争鸣》,历史课程网

李惠军:《刍议文化史教学中的几个认识问题》,《中学历史教学参考》2005 年第 7 期

纪连海:《从〈清明上河图〉看北宋城市经济》课堂教学录像整理,历史课程网

何成刚:《西方国家历史课程标准中的"资料研习"》,《历史教学》2008 年第 7 期

冯一下:《史料、史实与历史教学的有效性》,《中学历史教学参考》2008 年第 6 期

陈伟国:《高中历史新课程的教学设计策略》,《历史教学》2005 年第 11 期

陈伟国:《高中历史新课程教学方式的转变》,《中学历史教学参考》2005 年第 10 期

邹樱:《基于专题的高中历史教学设计》,《历史教学》2005 年第 9 期

加德纳:《多元智能理论二十年》,《人民教育》2003 年第 17 期

刘竑波、吴志宏:《多元智能理论:素质教育的最好诠释》,《上海教育》2002 年第 14 期

方仙来:《对人物史教学的一点思考——以〈美国国父华盛顿〉一课为例》,《教学月刊》2008 年第 16 期

齐健等:《精神培育:历史教育的根柢》,《中学历史教学参考》2003 年第 7、8 期

任鹏杰:《追求生命的真善美》,浙江历史学会年会报告,2007 年 11 月

包启昌:《一堂课一个中心》,《历史教学》1988 年第 4 期

孔繁刚:《教师的价值存在于学生心目中》,《人民教育》2004 年第 11 期

刘向永:《信息技术与课程整合的问题思考》,《教育技术通讯》2001 年第 12 期

刘映辉:《高中历史新教材内容的整合》,《广东教育》2007 年第 2 期

夏辉辉:《从"帕帕迪"的命运看历史新课程改革》,《创新教育》2007 年第 4 期

陈新民:《论"神入"在历史教学中的运用》,《历史教学》2003 年第 12 期

何成刚:《感受历史的智慧》,《历史教学》2004 年第 8 期

何成刚等:《"于非事实中觅出事实"——虚拟故事中"虚"与"实"的思考札记》,《历史教学》2009 年第 5 期

聂幼犁:《关于全日制义务教育历史课程标准的思考》,《中学历史教学参考》2008 年第 1、2 期合刊

杨宁一:《世界历史视野中的民族主义》,《历史教学》2005 年第 10 期

王秀霞:《国内关于"南京大屠杀中南京国际安全区"研究的历史回顾》,《山东省农业管理干部学院学报》2004 年第 2 期

张振鸿,《在新课程改革背景下对高中历史知识整合教学的认识与应用》,北京师范大学教育硕士论文,2008 年 6 月

后 记

　　这是一本集北京、广东、上海、陕西、浙江、安徽、广西等七地历史教育研究者的智慧，围绕新课程中的历史教学设计问题，跨区域精诚合作撰写的研究性教材著作。让我们感动的是，本书中的很多作者与我们都未曾谋面过，但对于本书中的部分内容有深入的研究，在我们的诚恳邀请下，他们欣然承担一些章节的撰写工作，给本书增色不少。具体分工如下：

　　本书由何成刚担任主编，夏辉辉担任副主编。框架结构、写作体例、写作风格、写作思路由何成刚、夏辉辉、张汉林、彭禹集体设计。具体分工如下：

　　前言部分：何成刚、夏辉辉撰写；

　　第一篇"理论篇"：张汉林撰写第一章，夏辉辉撰写第二章；

　　第二篇"策略篇"：张振鸿撰写第一章第一节、第二节、第三节，李杰、梁凯撰写第四节，何成刚、沈为慧撰写第五节，夏辉辉、沈为慧撰写第六节，张史敏撰写第七节，徐金超撰写第八节；马燕辉撰写第二章，徐赐成撰写第三章；

　　第三篇"案例篇"：彭禹撰写第一章，夏辉辉、彭禹撰写第二章，张振鸿撰写第三章，陈亚东撰写第四章，方仙来撰写第五章，王涛撰写第六章，张汉林撰写第七章，张宏杰撰写第八章，徐金超撰写第九章，陈新祥撰写第十章；

　　第四篇"借鉴篇"：何成刚、陈伟壁撰写第一章、第二章、第三章、第四章。

　　最后由何成刚、夏辉辉、张汉林、彭禹负责全书内容的统稿工作，最终由何成刚负责本书的定稿工作。

　　在本书编写过程中，我们使用了来自《中学历史教学参考》、《历史教学》、《教学月刊》等专业期刊上发表的教学案例，借鉴了许多专家学者的研究成果，吸收了一线优秀教师的历史教学案例，这里要真挚地表达我们的谢意和敬意。同时还要感谢华东师范大学出版社及本书责任编辑朱建宝老师的大力支持与指导。由于本书的撰写时间较紧，加之我们的水平有限，书中难免有疏漏和不妥之处，恳请读者批评指正。

作　者

2009 年 4 月